극복대상으로서

욕망

극복대상으로서
욕망

고려대 철학연구소 지음

KSI 한국학술정보(주)

머리말

인간은 항상 무엇인가를 원하고-바라고-추구하며 살아간다. 원하고-바라고-추구하는 일이 성취되지 못할 때 인간은 고통스러워하며 스스로를 불행하다고 여기지만, 원하고-바라고-추구하는 일을 그만두어버린다면 인간의 삶은 전원이 고갈된 시계처럼 동력을 잃고 그 자리에 멈춰 서게 될 것이다. 욕망이 충족되지 못하는 삶도 불행하지만, 과도한 욕망은 오히려 인간을 상대적 궁핍과 결핍감으로 몰아넣으며, 다른 한편으로 아예 욕망자체가 결여된 삶은 인간을 무기력과 권태에 빠지게 한다. '잘 살기'(well-being) 위해서는 욕망에 대한 심층적인 성찰과 균형 잡힌 사유가 필요한 이유가 바로 여기에 있다.

현대사회를 특징짓는 뚜렷한 징표 중의 하나는 '욕망의 과잉'이다. 가시성 · 효율성 · 물신성으로 대변되는 자본주의 체계는 질적인 행복을 양적 풍요로 대체하면서 인간을 '사물화'(Verdinglichung)의 길로 내몬다. 효율성에 대한 숭배와 물질에 대한 욕망은 한 개인의 힘으로 거부하거나 전복시킬 수 없는 거대한 문명사적 흐름이다. 동일성의 잣대와 정량화된 기준으로는 재단할 수 없는 '삶'(Lebens)의 고유한 영역들이 동일성의 잣대에 의해 재단되고 억압받는 데서 현대인의 비극은 탄생된다. 비극적 상황에서 벗어나기 위해서는, 깊은 산 중의 미로에서 탈출하는 일과 마찬가지로, 일단 지형도를 확보하는 일이 필요하다. 이 책은 바로 과잉 욕망의 덫에서 벗어나기 위해 개념적 지형도를 그려보려는 작업의 일환이다.

원하고-바라고-추구하는 인간의 행위(및 심적 상태)에 관한 진술은 동·서양을 막론하고 처음에는 동사어로 표기되었지만, 인류 지성사의 전개와 더불어 이러한 단어들은 차츰 명사화되고 추상화됨으로써 다양한 철학적 담론으로 자라나게 되었다. 한자어의 원망(願望)・욕구(欲求)・욕망(慾望) 등도 그렇지만, 영어의 desire・want・demand・need, 불어의 désir・besoin・souhait・voeu, 그리고 독어의 Begierde・Wunsch・Trieb 등의 단어는 모두 원하고・바라고·추구하는 인간의 행위(및 심적 상태)를 지시하는 명사어들이다. 각기 다른 시기에 서로 다른 문화권에서 생겨난 다양한 '욕망' 관련 어휘들을 하나의 번역어로 통일하는 일은 애당초 가능하지 않은 일이다. 각각의 어휘들이 사용되는 언어적 맥락에 따라 어감이 달라지기도 하지만, 개별 철학자들이 바탕에 깔고 있는 철학적 전제와 논의의 맥락에 따라 각 어휘들은 제각기 고유한 의미를 발휘하기 때문이다. 통약불가능성(incommensurability)이라는 난관에도 불구하고 과거와 현재 그리고 동양과 서양의 대화는 지속되지 않으면 안 된다. 형이상학적 믿음이 붕괴되고 인식론적 확실성이 사라진 현 시점에서 그나마 철학이 인류에게 기여할 수 있는 유일한 작업은 대화이기 때문이다.

이 책은 한국연구재단의 중점연구소 지원사업((KRF－2008－411－J04401)의 도움을 받아 지난 3년간 고려대 철학연구소에서 진행한 연구결과를 집성한 것이다. 총 3단계(9년)로 설계된 중점연구소 사업은 전체 방향을 '감성적 인간'(homo aestheticus)으로 설정하고, 제1단계에서는 '욕망하는 인간'(homo desiderance), 제2단계에서는 '느끼는 인간'(homo sentiens), 그리고 제3단계에서는 '기품있는 인간'(homo decorus)을 세부주제로 설정하고 연구를 진행 중이다. 도구적 합리성에 매몰된 '경제적 인간'(homo economicus)에서 탈피하여 새로운 시대를 열어갈 '감성적 인간'의 범형을 창출하는 것이 본 연구의 장기적인 목표이다. 이번에 펴내는 책은 제1단계 연구주제인 '욕망하는 인간'에 대한 지난 3년간의 연구결과를 모은 것이다. 누구나 욕망을 추구하며 살아가지만 정작 욕망에 관한 철학적 분석과 심도 있는 성찰은 찾아보기 어려운 것이 국내학계의 현실이며, 동양철학과 서양철학 간에 유의미한 의사소통이 이루어지기 어려운 것 또한 국내학계가 당면한 현실이다. 다행히 고려대 철학연구소에서는 동양철학과 서양철학 분야에서 일가견이 있는 우수한 연구자들을 초빙하여 공동연구를 진행할 수 있어서 모처럼 동·서를 횡단하고 과거와 현재를 아우르는 값진 결과물을 산출할 수 있었다. 그동안 함께 연구에 매진해준 연구자들에게 감사드리며, 앞으로 한층 수준 있는 연구로 그 결과물을 사회에 환원할 것을 약속드린다.

2011년 8월 1일

고려대학교 철학연구소 소장 이승환

| 목차 |

氣質變化, 욕망의 정화를 위한 성리학적 기획

-栗谷 李珥의 心性修養論을 중심으로-

김형찬

1. 들어가는 말

정신 혹은 영혼은 순수하고 선한데 육체의 불순함으로 인하여 악을 유발하는 욕망이 생겨난다는 생각은 시대와 지역의 차이를 넘어 많은 사람들에게 받아들여져 왔다. 그에 따라 욕망을 극복하거나 욕망의 근원으로서의 육체 자체를 정화함으로써 정신 혹은 영혼의 순수함을 회복하기 위한 방안도 다양한 방식으로 모색되어 왔다.

'氣質[1]의 변화를 통한 天理[2]의 회복'은 바로 유학 또는 성리학의 전통 속에서 이러한 욕망의 문제에 대처하기 위해 제시된 방책 중 하나이다. 그런데 우주와 만물이 氣와 理의 결합으로 구성되어 작용한다고 보는 성리학에서는 인간의 육체적·물리적 작용뿐 아

1) 성리학에서 '氣'는 일반적으로 가장 기본적인 '질료'를 의미하지만, 감각기관에 인식되지 않으면서 理가 가진 특성 혹은 잠재력을 구현하는 데 기여할 수 있다는 점에서 '에너지'로 풀이되기도 한다. '質'은 인간의 감각기관에 불분명하게나마 인식될 수 있을 정도로 氣가 구체화된 것을 가리키고, '形'은 명확히 인간의 감각에 포착될 정도로 氣가 형상화된 것을 가리킨다. 이 개념들 사이의 경계를 명확히 하기는 쉬운 일이 아니므로 '氣質' 또는 '形質' 등의 용어가 흔히 사용된다.

2) 성리학에서 '理'는 일반적으로 '법칙'을 의미하며, 만물 생성의 논리적 혹은 실질적 근원이라는 의미로도 사용된다는 의미에서 '원리'로 풀이할 수도 있다. 또한 물리적 법칙·원리의 의미 외에 보편적 도덕 규범의 의미도 겸하여 사용된다. 특히 '만물이 반드시 따라야만 하는 가장 보편적인 물리법칙 겸 도덕규범'이라는 의미를 강조하고자 할 경우 '天理'로 표기하기도 한다.

니라 정신적·심리적 작용 역시 氣와 理의 결합을 통해 이루어진다고 설명한다. 따라서 '기질 변화를 통한 천리 회복'은 육체의 정화를 통해 정신의 순수함을 회복하는 방식, 즉 육체와 정신을 대비시키고 육체의 통제 혹은 배제를 통해 정신의 순수성을 확보하려는 방식과는 다소 다른 의미를 가지고 있다. 다시 말해서, 육체와 정신을 포함한 '인간' 자체가 기질 변화를 통한 천리 회복의 과정을 거쳐야 한다는 것이고, 이와 관련된 성리학에서의 논의는 주로 정신적·심리적 작용 과정을 관장하는 것으로 여겨졌던 心에서의 氣와 理의 역할에 집중된다.

이는 인간 개체의 心에 본성[性]으로 부여된 보편적 원리·법칙으로서의 理가 어떠한 성질의 氣와 결합되어 있는가[本然之性과 氣質之性], 氣와 결합된 본성으로서의 理는 감성으로의 발현 과정에서 氣와 어떠한 영향을 주고받는가[道心·人心과 四端·七情], 어떤 방법을 통해 氣(質)의 부작용을 최소화하며 (天)理를 회복시킬 수 있는가[氣質 變化의 실현] 등의 문제와 연관된다. 그리고 이러한 논의 이전에 주목해야 할 것은 원리·법칙을 의미하는 理뿐 아니라 질료·에너지를 의미하는 氣 역시 존재론적 의미와 더불어 가치론적 의미도 겸하고 있다는 사실이다. 바로 이 때문에 氣質의 변화는 욕망을 제거하고 天理를 온전히 구현할 수 있는 물리적 전제 조건을 갖추는 데 그치는 것이 아니라, 그러한 氣質 변화 자체가 곧 天理 구현의 실질적인 과정이 된다. 그러므로 본 논문에서는 먼저 氣 개념이 내포하고 있는 함의를 검토한 뒤, 本然之性과 氣質之性, 道心·人心과 四端·七情, 氣質 變化의 실현 등의 문제를 차례로 고찰하면서 '氣質 변화를 통한 天理 회복'의 의미를 밝힐 것이다.

특히 본 논문에서는 조선유학을 대표하는 학자 중 한 사람인 栗谷 李珥(1536~1584)의 心性修養論을 통해 이상과 같은 氣質變化說의 내용과 그 의미를 규명하고자 한다. 이이는 氣質變化를 통해 聖人과 같은 心性을 구현할 수 있다고 주장한 대표적인 조선성리학자이다. 그런데 氣質變化說만이 유일한 성리학의 수양론인 것은 아니다. 氣質의 變化를 핵심적 수양방법으로 삼았던 栗谷 李珥와 달리 退溪 李滉(1501~1570)은 직접적인 天理의 體得을 학문수양의 중심에 놓았다. 성리학에서 氣質의 變化와 天理의 體得은 물론 병행되어야 하는 것이지만, 理氣心性論에 대한 두 학자의 입장차는 수양론 혹은 공부론에서도 이와 같이 어떤 방식을 더 우선시하느냐의 차이로 나타났다. 본 논문에서는 이이의 기질변화설을 이황의 수양·공부론과 비교 고찰함으로써 유학 또는 성리학에서 기질변화설이 가지는 의미를 보다 선명하게 드러내고자 한다.[3] 특히 심

---

3) 이이의 기질변화설은 이이의 철학사상을 포괄적으로 다룬 논문에서 대체로 심성론의 연장선상에서 다루어지곤 한다. 이러한 관점에서 이이의 기질변화론을 다룬 논문은 많이 있지만 대표적인 연구 성과를 들자면 아래와 같다.
장숙필, 「율곡 이이의 성학 연구」, 고려대 박사학위논문, 1991
이기용, 「율곡 이이의 인심도심론 연구」, 연세대 박사학위논문, 1995
김경호, 「율곡 이이의 심성론에 관한 연구」, 고려대 박사학위논문, 2002.
하지만, 심성론의 경우 이황과 비교하면서 그 특징을 명확히 밝혀온 것과 달리, 이이의 수양론은 주로 이이 자신의 심성론의 맥락에서만 논의됨으로 인해 그 특성을 분명히 드러내지 못하고 있는 듯하다. 이는 이이뿐 아니라 이황의 철학사상에 대한 연구도 대체로 사단칠정론과 인심도심론을 중심으로 한 심성론에 집중되어 왔기 때문일 것이다. 이황과 이이의 수양론 또는 공부론을 비교 고찰한 논문으로는 이상익, 「誠·敬論의 존재론적 기초: 퇴계·율곡의경우를 중심으로」(『동양철학연구』10, 동양철학연구회, 1989); 정혜정, 「불교적 조명에 의한 퇴계와 율곡의 공부론 비교」(『종교교육학연구』16, 한국종교교육학회, 2003) 정도를 들 수 있을 뿐이다. 이상익은 이황과 이이의 심성·수양론의 특징을 두 학자가 각각 人欲之蔽와 氣稟之拘라는 제약에 주목했다는 점에서 찾았다. 정혜정은 이황의 事天과 이이의 矯氣質을 대비시키며 이황의 '敬'과 이이의 '誠之'를 중심으로 공부론을 논하였다는 점에서 비교적 명확한 논점을 제시하였으나, 이황이 "理를 이기체용의 一物로 전제"하였다든가, 이이가 "기일원론적 입장에 서있"다는 등의 무리한 주장으로 인해 설득력 있게 논지를 밝히지 못하였다. 문석윤의 「『退溪集』 所載 栗谷 李珥 問目 자료에 관하여」(『퇴계학보』122, 퇴계학연구원, 2007)는 공부론·수양론을 본격적으로 논한 것은 아니지만, 이황과 이이를 각각 덕성 모델과 인식 모델로 나누어 그 학문적 특성을 비교했다는 점에

성론적 기반과의 연관성 속에서 기질변화설을 고찰하기 위해, 기질변화설을 중심으로 한 이이의 '心性修養論'을 연구 범위로 잡고, 그 특성을 명확하게 드러내기 위해 이황의 심성수양론과 비교 고찰하는 방법을 취한다.

서 수양 · 공부론의 측면에서도 참고할 만하다.

2. 氣의 함의

이이에 따르면 氣는 본래 湛一淸虛하다.[4] 그런데 氣는 본래 陰靜・陽動의 성질을 가지고 있기 때문에 저절로[機自爾] 끊임없이 운동을 하게 되고[升降飛揚], 그러한 운동으로 인해 淸・濁・粹・駁・正・偏・通・塞 등의 다양성이 생겨난다[參差不齊而萬變生焉]. 이에 따라 湛一淸虛한 氣가 本然의 성질을 잃는 경우가 생기고, 본연의 성질을 잃은 氣는 理의 純善性을 구현하는 데 장애가 된다.[5] 기질의 변화는 바로 이렇게 본연의 성질을 잃은 氣를 정화하여 湛一淸虛한 氣로 되돌리는 것이다. 이러한 의미에 한정한다면 湛一淸虛란 理의 純善性이 온전히 드러날 수 있도록 하는 物質的 純粹性만을 의미하는 것으로 이해될 수도 있다.

그러나 이이가 기질의 특성을 설명하기 위해 인용한 다음과 같

4) 李珥는 "氣之本則湛一淸虛而已."(「答成浩原」, 『栗谷全書』, 44:211a(한국문집총간본 제44권 211쪽 상단 오른쪽면; 이하 한국문집총간본의 인용은 이 형식을 따름))라고 하였는데, 이는 "湛一, 氣之本, 攻取, 氣之欲."(「正蒙-誠明」, 『張子全書』(臺北: 臺灣中華書局, 1966), 권2, 18b쪽)이라고 한 張載의 견해를 수용한 것으로 보인다.

5) 李珥, 「答成浩原」, 『栗谷全書』, 44:211a-b.

은 朱熹의 글을 보면 성리학자들이 기질을 단순히 물질적인 의미로만 이해하고 있지 않았음을 알 수 있다.

> 타고난 氣의 품격이 굳세고 부드러움은 본래 음과 양으로 크게 나뉘며, 그 가운데 또한 각각 선과 악의 구분이 있다. … 木의 氣를 많이 타고나면 굳세고 강함이 적고, 金의 氣를 많이 타고나면 자애롭고 상서로움이 적다. 이를 미루어 보면 모두가 그러하다.[6]

氣는 일반적으로 질료 또는 에너지를 의미하는 물질적 개념으로 많이 사용된다.[7] 하지만 氣가 일정한 법칙 또는 원리를 의미하는 道, 理, 太極 등과 상대되는 개념으로 쓰일 경우, 이러한 개념들과의 관계 속에서 氣가 사용되는 용례를 보면, 그 함의가 단지 물질적 범위에 머물지 않음을 알 수 있다.

氣를 의미하는 개념이 원리·법칙을 의미하는 개념과 본격적으로 함께 쓰이게 되는 초기의 용례를 찾는다면, 그것은 『周易』, 「繫辭傳」의 "一陰一陽之謂道"[8]라는 구절일 것이다. "陰과 陽이 반복교차하는 일정한 작용을 가리켜 道라고 한다"는 이 말은 陰과 陽이라는 氣의 양면적 성질의 배합으로 만물의 생성·변화를 설명하는 易의 원리를 상징적으로 표현한 것이다. 우주와 만물은 氣가 가진 陰·陽의 성질이 배합되는 방식에 따라 다양성을 가지면서도 그 안에는 일정한 법칙성이 있다는 것이다. 그런데 『周易』의 내용을 보면 이 때 陽과 陰은 각각 天·地, 尊·卑, 乾·坤, 健·順,

---

6) 李珥, 「聖學輯要」, 『栗谷全書』, 44:467b. "朱子曰, 氣稟剛柔, 固陰陽之大分, 而其中又各有善惡之分焉. … 又曰, 稟得木氣多則少剛强, 稟得金氣多則少慈祥. 推之皆然."

7) 『漢語大字典』의 풀이를 보면 '氣'는 氣體, 氣息, 生氣, 氣勢, 氣象, 器 등 주로 물질적 특성을 의미하는 용어로 많이 사용된다.

8) 『周易』 「繫辭傳」, 제5장.

高・卑, 貴・賤, 剛・柔, 吉・凶, 寒・暑, 男・女 등의 대립적 성질을 지니고 있다. 그렇다면 氣의 본래적 성질인 陽과 陰이 이미 물질적 의미뿐 아니라 가치론적 함의도 가지고 있음을 알 수 있다. 『주역』에 따르면 이러한 陽과 陰의 결합에 의해 八卦, 즉 하늘(天), 천둥(雷), 불(火), 연못(澤), 땅(地), 산(山), 물(水), 바람(風)이 생겨나게 되고, 다시 이들 상호간의 결합에 따라 온갖 사태와 사물의 상태와 작용이 발생한다.[9]

이러한 陽과 陰이 상호작용하는 일정한 법칙성이 道이고 성리학에서 氣와 짝을 이루게 되는 理 개념도 바로 이 陰陽과 道의 관계에 대한 재해석으로부터 도출되었다는 사실을 상기한다면,[10] 오히려 理 개념이 가진 존재론적・가치론적 의미는 陰과 陽의 배합 혹은 상호작용이 가장 이상적으로 이루어지는 일정한 상태를 추상화한 것이라고 할 수 있다. 그리고 이를 理 위주로 설명할 경우, 일정한 법칙성으로서의 理의 본래적 성질이 가장 온전하게 구현되는 것은 理가 陰・陽의 균형・조화가 가장 이상적으로 이루어진 상태의 氣와 결합되어 있을 때라고 할 수 있다. 나아가 氣의 陰・陽이 다시 五行(木, 火, 土, 金, 水)으로 분화되어 相生相剋의 상호작용을 한다는 陰陽五行說의 체계를 고려한다면, 혼탁한 氣를 맑고 순수한 氣로 되돌린다는 것은 단지 氣의 균질적인 물질적 정화만을 의미하는 것이 아니라, 陰陽・五行으로 상징되는 氣의 복합적 성

9) 『周易』에서 사용되는 陰・陽의 의미에 대해서는 김형찬, 「理氣論의 一元論化 연구」(고려대 박사학위논문, 1996), 14-15쪽 참고.

10) 程頤는 『周易』 「繫辭傳」의 "一陰一陽之謂道"에 대하여 "一陰一陽之謂道, 道非陰陽也. 所以一陰一陽, 道也."(『二程全書』(京都: 中文出版社, 1979), 권4, 10a쪽)라 하여 道를 陰・陽 작용의 원리로서 해석하였고, 주희를 비롯한 이후의 성리학자들에게서 그의 이러한 해석은 形而下로서의 氣와 形而上으로서의 道(또는 理)를 구분하는 중요한 논거로 받아들여졌다.

질이 존재론적으로는 물론 가치론적으로도 이상적인 균형과 조화를 이루도록 하는 것을 뜻한다.

3. 本然之性과 氣質之性

'기질 변화를 통한 천리 회복'의 일차적 목표는 인간의 心에 본성으로서 부여된 천리[性卽理]를 둘러싸고 있는 혼탁한 기질을 정화함으로써, '氣中之理'로서의 性이 氣質의 부정적 영향으로 인하여 장애를 받지 않도록 하는 것이다.

인간의 본성은 천리가 부여된 것[性卽理]이라는 점에서는 理와 같지만, 氣 안에 들어와 있는 理[氣中之理]라는 점에서는 理 자체와 구분된다. 성리학에서는 이러한 性 개념의 理氣論的 성격을 설명하기 위해 일반적으로 本然之性(天地之性, 天命之性)[11]과 氣質之性이라는 두 가지 용어를 사용한다. 이이에 따르면 氣質之性이란 氣質 또는 形質 가운데 들어와 있는 理와 그 氣質[形質]을 함께 가리키는 말이고, 本然之性이란 그렇게 理가 기질・형질과 결합되어 있는 가운데서 理만을 지목한 것이다.[12] 이것은 本然之性

11) 氣質之性과 대비될 경우 本然之性, 天地之性, 天命之性은 모두 같은 의미로 사용된다.

12) 李珥, 「答成浩原」, 『栗谷全書』, 44:209a–b. "性者, 理氣之合也, 蓋理在氣中, 然後爲性. 若不在形質之中, 則當謂之理, 不當謂之性也. 但就形質中, 單指其理而言之, 則本然之性也. 本然之性, 不可雜以氣也. 子思孟子, 言其本然之性, 程子張子, 言其氣質之性, 其實一性, 而所主而言者不同.

과 氣質之性을 그 취지[所就而言之 또는 所指而言之]의 차이에 따라 구분하였던 이황을 비판하며 이이가 제시한 견해이지만, 또한 理氣論의 관점에서 본연지성과 기질지성을 구분하는 성리학의 가장 일반적인 설명 방식이기도 하다.

본연지성(천지지성)과 기질지성을 개념적으로 대비시켜 구분한 것은 본래 張載(1020～1077)에게서 비롯되었다. 그는 性이 私的으로 얻어진 것이 아니라 만물의 유일한 근원에서 비롯되었다는 점을 지적하며,[13] "형질을 갖춘 뒤 기질지성이 있게 되니, 이를 잘 회복하면 천지지성이 보존된다."[14]고 하였다. 장재가 性을 이렇게 기질지성과 천지지성을 대비시킨 것은 우주를 구성하고 있는 氣의 장애를 극복하고 天命에 따라 인간이 살아가도록 하려는 것이었다. 天命에 따라 주어진 자신의 천지지성을 다하여야 만물의 천지지성도 온전히 다하도록 할 수 있으며, 나아가 천명과 일치하는 삶에 이를 수 있다는 것이다.[15]

주희는 장재의 천지지성과 기질지성의 구분에 주목하면서 이를 보다 분명하게 기질변화의 수양론과 연결시켰다. 천지지성이란 성이 아직 발현되기 전[未發之前]의 순수한 至善의 상태를 의미하고, 기질지성이란 太極의 全體가 기질 가운데 들어와 있는 것을 가리키므로, 기질을 변화시켜서 천지지성, 즉 태극의 구현에 장애가 되지 않도록 해야 한다는 것이다.[16] 이처럼 처음부터 천지지성과 기

今不知其所主之意, 遂以爲二性, 則可謂知理乎."

13) 張載, 「正蒙-誠明」, 『張子全書』, 권2, 17b쪽. "性者萬物之一源, 非有我之得私也."

14) 張載, 「正蒙-誠明」, 『張子全書』, 권2, 18b쪽. "形而後有氣質之性, 善反之則天地之性存焉."

15) 張載, 「正蒙-誠明」, 『張子全書』, 권2, 18b쪽. "盡其性能盡人物之性, 至於命者亦能至人物之命, 莫不性諸道, 命諸天. … 性於人無不善, 繫其善反不善反而已, 過天地之化, 不善反者也. 命於人無不正, 繫其順與不順而已, 行險以僥倖, 不順命者也."

질지성의 구분은 천명에 따라 주어진 性 본연의 성질을 온전히 구현할 수 있도록 氣質의 역할을 경계하기 위해 제시된 것이었다.

그런데 이황은 옛 성현들이 천지지성(본연지성)과 기질지성을 나눈 본래의 취지가 무엇이었는가에 주목하며, 理의 源頭本然處를 가리켜 말할 때는 본연지성이라 하고, 氣를 받아 생겨난 뒤의 性을 가리킬 때는 氣質之性이라 한다며 가리키는 바[所指]에 따른 구분을 하였다. 그는 子思가 말한 天命之性, 孟子가 말한 性善之性, 孔子의 繼善成性說, 周惇頤의 無極太極說이 모두 理氣 가운데서 理의 原頭本然處를 가리켜 말한 것이라면서, 성현들이 性을 말한 본지가 바로 理의 純善無惡함을 가르치려는 데 있었다고 주장하였다. 그에 비해 기질지성은 程子와 張載 이후에 개체를 설명하기 위해 부득이하게 거론하게 된 것이라고 하였다.[17] 성현들이 지향한 것은 천지지성의 온전한 구현이며 기질지성이란 천지지성의 구현을 위해 설정된 장치라는 점을 고려하여, 천지지성과 기질지성을 그 취지에 따라 선명하게 구분하는 것이 중요하다는 것이었다. 그래서 그는 "天地之性은 理만 가리키고 氣質之性은 理와 氣가 섞여 있는 것"이라는 기대승의 지적에 대해, 理氣不相離의 원칙을 고려한다면 天地之性 역시 理만 있고 氣는 없는 것은 아니라고까지 반박한 바 있었다.[18] 이는 理氣論의 형식적 체계에 집착한 설명방식의 한계를 지적하며 천지지성과 기질지성을 나눈 본래 취지에 주목할 것을 요구한 것이다.

---

16) 朱熹, 「正蒙-誠明 注」, 『張子全書』, 권2, 19a-b쪽.

17) 李滉, 「答奇明彦」, 『退溪集』(한국문집총간본), 29:413c-d.

18) 李滉, 「答奇明彦」, 『退溪集』, 29:418b-c.

하지만 기질지성 중에 理만을 가리킨 것이 본연지성(천지지성)이라는 이이와 기대승의 설명 방식은 氣中之理로서의 性에서 理와 氣의 역할을 선명하게 구분하는 데 도움이 된다. 본연지성을 둘러싸고 있는 기질만 맑고 순수하게 되도록 변화시킨다면 본연지성은 理一分殊 또는 性卽理로서의 본연의 특성을 온전히 구현할 수 있다는 기질변화설의 원리는 본성론에서의 이와 같은 理・氣의 역할 구분을 기반으로 한다.

4. 道心 · 人心과 四端 · 七情

본연지성과 기질지성의 문제가 '氣中之理'로서의 본성의 성격 규정에 관한 문제라면, 그러한 본성을 현실에서 구현하는 문제는 곧 性이 情으로 어떻게 발현되는가[性發爲情], 그리고 心이 그 발현 과정을 어떻게 관장하는가[心統性情]의 문제로 다루어진다. 性이란 자연의 완전하고 순선한 理가 心에 부여된 것인데, 外物의 자극에 감응하여 작용을 하는 순간 性은 心의 氣質의 도움을 받아 好惡의 욕망[欲]으로 드러나게 된다. 情이란 바로 이러한 性의 욕망 또는 경향성이 드러난 것이라고 할 수 있다.[19] 선악의 기준으로 이러한 情을 어떻게 분류할 것인가 하는 문제가 사단・칠정의 문제라면, 性・情의 발현 과정을 어떻게 통제하여 순선한 性 본래 특성이 온전히 구현되도록 하는가는 도심・인심의 논의에서 다루어

19) 七情에 欲이 포함되는 것을 보아도 알 수 있듯이, 일반적으로 情은 欲을 포함한 보다 넓은 의미의 개념으로 사용된다. 하지만 아래 주희의 말처럼, 性에 내포된 지향성의 표출이라는 점에서 情을 性之欲으로 규정하기도 한다. 아래 주희의 말은 『禮記』 중 「樂記」의 "人生而靜, 天之性也. 感於物而動, 性之欲也."에 대한 그의 설명이다. "人有是性則即有是形, 有是形則即有是心而不能無感於物, 感於物而動則性之欲者出焉, 而善惡於是乎分矣. 性之欲即所謂情也." (朱熹, 「樂記」, 『朱子全書』 (서울: 中和堂, 1988) 권37, 54b-55a쪽)

지게 된다.

이황은 주된 의미[所主]에 따라 四端과 七情을 각각 理發而氣隨之와 氣發而理乘之로 구분하고, 道心과 人心 역시 같은 방식으로 主理와 主氣로 나누었다. 이러한 구분의 기준은, 이황 스스로 '가리키는 바(所指)' 또는 '비롯된 바(所從來)'라고 말하였듯이, 존재론적인 구분이라기보다는 가치론적인 의미의 구분이었다.[20] 그런데 이에 대해 이이는 이황처럼 구분할 경우 사단을 칠정과 별개의 것으로 간주하고, 하나의 心 안에 도심과 인심이라는 두 개의 心이 존재한다는 것으로 이해될 수 있다고 비판하면서 '칠정이 사단을 포함한다(七包四)', '사단과 칠정 모두 氣發而理乘之이다[氣發理乘一途]'라는 주장과 함께 人心道心相爲終始說[21]을 제시하였다.

이이에 따르면, 도심이란 情이 性命의 本然을 그대로 드러낸 것을 가리키고, 인심이란 情이 形氣에 가려서 性命의 本然을 그대로 드러내지 못한 것을 가리킨다. 心이란 性과 情을 통솔하는 것이고[心統性情], 情이란 性卽理로서의 性이 氣의 도움을 받아서 현상화된 것이다. 따라서 도심과 인심이란 본래 하나의 心(一心)에서 性이 情으로 발현되는 과정에서 形氣(또는 氣質)의 장애를 받느냐의 여부에 따라 결정된다. 즉, 발하기 전에는 性을 담고 있는 하나의 心이 있을 뿐 인심과 도심의 구분은 없다는 것이다.[22] 情이 발현하는 과정에서 처음에는 온전히 性命의 本然 그대로 드러나는

---

20) '所從來'를 존재론적 근원으로 풀이하는 경우도 있지만, '所從來(비롯된 바)'라는 의미는 그 가치론적인 의미에서 볼 때 理와 氣 중 어느 것에서 비롯되었다고 보는가를 의미한다는 뜻에서, 논자는 가치론적인 의미로 해석한다.

21) 李珥, 「答成浩原」, 『栗谷全書』, 44:194b.

22) 李珥, 「答成浩原」, 『栗谷全書』, 44:200a-b.

도심이었지만 形氣의 장애를 받아 인심이 될 수도 있고, 처음에 발할 때는 形氣의 장애를 받아서 인심으로 드러나기 시작했지만 잘 節制하여 도심으로 전환될 수도 있다.[23] 한편 이이는 本然之理가 本然之氣와 함께 있는 것이 人心이고, 乘氣之理가 所變之氣와 함께 있는 것이 道心이라고 설명하기도 하였다.[24] 이는 理와 氣가 늘 不相離·不相雜의 관계에 있어 서로 떨어질 수 없다는 점을 상기시키기 위한 설명인데, 이렇게 이해할 경우 만일 기질 변화를 통해 所變之氣를 本然之氣로 변화시킨다면 인심은 도심이 될 수 있다.

이러한 이이의 인심도심설에 대하여 성혼이 반복하여 의문을 제기하였다. 그것은 이황의 인심도심설이 근거하고 있는 주희의 말, 즉 "或生於形氣之私, 或原於性命之正." 때문이었다.[25] 이 말은 주희의 「中庸章句序」에 나오는 말이다. 이는 子思가 道學을 전하기 위해 『中庸』을 편찬하였음을 지적하며, 道統 전수의 핵심은 堯에게서 舜에게로 전해진 "允執厥中", 그리고 舜에게서 禹에게로 전해진 "人心惟危, 道心惟微, 惟精惟一, 允執厥中"이었음을 설명하는 과정에서 주희가 언급한 말이었다. 이것은 道統을 논하는 것이니 만큼 유학 또는 성리학에서 육중한 무게를 갖는 말이다.

> 心의 虛靈知覺은 하나일 뿐이나, 人心과 道心의 다름이 있다고 여기는 것은, 어떤 것은 形氣의 사사로움에서 생겨나고, 어떤 것은 性命의 바름에 근원하기 때문이다.[26]

23) 李珥, 「答成浩原」, 『栗谷全書』, 44:204b–c.

24) 李珥, 「答成浩原」, 『栗谷全書』, 44:212a–b

25) 成渾, 「別紙」, 『牛溪集』(한국문집총간본), 43:89b; 「第二書」, 『牛溪集』, 43:90d.

26) 朱熹, 「中庸章句序」, 『四書章句集注』(北京: 中華書局, 1983), 14쪽. "心之虛靈知覺, 一而已矣, 而以爲有人心道心之異者, 則以其或生於形氣之私, 或原於性命之正."

적어도 주희에 이 말에 근거하는 한, 그 취지에 따라 心 안에서 인심・도심을 구분한 이황의 주장은 잘못되었다고 할 수 없다. 그런데, 「중용장구서」에서 이 구절 바로 다음에 이어지는 말은 다음과 같다.

> 知覺이 같지 않으므로 어떤 것[人心]은 위태롭고 불안하며 어떤 것[道心]은 미묘하여 인식하기 어렵다. … (그러므로) 이러한 공부에 종사하여 끊임없이 노력하며 도심으로 하여금 늘 일신의 주인이 되도록 하고 인심은 언제나 그 명을 듣도록 한다면, 위태로운 것은 안정이 되고 미묘한 것은 분명하게 드러나, 動靜云爲함에 저절로 過不及의 차가 없게 된다.[27]

이는 바로 이이의 설이 근거하는 주희의 말이다. 즉, 인심과 도심은 발현되기 전[未發之前]에 나뉘는 것이 아니라, 外物에 감응하여 心의 知覺이 일어나는 순간부터 나타나는 것이고,[28] 이 때 性이 情으로 발현되는 과정에서 잘 절제하여 인심이 도심을 따르도록 하면 인심도 도심으로 전환될 수 있다는 것이다.

이이가 주목한 것은 性이 外物에 감응하여 발현되는 현상적 과정이었다.[29] 현상적 과정에서의 인심의 절제, 즉 기질을 통제하고 도덕적 본성을 따르는 것은 인심을 도심으로 되돌릴 수 있는 길이었다. 이러한 이이의 입장에서는 未發之前의 가치론적 근원에 주목하여 도심과 인심, 사단과 칠정을 구분하려 했던 이황의 주장을

27) 朱熹, 「中庸章句序」, 『四書章句集注』, 14쪽. "而所以爲知覺者不同, 是以或危殆而不安, 或微妙而難見耳. … 從事於斯, 無少間斷, 必使道心, 常爲一身之主, 而人心每聽命焉, 則危者安, 微者著, 而動靜云爲, 自無過不及之差矣."

28) 이 경우의 知覺은 인식론적 지각만을 의미하는 것이 아니라, 好惡의 반응과 도덕 판단까지도 포함하는 것이다. 이기용은 이 때 주희가 말하는 知覺이 "實踐意志에 대한 自覺까지를 포괄하는 것"이라고 설명하기도 한다. 이기용, 「율곡 이이의 인심도심론 연구」(1995), 44쪽.

29) 李珥, 「答成浩原」, 『栗谷全書』, 44:201a–c.

받아들일 수는 없었다. 善惡의 情은 외물에 감응해서 드러나는 것이므로, 未發之時에 心은 성인과 범인이 다를 것이 없으며,[30] 또한 그러한 未發之體에 대해서는 善惡을 말할 수 없다는 것이다.[31] 이러한 이이의 해석을 받아들인다면, "或生於形氣之私, 或原於性命之正."이란 말은 인심과 도심이 나뉘게 되는 이유를 단적으로 언급한 것에 불과하다. 그가 사단을 칠정에 포함시켜야 한다고 주장하며 氣發理乘一途說을 주장한 것 역시, 기질의 장애 여부에 따라 사단과 칠정이 나뉠 뿐 본래적인 차이가 있는 것은 아니라는 의미였다는 점에서, 그의 인심도심설과 같은 맥락에 있다고 볼 수 있다. 이에 이이는 현상으로 드러나는 已發의 心에 주목하며 心의 기질을 변화시킴으로써 인심을 도심으로 전환시킬 것을 주장하게 된다.

30) 李珥, 「答成浩原」, 『栗谷全書』, 44:206a.

31) 李珥, 「答成浩原」, 『栗谷全書』, 44:196a-b.

5. 氣質 變化의 실현

주자가 말하였다. '전에 呂伯恭(呂祖謙)을 만났더니 다음과 같은 말을 했다. 「젊었을 때는 성품과 기질이 거칠고 난폭하여 음식이 마음에 차지 않으면 곧 집안의 물건을 때려 부수곤 했다. 훗날 오래 병이 들어 『논어』 한 권을 잡고 아침저녁으로 보다가 '자신을 꾸짖는 것은 무겁게 하고 남을 책망하는 것은 가볍게 한다'는 구절에 이르러 문득 깨달음을 얻고는 마음이 단번에 평온해졌다. 그리고는 종신토록 난폭해지거나 성내는 일이 없었다.」 이것이 기질을 변화시키는 법이라고 할 수 있다.'[32)]

程子가 張思叔에게 말하였다. '나는 氣를 매우 박약하게 타고났으나, 서른에 점차 성해지고, 마흔, 쉰이 지나서 온전해졌으며, 이제 일흔 둘인데 근육과 뼈가 한창 때 사람과 비교해도 손색이 없다.' 사숙이 물었다. '선생님께서는 어떻게 박약한 기를 타고났는데도 생명을 돈후하게 잘 보존하게 되셨습니까?' 정자가 조용히 있다가 말하였다. '나는 삶[生]을 잊고 욕망을 좇는 것을 매우 부끄러운 일로 여긴다.' 또 (정자가) 涪州에서 돌아왔는데 기품, 용모, 안색, 수염, 머리 등 모두가 예전보다 좋아졌다. 문인이 어떻게 하여 이같이 될 수 있었느냐고 물었다. 정자가 대답하였다. '공부의 힘[學之力]이다.'[33)]

---

32) 李珥, 「聖學輯要」, 『栗谷全書』, 44:470c. "朱子曰, 向見呂伯恭, 說少時性氣粗暴, 嫌飮食不如意, 便打破家事. 後日久病, 只將一冊論語, 早晩閒看, 至躬自厚而薄責於人, 忽然覺得, 意思一時平了, 遂終身無暴怒. 此可爲變化氣質法."

33) 李珥, 「聖學輯要」, 『栗谷全書』, 44:473b–c. 程子謂張思叔曰, 吾受氣甚薄, 三十而浸盛, 四十五十而後完, 今生七十二年, 校其筋骨, 於盛年無損也. 思叔請曰, 先生豈以受氣之薄而厚爲保生耶. 程子默然曰, 吾以忘生徇欲爲深恥. 又歸自涪州, 氣貌容色髭髮, 皆勝平昔. 門人問何以得此. 曰,

위의 두 인용문 중 첫 번째 것은 이이가 편찬한 「성학집요」 중 '矯氣質章'에, 두 번째 것은 '養氣章'에 실려 있다. 모두 이이가 修己의 예로 제시한 것인데, 여조겸의 이야기는 『논어』를 열심히 읽다가 난폭한 성품이 온화하게 변했다는 것이고, 정자의 이야기는 욕망을 멀리하고 공부를 열심히 하다 보니 근골과 용모까지 좋아졌다는 것이다. 이 두 가지 이야기는 이들이 지적인 공부가 어떠한 기질 변화를 가져올 수 있다고 여겼는가를 보여준다.

이이는 도심, 본연지성, 사단이 온전히 구현되지 못하는 이유가 기질의 장애에 있다고 생각하고, 濁駁한 氣를 정화하여 淸粹한 氣로 변화시키는 데 공부・수양의 초점을 맞추었다. 이는 일반적으로 사람은 淸粹한 氣와 濁駁한 氣를 모두 가지고 있지만 스스로의 노력에 의하여 濁駁한 氣를 淸粹한 氣로 변화시킬 수 있다는 데 근거한 것이었다. 그에 따르면 天地는 지극히 正・通한 氣로, 금수와 초목은 偏塞된 氣로 정해져 있어서 기질의 변화가 불가능하지만, 인간의 경우는 기질의 변화 가능성이 있기 때문에 기질 변화를 통해 理의 온전한 실현에 장애가 되는 氣를 맑고 순수한 氣로 변화시킬 수 있다.[34] 이이는 道를 전하고자 했던 성현들의 수많은 말씀도 결국은 이 기질을 검속하여 氣의 本然을 회복하게 하려는 것이었다고 주장하였다. 그에 따르면 그렇게 회복한 氣의 본연이 바로 맹

學之力也.

34) 李珥, 「答成浩原」, 『栗谷全書』, 44:199c-d; 李珥, 「答成浩原」, 『栗谷全書』, 44:205a-b. 이이는 인간의 경우도 聖人, 賢者, 不肖者의 셋으로 나누었다. 聖人은 기질이 淸粹하여 私欲이 없으므로 인심과 도심이 다를 것이 없고, 不肖者는 기질에 濁駁함이 많은 데다가 수양의 노력도 하지 않으므로 인심이 주가 된다고 보았다. 하지만 賢者는 기질에 탁박함이 섞여 있기는 하지만 淸粹한 기질이 많은 데다가 수양의 노력도 하므로 인심이 도심의 명을 따르도록 할 수 있다. 淸粹한 기질을 어느 정도의 비율 이상 가져야 실효를 거둘 수 있을 만큼의 수양의 의지를 갖게 되는지는 명확히 밝히고 있지 않지만, 일정 수준 이상의 淸粹한 기질을 바탕으로 한 의식적 노력이 기질을 변화시킬 수 있는 주요한 요건임에는 분명하다.

자가 말한 浩然之氣였고, 浩然之氣가 天地를 가득 채우면 本善之理로서의 性은 가려짐이 없이 드러나게 된다. 맹자의 養氣論이 바로 이러한 것이다.[35)]

그런데 기질의 清濁粹駁에 의해 心統性情, 性發爲情의 과정에서 드러나는 선악이 결정된다는 이론에만 의거한다면, 이는 사실상 주어진 氣質에 따라 理의 발현이 결정된다는 결정론에 빠지게 된다. "氣가 理의 명을 따르는가 여부는 모두 氣가 하는 바에 달려 있으며, 理는 作爲가 없다"[36)]는 이이의 주장을 상기한다면, 이이가 다른 한편으로 강조하는 '理의 主宰'[37)]가 어떤 의미를 가지는지 의문이 들 뿐 아니라, 기질을 변화시키려는 시도 역시 이이가 말하는 氣 자체의 機自爾에 의해 저절로 이루어질 수 있는가 하는 문제가 제기될 수 있다. 이에 이이가 주목하는 것이 意의 기능이다. 이이에 따르면 사단과 칠정이 情인 데 비해 도심과 인심은 情과 意를 겸한 것이다.[38)] 性이 情으로 발현되는 과정에서 計較商量하고 精察하는 것이 바로 心의 意라는 이이의 설명에 따른다면, 意는 心의 의식적인 인식・판단・의지 기능을 가리킨다고 할 수 있다. 이 意는 바로 濁駁한 氣를 清粹한 氣로 변화시키고, 清粹한 氣를 더욱 함양함으로써, 칠정이 늘 善 일변[四端]으로만 발현하도록 하여 인심이 도심의 명을 듣도록 하는 데 결정적인 역할을 한다. 그러므로 이이는 수양론의 측면에서 意에 특별히 주목하며 '誠意'를 강조하

35) 李珥, 「答成浩原」, 『栗谷全書』, 44:211c.

36) 李珥, 「答成浩原」, 『栗谷全書』, 44:212b. "氣之聽命與否, 皆氣之所爲也, 理則無爲也."

37) 李珥, 「答成浩原」, 『栗谷全書』, 44:199b. "然則參差不齊者, 氣之所爲也. 雖曰氣之所爲, 而必有理爲之主宰, 則其所以參差不齊者, 亦是理當如此, 非理不如此而氣獨如此也."

38) 李珥, 「答成浩原」, 『栗谷全書』, 44:194c.

게 된다.[39)]

그런데 이황은 인간의 心, 性, 情에 대해 성현들이 도심과 인심, 본연지성과 기질지성, 사단과 칠정으로 각각 구분하여 이름을 짓고 설명을 한 취지가 무엇이었는가에 주목해야 한다고 주장하였다. 이에 따라서 도심, 본연지성, 사단을 구현하기 위한 공부・수양방법도 心, 性, 情에서 비본질적인 인심, 기질지성, 칠정에 연연할 것이 아니라 도심, 본연지성, 사단에 집중하여 이를 직접 인식・체득하는 방법으로서 敬의 자세를 강조하였다.[40)] 敬이란 이황이 여러 선현들의 말을 인용해 설명하였듯이, 경건하게 마음이 흔들리지 않도록 집중하며 늘 깨어 있는 자세[主一無適; 整齊嚴肅; 常惺惺]이다.[41)] 선악의 가치론적 기준에 의하여 心・性・情을 구분하고, 지향해야 할 이상적 心・性・情을 목표로 삼아 집중하여 그 목표에 다다르도록 노력하는 것이다. 이 경우 기질과 같은 주변적인 것에는 관심을 기울일 필요가 없게 된다.[42)]

---

39) 李珥, 「答成浩原」, 『栗谷全書』, 44:194d–195a. 이이가 誠意를 바탕으로 한 氣質變化를 강조하였다고 해서 敬의 자세를 도외시한 것은 아니었다. 이황이 敬과 함께 誠도 병행해야 함을 이야기하듯이, 이이도 誠意와 함께 敬의 자세가 필요함을 말하였다. 적어도 주자학을 기반으로 하는 한, 수양론의 측면에서 敬과 誠을 모두 중시하는 것은 당연한 일이다. 다만, 이황과 이이의 공부・수양론을 비교할 경우 상대적으로 차이점이 뚜렷이 나타난다는 것이다. 이이의 敬 관련 공부설에 관해서는 황의동, 「이이의 공부론」(『공부론』, 예문서원, 2007), 314–318쪽 참조.

40) 이황의 이러한 의도는 그가 『聖學十圖』 중 「心統性情圖」에서 程復心의 그림에 中圖와 下圖를 덧붙여 그려 넣은 것을 보아도 분명히 알 수 있다. 정복심의 '心統性情圖'는 본래 心統性情에 관한 일반적인 설명을 도해화한 것이었지만, 이황은 中圖에서 마음이 본성과 감정을 통솔하는[心統性情] 이상적 상태를 특별히 도해화하여 제시하고, 하도에서는 자신의 四端七情理氣互發說 구도에 따라 선악을 기준으로 하여 도덕 감정을 구분하여 그림으로 나타냈다.

41) 李滉, 「聖學十圖」, 『退溪集』, 29:205a.

42) "도심, 본연지성, 사단에 집중하여 이를 직접 인식・체득하는 방법으로서 敬의 자세을 강조"하고 현상적 차원의 기질 변화와 같은 데 관심을 기울이지 않았다고 해서 이황이 지적인 차원에서의 공부・수양에만 치중했다는 것은 아니다. 敬의 자세에 입각하여 진리를 추구하는 그의 공부・수양론은 未發에서 已發까지 일관되게 관철된다. 그 실천적 측면에 관한 상세한 논의는 김종석, 「이황의 공부론」(『공부론』, 예문서원, 2007); Kim, Hyoung-chan, 'Toegye's Philosophy as Practical Ethics'(*Korea Journal*, Vol.47 No.3, 2007) 참조.

6. 氣質의 변화와 天理의 추구

기질변화설은 淸濁粹駁의 다양한 성질을 가진 氣質을 정화시킴으로써 순선한 理가 不相離不相雜의 관계에 있는 氣의 방해를 받지 않고 본연의 특성을 온전히 발휘할 수 있도록 한다는 것이다. 본연지성과 기질지성, 사단과 칠정, 도심과 인심에 관한 논란은 개체의 心에 본성으로 부여된 理가 감성으로 현상화되는 과정에서 理와 氣의 관계를 명확히 함으로써 理의 온전한 실현 방안을 모색하려는 것이었다. 그런데 淸·濁·粹·駁·正·通·偏·塞 등으로 표현되는 氣의 다양성은 단지 물질적 질료의 의미뿐 아니라 가치론적 의미도 가지고 있다는 점에서 기질변화 자체가 단순한 물질적 질료의 정화와는 다른 차원의 의미를 가지게 된다. 앞장의 여조겸과 정자의 예에서 보았듯이, 氣의 정화는 근골·용모의 변화와 함께 성품의 변화도 동반한다고 보는 것이다.

그런데 심성수양론에서의 기질변화는 주로 성품의 변화라는 가치론적 의미의 차원에서 논의된다는 점을 고려할 필요가 있다. 이

때 理에 대한 분명한 인식과 理를 지향하는 의지가 있다면, 의도적이든 비의도적이든, 그것은 곧 기질의 변화로 나타나게 된다. 理의 기준에 따라 선과 악을 명확히 구분하고 선을 추구하려는 분명한 의지가 관철된다면, 현상적인 차원에서 기질의 변화를 의식하지 않아도 기질은 저절로 정화될 수 있다는 것이다.

理一分殊, 性卽理, 氣中之理로서의 性이 氣의 도움을 받아 온전히 현상으로 발현되도록 하는 것, 나아가 이를 통하여 유학의 도덕적 가치가 개개인의 삶과 사회 전체에서 구현되도록 하는 것이 성리학의 목적이라는 사실을 고려한다면, 기질의 변화와 천리의 추구는 별개의 것일 수 없다. 하지만, 주희가 지적하듯이 기질 변화를 이루기 위한 현상적 노력의 이면에서는, 책을 읽고 이치를 궁구하며 敬을 위주로 하여 心을 보존하는 공부가 전제되어야 한다.[43]

이런 점에서 성리학에서 誠意를 기반으로 한 기질의 변화와 敬을 기반으로 한 천리의 추구는 상호의존적 관계에 있다고 할 수 있다. 하지만 기질의 변화를 중시하다 보면 현상적인 공부에 치중하기 마련이고, 主一無適으로서의 敬 공부를 위주로 할 경우 현상적인 기질 변화에 관심을 기울이기보다는 근본적인 理 또는 天命 자체에 집중하는 경향을 갖기 쉽다.

이황은 敬을 위주로 하여 천리의 체득에 공부의 초점을 맞추었다는 점에서 기질변화보다 근본적인 방법을 택한 것이라고 할 수 있다. 이러한 공부가 성실히 수행될 때 기질 변화는 자연히 따라온다고 여겼을 것이다. 그렇다고 해서 이이가 현상적인 기질 변화

43) 『朱子語類』(北京: 中華書局, 1986), 122:5. “或問: ‘東萊謂變化氣質, 方可言學.’ 曰: ‘此意甚善. 但如鄙意, 則以爲學乃能變化氣質耳. 若不讀書窮理, 主敬存心, 而徒切切計較於昨非今是之間, 恐亦勞而無補也.”

에만 매달렸다고 보기는 어렵다. 물론 만물의 생성 변화가 모두 不相離不相雜 관계에 있는 理와 氣에 의해 일어난다는 성리학의 理氣論에 따른다면, 理의 순선한 특성이 드러나기 위해서 氣質의 淨化는 필수적이다. 하지만 이이는 그러한 기질의 변화가 성리학의 가치를 구현하는 일정한 방향성을 가지고 성실하게 수행되려면, 計較商量하는 인간의 의식과 의지가 선행되어야 한다는 점에 주목하였고, 이를 통해 주희가 우려했던, 현상적 급급함에 머무는 한계를 넘어설 수 있었다.

참고문헌

『周易』, 서울: 太山出版社, 1984
成　渾,『牛溪集』(韓國文集叢刊 43), 서울: 민족문화추진회, 1988
李　珥,『栗谷全書』(韓國文集叢刊 44～45), 서울: 민족문화추진회, 1988
李　滉,『退溪集』(韓國文集叢刊 29～31), 서울: 민족문화추진회, 1988
張　載,『張子全書』, 臺北: 臺灣中華書局, 1966
程顥・程頤,『二程全書』, 京都: 中文出版社, 1979
朱　熹,『四書章句集注』, 北京: 中華書局, 1983
______,『朱子語類』, 北京: 中華書局, 1986
______,『朱子全書』, 서울: 中和堂, 1988

김경호,「율곡 이이의 심성론에 관한 연구」, 서울: 고려대 박사학위논문, 2002
김종석,「이황의 공부론」,『공부론』, 서울: 예문서원, 2007
김형찬,「理氣論의 一元論化 연구」, 서울: 고려대 박사학위논문, 1996
______ (Kim, Hyoung-chan), 'Toegye's Philosophy as Practical Ethics', *Korea Journal,* Vol.47 No.3, 2007
문석윤,「『退溪集』所載 栗谷 李珥 問目 자료에 관하여」,『퇴계학보』122, 서울: 퇴계학연구원, 2007
이기용,「율곡 이이의 인심도심론 연구」, 서울: 연세대 박사학위논문, 1995
이상익,「誠・敬論의 존재론적 기초: 퇴계・율곡의경우를 중심으로」,『동양철학연구』10, 서울: 동양철학연구회, 1989
장숙필,「율곡 이이의 성학 연구」, 서울: 고려대 박사학위논문, 1991
정혜정,「불교적 조명에 의한 퇴계와 율곡의 공부론 비교」,『종교교육학연구』16, 서울: 한국종교교육학회, 2003
황의동,「이이의 공부론」,『공부론』, 서울: 예문서원, 2007

무위(無爲)와 무사(無私): 자연생명을 위한 자기중심성의 초극
-노자의 욕망론을 중심으로-

김철운

1. 들어가는 말
2. 욕망의 해소를 위한 모색
3. 욕망의 확장
4. 욕망의 경계를 넘어서
5. 맺음말

1. 들어가는 말

선진시대의 사상가인 노자(老子)는 어떻게 자신의 자연 본성을 구속하고 파괴하는 '인위성'(有爲)으로부터 벗어나서 그 본성을 회복하고 '자연생명'을 보전하려 하였는가? 여기서 말하는 '자연생명'이란 사람들의 타고난 '생리본능'이 어떠한 인위적 요소에 의해서도 오염되지 않고 구속되지 않는 순수한 '생명' 자체를 말한다. 그에게서 그러한 자연 생명을 보전하는 삶이 어떻게 절실하게 추구되었으며, 구체적으로 어떠한 모습이었는가를 철저하게 밝혀내는 일은 아주 중요하다고 할 수 있다.

노자가 활동했다고 알려진 춘추 전국 시대는 사회의 모든 영역에서 그 기능들이 제대로 발휘되지 않아 극도로 혼란하고 암울하기만 했던 시대였다. 즉, 사회적으로는 걷잡을 수 없이 급격하고 급속하게 변하는 시대의 큰 흐름으로 인하여 새로운 질서의 확립을 위한 안정적이고 점진적인 발전을 모색하기 어려웠다. 정치적으로는 제후들의 천하 패권을 위한 피비린내 나는 전쟁으로 인하여 백성들의 안녕을 위한 일관성 있는 정치 정책을 실행하기가 어려웠다. 경제적으로는 그들의 야욕을 위한 가혹한 세금 수탈로 인하여 백성들의 생존을 위한 계획성 있는 경제 정책을 세우기가 어려웠다. 그 결과 천하의 질서는 그 끝을 알 수 없는 '미궁'(迷宮) 속으로 빠져 들어갔고, 이로부터 백성들의 생존과 직결된 생활 터전은 철저하게 파괴되어 갔다.

그런 속에서 백성들은 현실의 삶에 대한 희망의 끈을 놓지 않으려는 노력을 끊임없이 기울였지만, 결과적으로 그것은 한갓 헛된 노력으로 치부될 수밖에 없었다.[1] 왜냐하면 그것은 그러한 와중(渦中)에도 백성들의 곤궁한 삶을 비웃기라도 하듯이 오로지 그러한 시대의 혼란한 틈을 교묘히 이용하여 자신들의 세속적 '욕망'만을 채우기에 급급했던 사람들의 등장 때문이었다. 이들의 등장은 바로 사회의 혼란을 더욱 부채질 하였다. 그 근본 원인은 그들이 시간이 지날수록 더욱 적극적으로 '자연 생명'의 보전을 위하여 "자신의 삶에 집착하지 않는"(不自生) 삶의 태도를 멀리하고, 더욱 적극적으로 자신들의 세속적 '욕망'을 드러내고 확장하기 위하여 "자신의 삶에 집착하는"(自生) 삶의 태도를 받아들였다는 데에 있었다.[2] 이러한 태도는 노자가 진정으로 원했던 것과는 아주 다른 한 가지 분명한 입장을 이끌어 내기에 충분하였다. 즉, 사람이라면 누구나 오로지 그들이 오랜 동안 지식과 지혜를 축적하여 만들어 낸 문화적 체계 안에서만 그 자신들의 삶의 안녕과 행복을 보장 받을 수 있기 때문에

---

1) 노자는 이러한 사회의 혼란이 생기는 근본 원인으로 '유사'(有事)를 지목하고, 그 해결책으로 '무사'(無事)를 주장한다.(『老子』, 48장, "取天下, 常以無事, 及其有事, 不足以取天下." 같은 책, 57장, "以無事取天下.)

2) 『老子』, 7장, "天長地久, 天地所以能長且久者, 以其**不自生**, 故能長久."

그들은 반드시 그러한 체계를 더욱 더 세밀하게 나누고 정교하게 조직화하면서 그 곳에 안주하고 살아가야 한다는 것이었다.[3]

하지만 노자는 사람들의 그러한 삶의 태도를 결코 본받지 않아야 하는 것으로 보고, 그것에 대하여 가혹하리만치 냉철한 비판적 입장을 취하였다. 왜냐하면 그러한 태도는 도리어 그 자신들을 더욱 고통스럽고 불행하게 만드는데, 즉 그것은 결과적으로 그 자신들을 세속적 '욕망'에 더욱 집착하게 하여 그 자연 본성을 상실시키고, 급기야 삶 전체를 위험에 빠뜨렸기 때문이다. 이러한 이유로 그는 더욱 적극적으로 사람들이 반드시 지향해야 하는 삶의 태도를 제출하였다. 그것은 바로 '욕망'에 집착하여 일신상의 영달만을 꾀하는 '후생'(厚生)·'익생'(益生)·'귀생'(貴生)의 태도에서 벗어나 '자연 생명'을 보전하는 '무이생위'(無以生爲)[4]의 태도를 지향하는 것이었다. 즉, "그 생명을 두텁게 하려고 한다."와 "생명의 탐닉은 재앙이다.", 그리고 "생명을 생명으로 여기지 않는 사람이 생명을 귀하게 여기는 사람보다 현명하다."[5]가 그것이다. 이렇듯이 그는 "부자생" 또는 "무이생위"의 삶, 즉 '무위자연'의 삶을 그 자신뿐만 아니라 사람들이 반드시 추구해야 하는 삶의 최종 귀착지로 삼았다. 왜냐하면 그것이야말로 사람들을 현실의 삶에 집착하게 하는 '욕망'으로부터 벗어나게 하여 더욱 더 자연스럽고 자유롭게 해준다는 그 자신의 확신 때문이었다.

---

3) 노자에서 이러한 측면은 '悶悶'과 '察察'로 설명된다. 즉 '悶悶'은 '백성들에게 관대하고 너그러운' '無爲의 정치'를 말하고, '察察'은 '백성들의 일에 일일이 간섭하고 속박하는' '有爲'의 정치를 말한다.(같은 책, 58장, "其政悶悶, 其民淳淳, 其政察察, 其民缺缺." 成玄英, 『老子義疏』 58장 참조.)

4) 이 '無以生爲'는 '不自生'과 같은 의미라고 할 수 있다.

5) 같은 책, 50장, "以其生生之厚." 55장, "益生曰祥." 75장, "夫惟無以生爲者, 是賢於貴生."

그런데 노자의 그러한 확신에도 불구하고, 사람들의 앞에 놓인 춘추전국시대라는 암울한 현실 상황은 결코 그들에게 '무위자연'의 삶에 대한 추구를 쉽게 허락하지 않았다. 이러한 점을 깊이 인식한 그는 더욱 적극적으로 나아가 그러한 삶의 추구를 가로막는 근본 원인이 무엇이고, 그것이 사람들의 삶에 어떠한 영향을 미치며, 그것을 어떻게 극복할 수 있는가 하는 고민 속에서 '무위자연'의 삶을 실현하기 위한 노력을 다각도로 강구해 나갔다. 그리하여 그는 사람들의 삶의 근간을 뒤흔드는 근본 원인으로 '유위'(有爲: 인위성)를 지목하고[6], 그것이 직·간접적으로 사람들의 삶에 미치는 심각한 영향을 '욕망'의 문제와 관련지어 해결해 나갔다. 그 결과 그는 궁극적으로 그러한 '인위성'의 문제를 해결하기 위한 사상적 근거로 '무위'(無爲)와 '무사'(無私)를 그 전면에 내세울 수 있었다.

[6] 뒤에서 보겠지만, 이러한 '유위'(有爲)에 대한 그의 부정적 입장은 '마음의 앎'(心知)의 작용과 '이목구비 등의 욕망'의 요구, 즉 '마음의 앎'(心知)의 작용을 도구로 삼아 자신의 목적에 도달하는 '이목구비 등의 욕망'(欲)의 요구와 '이목구비 등의 욕망'의 요구에 의해서 움직여지고 발휘되어 자신의 적극적 행위를 드러내는 '마음의 앎'의 작용으로 형성되는 '자아 관념'에 대한 깊이 있는 비판을 통하여 더욱 강화되었다.

2. 욕망의 해소를 위한 모색

1) 유위(有爲)에 대한 경고

노자가 진정으로 추구한 삶은 구체적으로 어떠한 모습인가? 간단하게 말해, 그것은 오로지 사람들의 타고난 '생리 본능'이 '마음의 앎'(心知)의 작용에 영향을 받으면서 그것에 본래 있는 범위를 뛰어 넘어 가는 '유욕'(有欲)적 삶이 아니라 그 생리 본능이 그 '앎'의 작용에 전혀 영향을 받지 않으면서 그것을 모아서(專) 부드러움(柔)에 이르는 '무욕'(無欲)적 삶이다.[7] 여기서 전자가 언제나 외부 사물에 의해서 구속받거나 지배받으면서 살아가는 '자기 기만적인 삶'이라면, 후자는 외부의 그 어떠한 것으로부터도 구속받지 않고 지배 받지 않으면서 살아가는 '자기 초탈적인 삶'이다. 이러한 이유로 그는 모든 '욕망'의 요구를 적극적으로 받아들이고 인위적 조

7) 여기서 말하는 '생리 본능'이란 "心使氣曰强"의 '氣' 또는 "專氣致柔."(10장)의 '氣'를 말한다. 이는 서복관의 해석을 따랐다.(徐復觀, 『中國人性論史』(臺北 : 臺灣商務印書館, 民國73 7판), 342쪽 참조 바람.)

작과 조장을 일삼는 '유위'(有爲)적 태도에서 벗어나 모든 '욕망'의 요구를 거부하고 '자연'의 이치를 따라가는 '무위'(無爲)적 태도를 그 자신을 비롯한 모든 사람들이 반드시 지향해야 할 삶의 최고 가치이자 최종 귀착지로 삼았던 것이다.

그럼 노자의 그러한 '무위'적 삶의 태도는 궁극적으로 어디에서 나왔는가? 그것은 바로 사람과 자연의 유기적 관계를 지향하는, 즉 그 자신의 세계관을 여실히 보여주는 '도'(道)에 대한 깊은 통찰에서 나왔다. 여기서 '도'는 만물의 본원을 가리키는데, 그것은 결코 사람을 비롯한 온갖 사물을 소유·주재하려 들지 않기 때문에 언제나 그 자신만을 위한 어떠한 욕망·의지·목적을 드러내는 일이 없다. 그래서 그것은 오로지 우리에게 어떠한 것을 요구·구속·제한함이 없이 '스스로 그러하면서 그러하고'(自然而然) 언제나 우리의 세계 안에서 작용할 뿐이다.

> 온갖 사물을 흥기시키면서도 다투어 만들지 않고, 온갖 사물을 낳고 기르면서도 가지려 하지 않고, 온갖 사물을 기르면서도 자신의 능력을 자랑하지 않고, 공적을 이루고도 스스로 높은 자리에 머무르지 않는다. 오직 높은 자리에 머무르지 않기 때문에 그의 공적이 없어지지 않는다.[8]

> 큰 도는 광범위하게 흘러서 이르지 않는 곳이 없다. 온갖 사물은 그것에 의지하여 자라지만 거절하지는 않고, 성취하는 것이 있어도 스스로 공이 있다고 여기지 않는다. 온갖 사물을 양육하지만 스스로 주인이라고 생각하지 않아서 그것을 '작다'고 부를 수 있으며, 온갖 사물이 돌아가도 스스로 주재한다고 생각하지 않아서 그것을 '크다'고 부를 수 있다. 그것이 스스로 위대하다고 생각하지 않기 때문에 그것의 위대함을 이룰 수 있는 것이다.[9]

---

8) 『老子』, 2장, "萬物作焉而不辭, 生而不有, 爲而不恃, 功成而不居. 夫唯不居, 是以不去."

9) 같은 책, 34장, "大道氾兮, 其可左右. 萬物恃之而生而不辭, 功成不名有. 衣養萬物而不爲主. 常無欲, 可名於小. 萬物歸焉而不爲主, 可名爲大. 以其終不自爲大, 故能成其大."

즉, '큰 도'(大道)는 찬란한 업적을 이루었음에도 불구하고 결코 그것에 안주하는 일이 없고, 그 자신을 위해서 어떠한 것도 요구하는 일이 없다. 이러한 '도'의 세계에서는 '특정한 의지나 욕망을 따라서 움직이지 않을 뿐만 아니라 문화적 체계에 의해 재단되어 구분되거나 이름이 붙는 그러한 공정을 허용하지 않는다. 왜냐하면 인간 행위의 많은 부분은 특정한 문화 체계와 지적인 체계에 의해 인도 되는데, 그것은 욕망으로 나타나서 자연의 존재 형식이나 운행 원칙에 정면으로 위배되기 때문이다.'[10] 그래서 사람들은 그들이 오랜 동안 온갖 지식과 지혜를 짜내어 만들어낸 문화적 체계 안에서 나타나는 '욕망'에 집착하는 삶이 아니라 '스스로 그러하면서 그러한'(自然而然) '도'의 세계 안에서 자신들의 자연 생명을 보전하는 삶을 추구해야 하는 것이다.[11]

그럼 과연 노자에서 사람은 전적으로 태어날 때부터 '욕망'이 아닌 '도'라는 자연의 이치를 따르면서 살아갈 수 있는 존재로 볼 수 있는가? 여기서 만약 사람이 그렇게 살아갈 수 있는 존재라고 본다면 그들을 둘러싼 모든 '인위성'(有爲)의 문제는 결코 일어나지 않을 것이다. 설령 일어난다고 하더라도 그것이 그들의 삶 전체를 왜곡하거나 위험에 빠뜨리는 일은 결코 없을 것이다. 하지만 아쉽게도 그의 관점에서 사람들이란 처음부터 그러한 삶을 살아가기 힘든 존재라는 사실이다. 왜냐하면 그들이 태어나면서 처음으로 만나는 세계가 '도'를 잃어버린 뒤에 나온 '인위성(有爲)이 지배하는 세

10) 최진석, 「욕망(欲): 선진철학을 읽는 또 하나의 창」(『철학연구』 69, 철학연구회, 2005), 29쪽 참조.

11) 『老子』, 3장, "不見可欲, 使民心不亂....常使民無知無欲." 34장, "常無欲, 可名于小." 37장, "無名之樸, 夫亦將無欲, 無欲以靜, 天下將自定." 57장, "我無欲而民自樸."

계'이기 때문이다. 이렇게 본다면 그러한 세계에 산다는 것은 바로 '인위성'의 지배와 조종을 받으면서 살아간다는 것이고, 또한 그 세계 안에서 나타나는 '욕망'의 요구에 부응하면서 살아간다는 것이다. 이러한 세계에 살고 있는 사람들은 오로지 '사사로운 욕심을 버리지 못하고', '필요 없이 일을 조작하거나 조장하고', '아집과 편견에 사로잡히고', '세속적인 모든 일에 마음을 두는' 등, 아주 많은 인위적 행위들을 드러내면서 살아갈 뿐이다. 이것은 바로 사람들이 '인위성'의 세계를 벗어나려고 하지 않으면 않을수록 그들의 욕망에 대한 집착은 더욱 더 강화되고 확대됨을 의미한다. 그래서 노자는 '인위성'의 세계에 대한 강력한 비판, 즉 그러한 세계 안에서 오로지 사람들로 하여금 바깥을 향하여 쫓아가게 내몰아 그 생명을 위험한 상황에 빠뜨리는 '욕망'의 문제에 대한 엄밀하고도 냉철한 비판을 제출하지 않는다면 그들은 언제나 타고난 '자연 생명'을 보전하는 삶이 아닌 바깥을 향하여 자신의 '욕망'을 확대해 나가는 삶을 최고의 가치로 여기고 그것에 자신의 삶 전체를 내던지고 말 것이라고 경고한다.

> 집어 지니며 가득 채워서 차는 것은 (알맞은 때에) 그만두는 것만 못하고, 두들겨서 날카로움을 드러내면 (그 예리한 형세를) 오래 보존하기 어렵다. 금과 옥을 집 안에 가득 쌓아 두어도 지켜 간직할 수 없고 부귀하다고 교만해지면 스스로 화와 근심을 자초하게 된다. 공업이 완성되면 자신의 몸을 물러나게 하는 것이 하늘의 도리이다.[12)]

> 강제적으로 힘을 쓰면 실패할 것이고, 잡으려고 하면 잃어버릴 것이다. 그러므로

---

12) 같은 책, 9장, "持而盈之, 不如其已. 揣而銳之, 不可長保. 金玉萬堂, 莫之能守. 富貴而驕, 自遺其咎. 功遂身退, 天之道."

모든 사물은 달라서 어떤 것은 앞서 가고 어떤 것은 뒤따라가며, 어떤 것은 조용히 숨을 내쉬고 어떤 것은 급하게 숨을 들이쉬며, 어떤 것은 강건하고 어떤 것은 유약하며, 어떤 것은 안정되고 어떤 것은 위태롭다. 그러므로 성인은 극단적인 것을 버리고, 사치를 버리고, 교만함을 버린다.[13]

여기서 보듯이, 노자는 사람들의 인위적 행위가 그 자신들에게 가져 올 위험성을 크게 지적한다. 즉, "집어 지니며 가득 채워서 차는 것은 (알맞은 때에) 그만두는 것만 못하고, 두들겨서 날카로움을 드러내면 (그 예리한 형세를) 오래 보존하기 어렵다."와 "강제적으로 힘을 쓰면 실패할 것이고, 잡으려고 하면 잃어버릴 것이다."가 그것이다. 때문에 어떤 사람이 '인위성이 지배하고 조종하는 문화적 체계'에 이미 함몰되어 그것을 최고의 가치로 여기면서 살아간다면 그는 그 자신이 왜 자연 생명을 보전해야 하는가에 대한 문제의식을 스스로 망각해 버린, 즉 "무엇이 참된 삶인가?"와 "어떻게 그 삶을 실현할 수 있는가?"라는 본질적 물음 없이 살아가는 아둔한 존재에 지나지 않을 뿐이다. 그렇다면 사람들은 어떻게 그들의 삶을 자연스럽고 편안하게 해 주기보다는 아주 철저하게 구속하고 파괴해 버리는 '인위성'으로부터 벗어나 '있는 그대로의 상태'(樸), 즉 질박한 존재로서의 자연 생명을 보전해 나갈 수 있는가? 그것은 바로 '무위'의 실현일 뿐이다.

---

13) 같은 책, 29장, "爲者敗之, 執者失之. 故物, 或行或隨, 或噓或吹, 或强或羸, 或挫或墮, 是以聖人去甚, 去奢, 去泰."

2) 유위(有爲)에서 무위(無爲)로

앞서 보았듯이, '도'(道)가 없어진 뒤에 생겨난 '유위'(有爲)의 세계는 바로 사람들이 자신들의 인위적 소산인 문화적 체계에 의해서 재단되거나 바깥 세계에 대한 무한한 만족을 지향하는 '욕망'의 요구에 부응하면서 살아가는 세계를 말한다. 이러한 세계에서는 오직 사람들의 무분별한 이기적 행위들만이 끊임없이 조작되고 조장되기 때문에[14] 그들의 자연 생명은 결코 보장 받지 못하고, 급기야 위험에 빠지게 될 뿐이다. 따라서 혹자의 주장처럼, 인류의 역사에서 "유(有)의 출현은 진보가 아니라 본원과 본성에 대한 파괴이었고, 인류의 역사는 본원과 본성을 끊임없이 파괴하는 과정이었다."[15]고 할 수 있다.

그럼 우리는 어떻게 그러한 '유위'(有爲)의 세계가 아닌 '도'(자연)의 세계를 따르면서 살아갈 수 있는가? 이 문제를 해결하려면 우리는 먼저 '유위'(有爲)의 '위'(爲)가 구체적으로 무엇을 가리키는지를 살펴보아야 할 것이다. 즉, 혹자에 의하면 "위(爲)는 인간 생존에 해로운 '위'이지 인간 행위 전반을 가리키는 것이 아니다. 노자가 부정하려는 '위'는 인위적인 지모(智謀)와 욕망에 구사되어 일어나는 거짓 행위"[16]라는 것이다. 다시 말해 '위'는 사람들의 행동거지(行動擧止)라는 모든 행위 자체가 아니라 그 자연 생명의 보전에 방해가 되는 모든 인위적 행위, 즉 사람들이 만들어낸 문화적

14) 같은 책, 38장, "故失道而後德, 失德而後仁, 失仁而後義, 失義而後禮."

15) 劉澤華, 『중국 고대 정치사상』(노승현 역, 예문서원, 1994)193쪽.(여기서 '有'는 '有爲'의 세계를 가리킨다.)

16) 김충열, 『노장철학강의』(예문서원, 1995), 172쪽.

체계 안에서 나타나는 그들의 모든 탐욕스런 행위 자체라는 것이다. 여기에 노자의 고민이 있었다. 왜냐하면 그러한 행위 자체야말로 사람들이 진정으로 지향해야 하는 삶의 태도가 아닌데, 그것이 그 자신들의 삶을 철저하게 왜곡하고 파괴하는 등 아주 심각한 상황을 만들어 냈기 때문이다. 그리하여 그는 그 문제의 심각성을 철저하게 파헤쳐 나가는데, 그것을 위정자의 인위적인 행위들에 초점을 맞추고 그것들이 사람들의 삶에 끼치는 위험성에 대하여 강도 높은 비판의 칼을 들이댄다.

> 조정은 아주 부패하고, 논밭은 아주 황폐하고, 창고는 텅 비어 있는데, 수놓은 비단 옷을 입고, 번득이는 칼을 차고, 물리도록 먹고 마시고도 재물이 남았으니, 이를 도적의 괴수라고 한다. 도(道)가 아니다.[17)]
>
> 천하에 하지 말라는 것이 많을수록 사람들이 더 가난해지고, 조종에 권모술수가 많을수록 국가는 더 혼란해지고, 사람들이 기교를 부릴수록 괴이한 일은 더 생겨나고, 법령이 발달할수록 도적은 더 많아진다.[18)]
>
> 백성이 굶주림에 시달리는 것은 세금을 지나치게 많이 거두기 때문이다. 그래서 굶주림에 시달리는 것이다. 백성을 다스리기 어려운 것은 지배자의 간섭이 심하기 때문이다. 그래서 다스리기 어려운 것이다. 백성이 죽음을 가볍게 여기는 것은 지배자가 자신의 삶만을 지나치게 추구하기 때문이다. 그래서 백성들이 죽음을 가볍게 여기는 것이다.[19)]

정리하자면, '도(道)를 잃어버린 세상'에서 위정자가 아주 정교하

---

17) 『老子』, 53장, "朝甚除, 田甚蕪, 倉甚虛, 服文綵, 帶利劍, 厭飮食, 財貨有餘, 是謂盜夸, 非道也哉."

18) 같은 책, 57장, "天下多忌諱, 而民彌貧, 民多利器, 國家滋昏, 人多伎巧, 奇物滋起, 法令滋彰, 盜賊多有."

19) 같은 책, 75장, "民之饑, 以其上食稅之多, 是以饑, 民之難治, 以其上之有爲, 是以難治, 民之輕死, 以其上求生之厚, 是以輕死."

게 가다듬은 '인위적 도구들'(금기, 권모술수, 기교, 법령)을 이용하여 백성들의 삶의 안정을 뒤로하고 오직 자신의 세속적 '욕망'만을 채워나간다면 사회는 모사꾼들의 등장으로 더욱 혼란해 질 것이고, 사람들은 생활 터전의 상실로 더욱 가난해질 것이다.[20] 다시 말해 위정자가 그러한 도구들을 이용하여 백성들의 재산과 생명을 끊임없이 요구하면서 그들의 삶을 간섭하고 통제해 나간다면 백성들은 죽음을 가볍게 여기게 되고, 그 결과로 그들은 자신들의 수명을 다 채우지도 못하고 중도에서 죽음을 맞게 된다는 것이다. 여기에 노자의 진심어린 걱정이 있다. 즉, 그러한 인위적 도구들은 결과적으로 그 자신뿐만 아니라 백성들의 자연 생명을 위험에 빠뜨린다는 것이다. 그렇다면, 그것의 근본 원인은 어디에 있는가? 그것은 다름 아닌 위정자가 "미리 만들어진 여러 가지 규범이란 도의 속이 텅 비고 겉만 화려한 것에 불과하며 우매한 것의 시작"[21]임을 알지 못했기 때문인데, 즉 그러한 간사하고 교묘한 인위적 도구들에 함몰되어 '스스로 그러하면서 그러한'(自然而然) 삶의 소박함을 잃어버렸기 때문이다.

이러한 이유로 노자는 사람들의 '인위성'(有爲)이 직・간접적으로 그들의 삶 전체에 미치는 심각한 영향을 충분히 파악하여 그들에게 그러한 '인위성'에 반대하는 강한 메시지를 보냈다. 그것은 바로 "(결코) 어떠한 상황에서도 자연 생명을 위험에 빠뜨리는 인

20) 노자에서 이러한 인위적 도구들은 '마음의 앎'(心知)의 작용을 통해서 나오는데, 즉 그는 그러한 도구들에 의한 인위적 행위를 '작은 생선을 석쇠에 굽는' 행위에 비유하여 설명한다. 우리가 생선을 구울 때에 그 석쇠에 올려 있는 생선의 밑 부분이 제대로 익지 않는데도 자주 뒤집으면 생선의 살은 그 밑 부분이 석쇠에 달라붙거나 여러 갈래로 부서져서 사방으로 흩어지기 쉽지만, 밑 부분이 잘 익었을 때까지 기다려서 뒤집으면 생선의 살은 모두 달라붙지 않고 사방으로 흩어지지 않기 때문에 그 원형을 그대로 유지할 수 있다는 것이다.(같은 책, 60장, "治大國, 若烹小鮮.")

21) 같은 책, 38장, "前識者, 道之華, 而愚之始."

위적인 조작과 조장을 하지 않는다."는 '무위'(無爲)의 메시지였다. 즉, "내가 무위(無爲)하면 사람들은 저절로 교화되고, 내가 고요함을 좋아하면 사람들은 저절로 바르고, 내가 무사(無事)하면 사람들은 저절로 부유하고, 내가 무욕(無欲)하면 사람들은 저절로 순박해지고"[22], "무사(無私)했기 때문에 그 완전한 자아를 이룰 수 있다."[23]가 그것이다. 이렇듯이 노자는 '인위성'의 철저한 배제 속에서 도달되는 '무위'('무사'·'무욕'·'무사')의 실현이야말로 사람들의 자연 생명을 보전시키고 천하의 질서를 안정시킬 수 있는 최대의 근거로 보았던 것이다.

---

22) 같은 책, 57장, "故聖人云, 我**無爲**而民自化, 我好靜而民自正, 我**無事**而民自富, 我**無欲**而民自樸."

23) 같은 책, 7장, "非以其**無私**邪, 故能成其私."

3. 욕망의 확장

1) '욕망'의 두 가지 의미

이제 우리는『노자』에 나타나는 '욕'(欲)이란 글자의 용례에 근거하여, '욕망'이 구체적으로 어떠한 의미를 가지며, 그것이 왜 문제가 되는가에 대해서 살펴 볼 것이다. 즉, 그 책에서 '욕'(欲)이란 글자는 크게 두 가지의 의미로 나타난다. 하나는 모든 것에서 '지나치지 않고'(不過) '소박한'(樸) 삶을 '바란다'(望, 願)는 의미의 '욕'이고, 또 하나는 모든 것에서 '자기의 것으로 집착하고 고집하는'(有欲) 삶을 '탐욕한다'(貪欲)는 의미의 '욕'이다.[24] 이것을 다시 나누어 보면, '욕망'은 두 층차에서 이해될 수 있는데, 하나는 '무위'나 '자연'의 영역 안에서 그 의미를 갖는 '욕망'이고, 또 하나는 '유위'와 '인위' 그리고 '작위'의 영역 안에서 의미를 갖는 '욕망'이

24) 김현수, 「『道德經』의 '欲'의 의미에 관한 고찰」(도교문화학회, 『도교문화연구』 21집, 2004), 227~234쪽 참조바람. '바란다'(望, 願): 같은 책, 29장, "將**欲**取天下而爲之." 57장, "我**欲**不欲而民自樸." 64장, "是以聖人, **欲**不欲, 不貴難得之貨, 學不學." '탐욕'(貪欲): 같은 책, 19장, "少私寡**欲**." 39장, "不**欲**琭琭如玉."

다. 이를 통해 볼 때에 우리는 노자가 '욕망'이라고 해서 모두를 부정하지 않았다는 점과 그가 문제로 삼은 '욕망'이 후자였다는 점을 간단하게나마 알 수 있다.

그럼 노자에서 위의 두 가지 의미의 '욕망'은 구체적으로 어떠한 내용을 함축하는 있는가? 먼저 '무위'나 '자연'의 영역 안에서 그러한 의미를 갖는 '욕망'은 오직 사람들이 가지고 태어나는 '자연 본성', 즉 사람들의 생물학적 본능의 틀 안에 있는 '생리의 자연적 욕망'일 뿐이다. 간단하게 말해, 사람들이 타고난 생리 본능을 잘 유지해 나가는 데에 필요한 '입는 것'과 '먹는 것' 그리고 '머무는 것'(衣食住) 등에 대한 기본 욕구(욕망)를 가리킨다. 주지하다시피, 사람들의 삶에서 그러한 욕구(욕망)가 전제되지 않는다면 그들의 생존을 위한 활동에는 많은 제약이 뒤따를 것이고, 그 결과 그들의 삶에는 언제나 곤궁함만이 자리 잡고 있을 것이다. 때문에 그는 그러한 생존 활동을 위한 '생리의 자연적 욕구(욕망)'을 인정하는 속에서 다음과 같이 말한다.

> 그 마음을 텅 비게 하고, 그 배를 채워주고, 그 의지를 약하게 하고, 그 뼈를 강하게 한다.[25]

> 성인은 배를 위하지 눈을 위하지 않는다.[26]

여기서 우리는 "눈을 위한다."와 "배를 위한다."는 말을 유심히 살펴볼 필요가 있다. 즉, 전자의 '눈'(目)은 "외재적인 것으로"(外),

---

25) 같은 책, 3장, "虛其心, 實其腹, 弱其志, 强其骨."

26) 같은 책, 12장, "聖人爲腹, 不爲目."(成玄英(『老子義疏』, 12장)은 '腹'과 '目'을 '內'와 '外'로 설명한다.)

바깥 사물에 대한 '마음의 앎'의 작용(인식작용)을 가능하게 하는 감각기관을 가리키고,(왜냐하면 '마음의 앎'(心知)은 귀・눈・입・코 등의 감각기관의 활동의 결과이기 때문이다.) 후자의 '배'(腹)는 "내재적인 것으로"(內), "마음의 앎의 작용에 영향을 받지 않은 생리 본능"[27]을 가리킨다. 이렇게 본다면, "눈을 위하는" 삶은 '외재적으로 욕망에 집착하는 삶으로', 바깥의 감각적・관능적・물질적인 삶의 추구에 그 목적이 있다. 반면에 "배를 위하는" 삶은 '내재적으로 자신을 위한 어떠한 명리도 추구하지 않는 삶으로', 소박하고 욕망이 없는 '무위자연'의 삶의 추구에 그 목적이 있다.[28] 때문에 노자에서 그러한 '생리의 자연적 욕망'을 거부하는 것은 궁극적으로 '생리 본능'의 유지를 위한, 즉 '자연 생명'의 보전을 위한 모든 활동을 거부하는 것이자 궁극적으로 그 생명 자체를 포기하는 것이다. 이렇게 본다면, 사람들의 삶은 그러한 '생리의 자연적 욕망'을 철저하게 배제하는 것이 아니라 그것을 있는 그대로 받아들이는 속에서만 지속되고 영위되기 때문에 그러한 '욕망'은 생리 본능의 유지를 위한 활동에 있어서 아주 중요한 의미를 갖는다. 이런 속에서만 그의 "음식을 달게 여겨 먹게 하고, 의복을 아름답게 여겨 입게 하고, 사는 것을 안식처로 여기게 하고, 그 풍속을 즐기게 한다."[29]라는 말은 그 실질적 의미를 가질 수 있다.

다음으로 '유위'와 '인위' 그리고 '작위'의 영역 안에서 의미를 갖는 '욕망'은 바로 사람들의 인위적 소산인 문화적 체계 안에서

27) 徐復觀, 같은 책, 344쪽 참조 바람.

28) 王弼, 『老子注』, "爲腹者, 以物養己. 爲目者, 以物役己. 故聖人不爲目也."

29) 『老子』, 80章, "甘其食, 美其服, 安其居, 樂其俗"

끊임없이 조작되고 조장되어 나타나는 '욕망'이다. 이러한 '욕망'은 본래 사람들이 태어나면서부터 가지고 있는 것인데,[30] 이때의 '욕망'은 '마음의 앎'(心知)의 작용에 힘입어 사람들로 하여금 바깥을 향하여 쫓아가게 내 몰아서 그 대상들('명성'·'재물'·'힘'·'지위'·'지식' 등)에 대한 집착을 끊임없이 드러내게 한다. 이런 속에서 사람들은 그 욕망의 요구에 이끌려 그 자신들이 되돌아가야 할 곳을 전혀 알지 못하는 심각한 상황에 직면할 뿐이다. 그리하여 그는 그러한 심각성을 진지하게 고민하여 다음과 같이 말한다.

> 명리와 몸(생명) 중에 어느 것이 더 절친한가? 몸(생명)과 재물 중에 어느 것이 더 소중한가? (명리를) 얻는 것과 (몸을) 잃는 것 중에 어느 것이 더 해로운가? (명리를) 지나치게 사랑하면 반드시 크게 손상되고, (재산을) 많이 비축하면 반드시 크게 잃는다. 그러므로 만족할 줄 알면 굴욕을 당하지 않고, 멈출 줄을 알면 위험하지 않아서 오랫동안 보존할 수 있다.[31]

여기서 보듯이, 명리와 재산을 얻는다는 것은 세속적 욕망에 집착하는 것이고, 몸을 잃는다는 것은 자신의 생명을 손상시키고 소비하는 것이다. 이러한 생명을 손상시키고 잃으면서까지 명리나 재산을 얻는다는 것은 오로지 노자가 진정으로 바라던 '무욕'적 삶에서 점점 멀어질 뿐이다. 다시 말해 사람들이 자신들의 욕망의 요구에 이끌리어 그 대상들(명리와 재산 등)을 획득하려고 하는 행위는 바로 타고난 '생리 본능'으로서의 '몸'을 스스로 버리는 행위에 지나지 않는다는 것이다. 때문에 그들은 그 욕망의 대상들에 대한 무

30) 같은 책, 37장, "化而欲作."

31) 같은 책, 44장, "名與身孰親, 身與貨孰多, 得與亡孰病. 是故甚愛必大費, 多藏必厚亡, 知足不辱, 知止不殆, 可以長久."

한한 만족을 획득하는 삶이 아니라 만족함을 알아서(知足) "지나치게 사랑하지"(甚愛) 않고, 멈출 줄을 알아서 "많이 비축하지"(多藏) 않는 삶의 태도로 '자연'의 이치를 따라 간다면 크게 잃지도 않고 치욕도 당하지 않고 위태롭지도 않으며 오래 살 수 있을 것이다. 따라서 사람들이 무한한 '욕망'의 집착으로부터 벗어나 '배를 채우고'(實腹) · '뼈를 강하게 하고'(强骨) · '마음을 비우고'(虛心) · '의지를 약하게 하는'(弱志) '생리 본능'으로서의 '몸'(생명)을 회복하는 것은 아주 중요하다.

이상으로 본다면, 노자가 사람들의 생존에 필요한 '생리의 자연적 욕망'이 아니라 '후천의 인위적 욕망'을 자신이 해결해야 할 심각한 문제로 받아들인 이유는 간단하다. 후자의 '욕망'이 사람들의 삶에 여과 없이 그대로 나타나면 그들의 삶은 세속적 욕망에 휩싸여 더욱 만족할 줄도 모르고 멈출 줄도 모르는 상황으로 치닫게 되는데, 이것이 결과적으로 그들의 자연 생명을 파괴하고 급기야 삶 전체를 위험에 빠뜨리게 된다고 본 데에 있었다. 때문에 그에게서 사람들로 하여금 바깥을 향하여 쫓아가게 내 몰아버리는 '욕망'은 결코 그 자체로 가치를 가질 수 없고, 반드시 거부되고 제거되어야 할 대상에 지나지 않는다. 따라서 그는 그 자신이 추구해야 할 삶의 궁극 목표를 '욕망' 자체의 확장이 아닌 '자연 생명 자체의 보전'에 두고, 그 자연 생명을 해치는 '후천의 인위적인 욕망'에 대한 심도 있는 논의를 통하여 그것으로부터 벗어날 수 있는 근본적 방법을 모색해 나갔던 것이다.

2) '욕망'(欲)의 확장 – '앎'(知)과의 관계

그럼 노자에서 '욕망'은 어떻게 외부 대상에 대한 집착을 강하게 드러내는가? 다시 말해 '귀 · 눈 · 입 · 코' 등에 있는 '욕망'은 어떤 경로를 통해서 그것을 외부로 확장해 나가는가? 그것은 바로 '마음의 앎'(心知)의 작용과 긴밀한 관계가 있다. 여기서 '앎'(知)이란 '마음'에서 나오는데,[32] 이때의 '마음'은 본래 '허정'(虛靜)하다. 하지만 '마음'이 '앎'('귀 · 눈 · 입 · 코' 등 감각기관의 활동의 결과)을 드러내어 그 '허정'을 잃어버리면 그것은 끊임없이 무엇인가에 움직이고 반응함으로써 스스로 허망을 지어 내기도 하고 쉽게 어지럽혀지고 탐욕에 빠져 발광(發狂)에까지 이르기도 한다.[33] 이렇게 마음이 어지럽혀짐으로써 사람들의 세상은 참된 '큰 도'(大道)를 잃어버리고 '인의'(仁義)를 내세우게 된다. 이러한 '인의'가 나옴으로써 세상은 걷잡을 수 없는 혼란 속으로 빠져 들어가 '도'로부터 벗어나 자연 본성을 해치게 되는 것이다.[34] 이렇듯이 '도'에서 이탈되는 순간부터 '나'와 '도'의 간격이 생기는데, 이렇게 되면 '나'와 '도'의 직접적인 일치와 전면적인 파악이 불가능하게 되고, 사람의 생명은 그들이 스스로 그어 놓은 한계 속으로 빠지게 되는 것이다. 이것은 결국 이 세계 속에서 '마음의 앎'이 작용한 결과인데, 즉 '마음의 앎'이 어떤 것이 아름답고 어떤 것이 선하다고 판단

32) 徐復觀, 같은 책, 341쪽.

33) 같은 책, 12장, "五色令人目盲. 五音令人耳聾. 五味令人口爽. 馳騁田獵 令人心發狂, 難得之貨 令人行妨."

34) 임채우, 「노자 심성론에 있어서 앎과 욕망의 구조와 문제」(한국동서철학회, 『한국동서철학연구』 14호, 1997), 224쪽 참조.

하면 ‘아름다움’과 ‘선’은 이미 사람들이 정해 놓은 가치 기준이 된다는 것이다. 이러한 가치 기준 속으로 들어가 버리면 오직 ‘마음의 일시적인 주관적 부산물’만이 남게 될 뿐이지 사람들의 세상에서의 더 나은 아름다움과 선은 도리어 단절되어 불가능하게 되는 것이다.[35)]

> 천하가 모두 아름다운 것이 아름다운 줄 알지만 이것은 보기 흉한 것일 뿐이다. 천하가 모두 착한 것이 착한 줄 알지만 이것은 착하지 않을 것일 뿐이다. 그러므로 유와 무는 서로를 낳고, 어려움과 쉬움은 서로를 이루며, 길과 짧음은 서로 비교하며, 높고 낮음은 서로 바뀌고, 소리와 울림은 서로 어울리고, 앞과 뒤는 서로를 따른다.[36)]

이렇듯이 사람들은 ‘마음의 앎’의 작용을 통하여 끊임없이 ‘도’를 규정하기도 하고 주관적 가치 기준을 세우기도 한다. 이러한 가치 기준에 근거하여 그들은 바깥 사물을 활동 대상으로 삼고서 그것들을 계속해서 분별해 나간다. 이러한 분별 과정에서 이것이 무조건 옳고 저것이 무조건 그르며, 또한 이것이 무조건 좋고 저것이 무조건 밉다는, 즉 ‘옳음과 그름’(是非)·‘좋아함과 미워함’(好惡) 등이 생기며, 이러한 ‘옳음과 그름’·‘좋아함과 미워함’으로부터 남과 대립하고 경쟁하는 마음이 생겨나는 것이다. 그 결과 그들은 ‘큰 도’(大道)에서 이탈되어 그 자신의 자연 생명을 위험에 빠뜨리는 것이다. 바로 노자가 ‘마음의 앎’의 작용에 대한 부정적 견해를 피력하여, “학문의 추구는 (욕망과 앎을) 끊임없이 더하는 것이다.”[37)], 학

---

35) 왕방웅, 『노자-생명의 철학』(천병돈 옮김, 작은이야기, 2007), 129~130쪽 참조.

36) 『老子』, 2장, “天下皆知美之爲美, 斯惡已. 皆知善之爲善, 斯不善已. 故有無相生, 難易相成, 長短相較, 高下相傾, 音聲相和, 前後相隨.”

문을 끊으면 근심이 없어진다."[38], "지혜가 나옴으로써 큰 거짓이 있다."[39], "지혜로써 나라를 다스리는 자는 나라의 적이다"[40], "지혜를 끊고 지식을 버리면 백성의 이익은 백배 증가한다."[41]고 한 근거는 여기에 있었다. 따라서 그는 '마음의 앎'의 작용으로 일어나는 학문이나 지혜 등에 대한 집착을 버리고 '도'의 순수하고 소박함에 토대를 두는 삶으로 돌아갈 것을 강조한다.

> 옛날에 무위의 도를 잘 닦은 사람은 백성들을 총명하게 하지 않고 백성들을 순박하게 만들려고 하였다. 백성들을 다스리기 어려운 것은 그들에게 영특한 지혜가 많았기 때문이다. 옛날부터 나라를 지혜로 다스리면 나라에 해롭고 지혜로 다스리지 않으면 나라에 복이 있다고 했다.[42]

그런데 노자에서 '마음의 앎'의 작용은 여러모로 사람들의 삶에 '편리함'을 제공해 주는 것처럼 보이지만 그것은 결과적으로 사람들로 하여금 '속이 텅 비고 겉만 화려하게 하는', 즉 오로지 '무위자연'의 삶을 살아가야 할 사람들로 하여금 욕망의 대상을 많이 알게 하거나 그것을 획득하도록 하여 그들의 삶을 질곡 속에 빠뜨릴 뿐이다.[43] 그래서 풍우란은 "앎(知) 자체가 본래 욕망의 한 대상이

37) 『老子』, 48장, "爲學日益."

38) 같은 책, 20장, "絕學無憂."

39) 같은 책, 18장, "知慧出, 有大僞."

40) 같은 책, 65장, "故以智治國國之賊."

41) 같은 책, 19장, "絕聖棄智, 民利百倍."

42) 같은 책, 65장, "古之善爲道者, 非以明民, 將以愚之, 民之難治, 以其智多, 故以智治國, 國之賊, 不以智治國, 國之福."

43) 먼저 노자는 "성인은 고정된 마음이 없기에 백성의 마음으로 마음을 삼는다."(같은 책, 49장, "聖人無常心, 以百姓心爲心.")라고 하여, 성인은 '백성의 마음'으로 마음을 삼기 때문에 백성들이 원하는 것을 충분히 이해하여 그들이 지향하는 삶의 참된 모습을 실현할 수 있다고 보았다. 왜냐하면 성인이 오직 자신의 의지와 의욕에 의해서만 백성들을 이끌고 나간다면 이것은 그들의 타고난 자연 본성을 상실시키는 결과를 초래할 뿐이기 때문이다. 이렇듯이 성인은 오직 자기중심적인 '마음'이 아닌 '백성의 마음'을

고, 앎은 우리로 하여금 욕망의 대상을 많이 알게 하여 '만족을 모르게'(不知足)하고, 앎은 우리가 노력하여 욕망의 대상을 획득하도록 도움으로써 우리로 하여금 '그칠 줄 모르게'(不知止) 한다."[44]고 말한다. 이렇게 본다면 '욕망'의 외부로의 확장은 결국 '마음의 앎'의 작용과 긴밀한 관계에 있다고 할 수 있다.

그럼 욕망과 앎은 구체적으로 어떠한 관계에 있는가? 간단하게 말해, '마음의 앎'의 작용이 사람들의 눈과 귀를 멀게 하여 사람들의 욕망을 불러일으킨다면, '귀 · 눈 · 입 · 코' 등의 욕망'의 요구는 외부 세계를 인식하고 이해하는 지적 능력을 가려서 객관적인 진실을 알지 못하게 한다. 이렇듯이, 바깥 사물의 활동을 쫓아가기만 하여 어떠한 것에서 만족하지 못하는 '귀 · 눈 · 입 · 코' 등의 욕망'(欲)은 '너와 나'(彼我) · '옳음과 그름'(是非) · '아름다움과 추함'(美醜)을 분별하는 '마음의 앎'의 작용을 통해서 더욱 확대되고 재생산된다. 그래서 혹자는 이 "앎은 반드시 그것을 움직이는 역량이 별도로 있어야 비로소 적극적 행위를 할 수 있고, 욕망은 반드시 도구의 도움이 별도로 있어야 비로소 그 목적에 도달할 수 있다. 실제로 앎과 욕망은 모두 한 몸에서 나오는데, 그것들은 본래 긴밀하게 연결되어 일어나며, 합치되어 작용함에 틈이 없다. 앎은 바로 욕망의 가장 좋은 도구이며, 욕망은 바로 앎을 움직여서 그것이 발휘되게끔 작용하는 근본 역량이다."[45]라고 하였다. 따라서 '앎과 욕망은 잘못된 자아관념을 형성하고 사람들을 삶의 집착에

따를 때에만 백성들은 자신들의 순수한 자연적 본성을 회복하여 어디에서 구애받지 않는 '무위적' 삶을 영위해 나갈 수 있는 것이다.

44) 풍우란, 『中國哲學史(上)』(박성규 옮김, 까치, 2009), 303쪽.

45) 傅武光, 「老子對於智與欲的警覺」(『中國思想史論文集』, 文津出版社, 民79), 32쪽.

빠뜨리는 부정적인 기능을 수반하는데, 이것들은 상호 악순환적으로 작용하는 것이다.'[46]

결국 노자에서 사람들로 하여금 바깥을 향하여 끊임없이 쫓아가게 내 몰아버리는 '욕망'은 사람들로 하여금 '옳음과 그름'(是非) · '좋음과 미움'(好惡) 등을 끊임없이 분별하게 만드는 '마음의 앎'(心知)의 작용을 통해서 더욱 바깥으로 확장된다. 때문에 그러한 '욕망'과 '앎'을 줄이고, 또 줄이는 것만이 그러한 확장을 막는 근본적인 해결책이 될 수 있다. 왜냐하면 서복관의 주장처럼, '마음의 앎과 이목구비 등의 욕망은 바로 형질의 덕에 대한 배반으로 이어지기 때문이다.'[47] 다시 말해 그것들은 궁극적으로 사람들로 하여금 오로지 현실의 삶에 집착하게 만들어 그 본래의 '덕'(德)을 상실시킨다는 것이다. 따라서 그것들이 사람들의 삶을 자연의 순리에 역행하게 만들어 더 이상 자연 생명을 보전할 수 없게 만든다는 점에서, 그들이 '질박한(樸) 존재로서 자연 생명의 보전에 최대의 방해가 되는 그러한 '마음의 앎'과 '귀 · 눈 · 입 · 코' 등의 욕망'을 줄이는 문제는 아주 중요하다고 할 수 있다.

46) 임채우, 같은 글, 229쪽 참조.

47) 徐復觀, 같은 책, 341쪽.

4. 욕망의 경계를 넘어서

1) '몸 있음'(有身)에서 '몸 없음'(無身)으로

노자는 '앎도 없고'(無知) '욕망도 없는'(無欲) 삶을 우리가 반드시 지향해야 하는 것으로 보고, "백성으로 하여금 언제나 앎도 없고 욕망도 없게 하며 아는 자로 하여금 감히 작위하지 못하게 한다."[48]라고 한다. 앞서 보았듯이 여기서의 '앎은 귀·눈·입·코 등의 감관활동의 결과로 나타나며, 우리의 귀·눈·입·코에는 본능적으로 욕망을 간직하고 있다. 따라서 중인들은 인위적인 욕망과 지식 축적으로 인하여 도(道)의 본성을 잃어버리게 된다.'[49] 다시 말해 '마음의 앎'과 '귀·눈·입·코' 등의 '욕망'으로 겹겹이 쌓이고 굳어진 사람들은 자신들이 진정으로 무엇을 추구해야 하고 어디에 돌아가야 하는지를 깨닫지 못하고, 오직 현실의 삶에 더욱 집착하여 자신의 자연 생명을 위험에 빠뜨릴 뿐이다. 이렇게 본다

48) 같은 책, 3장, "常使民無知無欲, 使夫智者不敢爲也."

49) 김영기, 「老子의 天人觀 연구」(『범한철학』 제15집, 1997.), 84쪽.

면, 그에게서 사람들의 '앎'과 '욕망'에 대한 제거는 바로 그가 진정으로 바라던 '무위자연'의 삶에 대한 실현과 긴밀한 관계가 있다고 할 수 있다. 그렇다면 우리가 '마음의 앎'의 작용으로 더욱 견고해진 '욕망'의 집착으로부터 벗어나기 위해서는 어떻게 해야 하는가? 이 문제의 핵심은 바로 그가 강조하는 '몸'(身)을 어떻게 이해하느냐에 달려 있다고 할 수 있다.

그럼 노자에서 '몸'은 구체적으로 어떠한 의미를 가지는가? 먼저 그는 '몸'을 두 가지의 의미로 사용하고 있는데, 하나는 외부 세계를 지향하는 '귀·눈·입·코' 등 감각기관을 총체적으로 가리키는 '몸'이고, 또 하나는 타고난 생리 본능으로서의 '몸'이다. 여기서 전자는 외부 세계에 대한 집착을 끊임없이 드러내는 '욕망'의 주체로써의 '몸'으로, 즉 외부의 사물로 끊임없이 만족시켜야 하는 왜곡된 존재의 '몸'인 것이다. 이러한 '몸'에서 나오는 '욕망'은 오로지 사람들로 하여금 사회에서 조작되고 조장된 욕망의 대상들을 향하여 끊임없이 쫓아가게 내 몰기 때문에 이러한 '몸'의 욕망을 충족시키는 것은 오직 해로움만 있지 아무런 이익도 없으며, 결국 자연 생명을 해치는 결과만을 드러낼 뿐이다. 따라서 이러한 '몸'은 결코 생명의 주체로 이해될 수 없으며, 만약 그렇게 이해된다면 그것은 오로지 '도'(道)로부터 생겨난 소박한 존재를 왜곡하는 것일 뿐이다. 이러한 이유로 노자는 '도적(道的) 자아를 지니고 있으면서도 천하 만물과 자신의 도로써 소통하지 못하고 도달된 형체적 자아로서의 몸을 우환의 원인으로 보고, 적극적으로 그것을 없앨 것을 주장한다.'[50]

---

50) 김현수, 「『道德經』의 '欲'의 의미에 관한 고찰」(도교문화학회, 『도교문화연구』 21집, 2004), 236쪽

나에게 큰 우환이 있는 까닭은 나에게 몸이 있기 때문이다.(有身) 나에게 몸이 없다면(無身) 어떤 우환이 있겠는가?[51]

욕망의 구멍을 막고 그 문을 잠그면 몸이 다할 때까지 근심이 없을 것이고 욕망의 구멍을 열고 번거로움을 더하면 몸이 다할 때까지 구원받을 수 없을 것이다.[52]

오래 사는 사람이 열에 세 명이고, 일찍 죽는 사람이 열에 세 명이다. 사람이 지나치게 생명을 받들어 모시고 섬겨서 함부로 행하여 죽음으로 달려가는 사람도 열에 세 명이다. 왜 그러한가? 그 생명을 두텁게 하려고 하기 때문이다.[53]

즉, 노자의 "나에게 큰 우환이 있는 까닭은 나에게 몸이 있기 때문이다."(有身)에서 보듯이, 단연코 '몸'은 우환의 원인이다. 그렇다면 '몸이 있다'는 것이 왜 우환의 원인인가? 즉, '몸'은 "욕망의 근원"[54]으로, '귀・눈・입・코' 등의 감각기관들의 활동을 통하여 더욱 적극적으로 '욕망'을 외부로 드러내기 때문이다. 이때의 '욕망'은 사람들로 하여금 그 욕망의 대상들을 획득하게 하여 사람의 눈을 멀게 하고, 입을 상하게 하고, 귀를 멀게 하고, 마음을 미치게 하며, 더 나아가 그들을 다투게 하고 도적이 되게 하는 등, 우리들을 아주 위험한 상황에 머물게 한다. 이런 이유로 사람들이 끊임없이 바깥을 향하여 명리나 재물 등을 요구하는 '욕망'의 근원인 '몸'에서 벗어나 도(道)로부터 생겨난 질박한 존재인 '생리본능'으로서의 '몸'을 구하는 것은 아주 중요하다.[55] 다시 말해 그들은 천지(天

참조.

51) 『老子』, 13장, "何謂貴大患若身. 吾所以有大患者, 爲吾有身. 及吾無身, 吾有何患."

52) 같은 책, 52장, "塞其兌, 閉其門, 終身不勤. 開其兌, 濟其事, 終身不救."

53) 같은 책, 50장, "出生入死. 生之徒十有三, 死之徒十有三. 人之生, 動之死地, 亦十有三. 夫何故, 以其生生之厚."

54) 徐復觀, 같은 책, 342쪽.

55) 『老子』, 44장, "名與身孰親, 身與貨孰多, 得與亡孰病. 是故甚愛必大費, 多藏必厚亡, 知足不辱,

地)와 마찬가지로 고립된 나로서 살려고 하지 않는, 즉 ‘도’로부터 생겨난 질박한 존재로서 후천의 인위적인 욕망이 아닌 ‘순수한 생명의 정취’를 지닌 자아로서의 ‘몸’을 지켜내야 한다는 것이다. 그렇게만 된다면 사람들은 “그 몸을 벗어나서 그 몸을 보존할 수 있다.”[56] 여기서 전자의 몸이 욕망을 끊임없이 외부로 드러내는 ‘감각적이고 관능적인 주체로써의 몸’이라면, 후자의 ‘몸’은 바로 ‘도’에 근거하는 ‘자연 생명의 주체로써의 몸’이다. 이 후자의 ‘몸’이 바로 ‘배를 채우고’(實腹) · ‘뼈를 강하게 하고’(强骨) · ‘마음을 비우고’(虛心) · ‘의지를 약하게 한’(弱志) ‘몸’이자 어떠한 우환도 없는 “몸 없음”(無身)이다. 때문에 이 “몸 없음”은 생명 자체에 대한 부정, 즉 결코 사람이 생리적 존재임을 부정하는 것이 아니라 ‘마음의 앎’(知)으로 하여금 생리적 존재의 가치를 강조하지 않게 하는 것이다. 따라서 우리의 생리 본능이 ‘마음의 앎’의 작용에 어떠한 영향도 받지 않는 ‘몸’의 경계에 들어가기 위한 “몸 없음”의 공부는 아주 중요한 의미를 가진다고 할 수 있다.[57]

결국 자연 생명의 보전은 바로 ‘욕망’의 근원이 되는 ‘몸’(‘귀 · 눈 · 입 · 코’ 등 감각기관을 총체적으로 부르는 몸)으로부터 벗어나 ‘마음의 앎’의 작용에 어떠한 영향도 받지 않는 본래 상태의 ‘몸’(생리 본능으로서의 몸)을 회복할 때에만 가능하다. 따라서 사

知止不殆, 可以長久.”

56) 같은 책, 7장, “外其身而身存.”

57) 徐復觀, 같은 책, 342쪽 참조. 서복관은 “마음이 기를 부리는 것은 강하다고 말한다.”와 “견고하고 강한 것은 죽은 부류이다.”(「老子』, 55장, “心使氣曰强.” 76장, “堅强者死之徒.”)에 근거하여 ‘무신’(無身)을 설명한다. 즉, ‘氣’는 순수한 생리 작용을 의미하고, ‘强’은 생리 작용이 그 본래의 범위를 벗어나는 것이다. 이 강함은 인간의 삶에 있어서 크게 꺼리는 것이기 때문에 만약 마음이 ‘氣’를 부리지만 않는다면 ‘氣’의 자연스러움에 맡기는 것, 즉 생리의 자연스러움에 맡기는 것, 이것이 노자의 ‘無身’이다.

람들이 소박한 삶에 해로움만을 가져다주는 '명성' · '재물' · '권력' · '지위' 등과 같은 욕망의 대상에 집착하지 않고 타고난 본래의 '몸'을 지켜나간다면 그들은 '순수한 생명의 정취'를 지닌 소박한 자아로서의 '몸'을 온전히 보전할 수 있을 것이다.

2) '욕망 있음'(有欲)에서 '욕망 없음'(無欲)으로-지족(知足)

그럼 '순수한 생명의 정취'를 지닌 소박한 자아로서의 '몸'을 지켜내려면 우리는 어떻게 해야 하는가? 그것은 바로 "욕망을 줄인다."는 '과욕'(寡欲)의 공부에 있다. 즉, 노자의 "질박함을 지키고 사사로운 욕망을 줄여라."[58]가 그것이다. 여기서 '욕'이 '후천의 인위적 욕망'이고, '과'가 '그만 둔다' 또는 '멈춘다'라고 한다면, '과욕'은 '후천의 인위적 욕망을 멈춘다'를 의미할 것이다.[59] 바로 이 멈춤에서 만족한다면 이것이야말로 '과욕' 공부의 진정한 의미이다.

> 만족함을 모르는 것보다 큰 화는 없으며, 탐득을 싫어함이 없는 것보다 큰 죄악은 없다. 그러므로 만족함을 아는 이러한 만족이야말로 곧 영원히 만족하는 것이다.[60]

> 만족함을 알면 부유하다.[61]

> 만족함을 알면 치욕을 당하지 않는다. 멈출 줄을 알면 위태롭지 않다. 그래야 오랫동안 보존할 수 있다.[62]

---

58) 『老子』, 19장, "見素抱朴, 少私寡欲"

59) 成玄英, 『老子義疏』, 19장, "寡欲, 息貪."

60) 『老子』, 46장, "禍莫大於不知足, 咎莫大於欲得, 故知足之足常足矣."

61) 같은 책, 33장, "知足者富."

여기서 '만족함을 안다'는 것은 후천의 인위적 욕망을 인정한다는 것이 아니라 '생리의 자연적 욕망'에 만족한다는 것을 말한다. 다시 말해 그것은 결코 어느 정도 욕망이 충족된 것을 알면 그만둔다는 것이 아니라 후천의 인위적 욕망을 멈춘다는 것이다. 때문에 '과욕'은 바로 만족할 줄 모르고 끊임없이 바깥을 향해 나가는 '욕망'을 줄여서[63] 그 생리의 자연적 욕망에 만족함을 알고 그침을 아는 것이다. 바로 우리는 그러한 '욕망을 줄이는'(寡欲) 공부를 통해서 '마음의 앎'의 작용이 생리 본능(욕구)에 어떠한 영향도 미치지 못하도록 하는' "욕망 없음"(無欲)에 도달할 수 있는 것이다.

그럼 우리는 어떻게 '욕망을 줄여서' '욕망이 없는' 데에까지 도달할 수 있는가? 거듭 말하지만, 노자가 진정으로 원한 삶은 바로 사람들이 오로지 현실에서 자신에게 주어진 일회적이고 순간적인 삶에 만족하면서 살아가는 것이 아니라 '스스로 그러하면서 그러한' '도'의 세계에서 자연 생명을 보전하면서 살아가는 것뿐이다. 그러기 위해서는 앞서 말한 '마음의 앎'과 '귀・눈・입・코' 등의 욕망'을 계속해서 줄여나가야 하는데, 그것을 줄이고 또 줄이면 인위성으로부터 벗어나 바로 '무위'(無爲)에 이를 수 있다.[64] 이렇게 본다면, 그에게서 자연 생명의 보전은 '몸'이 '마음의 앎'의 작용을 통해서 끊임없이 만족할 줄 모르는 '귀・눈・입・코' 등의 욕망'의 요구로부터 벗어나서 그 타고난 생리 본능으로서의 '몸'으로 되돌아갈 때에만 가능할 것이다. 그렇게만 된다면 '몸'은 그 본래의 '유

62) 같은 책, 44장, "知足不辱. 知止不殆, 可以長久."

63) 풍우란, 같은 책, 301쪽.

64) 같은 책, 48장, "爲道日損." 48장, "損之又損, 以至於無爲."

약함'(柔弱)을 잘 유지해 나갈 수 있을 것이다. 여기서 '유약함'은 단순히 힘이 없거나 나약하여 어떤 일도 하지 못한다는 것이 아니라 자신을 드러냄이 없이 자연의 이치를 잘 따라간다는 것을 의미한다고 할 수 있다. 그리하여 그는 사람이 '유약함'을 유지하면 할수록 그 생명력도 더욱 더 충만해진다고 보고, 그 '유약함'을 대표하는 것으로 '물'(水)을 제출한다.

> 사람이 살아 있을 때는 몸이 유연하나 죽었을 때는 곧 빳빳하게 굳어진다. 초목이 자랄 때에는 형질이 부드럽고 연하나, 죽었을 때는 곧 말라비틀어진다. 그러므로 굳고 강한 것은 죽은 부류에 속하고, 부드럽고 약한 것은 살아있는 부류에 속한다.[65]

> 최상의 선은 마치 물과 같다. 물은 만물을 이롭게 하면서도 만물과 다투지 않으며, 모두가 싫어하는 곳에 머문다. 그러므로 도에 가장 가깝다.[66]

이렇듯이, 노자는 사람들이 욕망을 버리기 위해서는 '물'과 같은 본성을 갖추어야 한다고 강조한다. 즉, '물'은 자신을 고집하지 않고, 자신을 드러내지 않으며, 그 자신을 남에게 강요하지도 않기 때문이다. 예컨대, 우리가 물을 네모진 그릇에 부으면 네모지고, 둥근 그릇에 부으면 둥그러지는 것과 같은 이치이다. 또한 물은 언제나 낮은 곳에 머물기 때문이다. 예컨대, 여러 지류에서 나오는 물이 모여서 하천을 이루고 강을 이루며 바다를 이루듯이, 결국에는 아주 크고 넓은 곳에 머무는 것이다. 게다가 '물'은 유약하지만 강하기 때문이다. 예컨대, 위에서 한 방울씩 떨어지는 물이 결국 바위를 뚫

65) 같은 책, 76장, "人之生也柔弱, 其死也堅强, 萬物草木之生也柔脆, 其死也枯槁, 故堅强者死之徒, 柔弱者生之徒."

66) 같은 책, 8장, "上善若水. 水善利萬物而不爭, 處衆人之所惡. 故幾於道."

는 것과 같은 이치이다. 이와 같이 우리는 '물'이 지닌 유약(柔弱)함과 순박(淳朴)함을 배워서 언제나 강하려고 하지 말고 자신을 드러내려고 하지 말아야 한다. 분명히 사람들은 대체로 강하기만을 바라지만 강하면 꺾이고 굳으면 부서지기 쉽다는 것을 알지 못한 채 살아간다. 노자는 그러한 "강하고 포악한 사람은 제명에 죽지 못한다."[67]하여, 우리의 욕망이 눈덩이처럼 급속도로 커지기만 한다면 우리가 그 욕망의 늪에서 빠져나와 살아남을 가능성은 전혀 없다고 보았다. 따라서 그의 말대로 "성인이 극단적이고, 사치적이며, 과도한 조치를 없애고자 한"[68] 근본 이유도 마음을 비우고 배를 채우며, 사람의 '마음의 앎'의 작용을 약하게 하되 몸을 강건하게 하여, 항상 '앎도 없고' '욕망도 없는'(無知無欲) 경지에 도달하는 것뿐이다.

결국 노자에서 '무지무욕'의 상태에 도달한 사람은 바로 '반관내조(反觀內照)의 지혜'를 가리키는 '밝음'(明)을 발휘한 사람이다. 즉, "스스로 드러내지 않으니, 오히려 밝게 빛날 수 있다."[69]와 "다른 사람을 아는 자는 지혜롭지만, 자기를 아는 자는 밝다."[70], "영원히 변치 않는 규율을 아는 것을 밝음이라 한다."[71], "다시 그 밝음을 돌려보낸다."[72]가 그것이다. 그러한 사람은 그것으로 '마음의 앎'과 '귀・눈・입・코'의 욕망'의 상승작용을 제재하고 조절하여 질박한

67) 같은 책, 42장, "强梁者, 不得其死."
68) 같은 책, 29장, "聖人去甚, 去奢, 去泰."
69) 같은 책, 22장, "不自見, 故明. 不自是, 故彰."
70) 같은 책, 33장, 知人者智, 自知者明."
71) 같은 책, 16장, "知常曰明."
72) 같은 책, 16장, "復歸其明."

본래의 모습을 자연스럽게 발현해 내는데, 이때에 모든 '인위성'(有爲)은 사라질 것이다. 따라서 '어떠한 욕망이나 지적 활동을 드러내지 않고 자연을 그대로 따르는' '밝음'의 경지에 들어 설 때에만 사람들은 비로소 그들 세상에서 자의적이고 강압적으로 조작되고 조장되는 모든 '인위성'으로부터 벗어나 진실하고 순박한 '도'를 따라서 '자화(自化)하는 무위자연의 삶에 도달할 수 있을 것이다.[73]

73) 같은 책, 37장. "化而欲作, 吾將鎭之以無名之樸. 無名之樸, 夫亦將無欲, 不欲以靜, 天下將自定."

5. 맺음말

앞서 보았듯이, 노자는 결코 인위적이고 강제적인 조작도 허용하지 않는 '무위'(無爲)나 사람들의 사사로운 감정도 받아들이지 않는 '무사'(無私)에 대한 총체적 통찰 속에서 사람들의 삶에 대한 본질적 물음을 제출하였다. "사람들은 어떻게 바깥 사물의 활동에 대하여 '만족할 줄 모르고 그칠 줄 모르는' '욕망'으로부터 벗어나서 자연 본성을 회복하여 무위자연(無爲自然)의 삶을 영위해 나갈 수 있는가?" 다시 말해 "우리는 어떻게 어떠한 인위적 조작이나 조장도 없이 '큰 도'(大道)의 품 안에서 갓난아이와 같은 순수한 자연 생명을 보전해 나갈 수 있는가?" 이러한 물음 속에서 그는 자신의 자연생명에 대한 강력한 '욕망'이란 궁극적으로 사회(문화적 체계)에서 '조작되고 유혹된 욕망'을 포기함으로써 도달될 수 있다는 강한 믿음을 드러냈다. 그리하여 그는 '박소'(樸素)한 삶의 태도를 지향하면서 그 내부로부터 끊임없이 끓어오르는 '욕망'의 경계를 허물어 버리고 자신의 자연생명을 보전하는 길을 열어 나갔던 것이다.

노자에서 사람들의 '욕망'이 심각한 문제로 등장하는 근본 이유는 '마음의 앎'의 작용이 언제 어디서나 그들로 하여금 욕망의 대상을 많이 알게 하여 "만족할 줄 모르게 하고"(不知足) 욕망의 대상을 많이 획득하게 하여 "그칠 줄 모르게 하기"(不知止) 때문이다. 분명히 '욕망'은 사람들로 하여금 앞을 향하여 계속 쫓아가게 내몰음으로써 그들을 위험에 빠트릴 뿐이다. 바로 그가 "사람들은 어떻게 그러한 '욕망'으로부터 벗어나 자신들의 자연 생명을 보전할 수 있는가?"라는 고민 속에서 '욕망'에 대한 그 자신의 논의를 전개해 나간 근거는 여기에 있었다. 그리하여 그는 '생리의 자연적 욕망'이 아니라 후천의 인위적인 욕망(심리 지능의 작용으로 일어나는 계획된 욕망)을 그 자체로 부정하고, 후자의 욕망만을 쫓아가는 사람들의 삶의 태도를 비판하였다. 그 중심에는 그들이 지금까지 쌓아온 삶의 방식들을 폐기 처분하고 '자연'의 이치를 따를 때에만 자연 생명을 보전할 수 있다는 그 자신의 확고한 생각이 자리잡고 있었다. 따라서 '인위성'이 지배하고 조정하는 현실 세계를 부정함으로써 참된 삶의 모습을 찾아내려는 노력이 전제될 때에만 사람들은 그 자신들이 만들어낸 문화적 체계에 함몰되지 않고 '욕망'이나 '앎'을 줄여 나갈 수 있으며, 자연의 질서를 충분히 체득하여 그것을 그 자신의 구체적 삶 속에서 실현할 수 있다. 오직 이런 속에서만 사람들은 노자가 진정으로 원했던 '무지'(無知)·'무욕'(無欲)하는 삶, 즉 어떠한 가치나 욕망도 갖지 않고 외부로부터 들어오는 어떠한 자양분도 요구되지 않는 자연스럽고 스스로 만족하는(自足) 삶을 살아갈 수 있는 것이다.

참고문헌

朱謙之, 『老子校釋』(新編諸子集成本, 第一輯), 北京 : 中華書局, 1991.
高明, 『帛書老子校注』(新編諸子集成本), 北京 : 中華書局, 2002.
余培林, 『新譯 老子讀本』, 臺北 : 三民書局, 民77.

진고응, 『노자』, 최재목, 박종연 옮김, 영남대학교출판부, 2008.
성현영, 『老子義疏』, 최진석, 정지욱 옮김, 소나무, 2007.
김충열, 『노장철학강의』, 서울 : 예문서원, 1995.
김항배, 『노자 철학의 이해』, 서울 : 예문서원, 2006.
徐復觀, 『中國人性論史』, 臺北 : 臺灣商務印書館, 民國73 7판.
왕방웅, 『노자-생명의 철학』, 천병돈 옮김, 한국 : 작은 이야기, 2007.
袁保新, 『老子哲學之詮釋與重建』, 臺北 : 文津出版社, 民國80.
유택화, 『중국고대정치사상』, 노승현 역, 서울 : 예문서원, 1994.
이강수, 『노자와 장자』, 서울 : 길, 2006 3판 2쇄.
張松如, 陳鼓應 외, 『老莊新論』, 山東 : 齊魯書社, 1987.
풍우란, 『중국철학사(상)』, 박성규역, 서울 : 까치, 2009.
홈스 웰치, 『노자와 도교』, 윤찬원 옮김, 서울 : 서광사, 1990, 2쇄.
김영기, 「老子의 天人觀 연구」, 『범한철학』제15집, 범한철학회, 1997.
김현수, 「『도덕경』의 '欲'의 의미에 관한 고찰」, 『도가문화연구』21집, 한국도교문화학회, 2004.
류성태, 「노자의 지식관 연구」, 『범한철학』34집, 범한철학회, 2004.
임채우, 「노자 심성론에 있어서 앎과 욕망의 구조와 문제」, 『한국동서철학연구』14집, 한국동서철학연구회, 1997.
정세근, 「노자의 심론」, 『동서철학연구』41호, 한국동서철학회, 2006.
최진석, 「"욕망"(欲) : 선진철학을 읽는 또 하나의 창」, 『철학연구』69집, 철학연구회, 2005.
傅武光, 「老子對於'知'與'欲'的警覺」, 『中國思想史論文集』, 臺北, 文津出版社, 民國79.

생리학적 욕망과 기하학적 이성 간의 갈등

-『정념론』을 중심으로 본 데카르트의 욕망관-

소병일

1. 들어가며
2. 정념으로서 욕망
3. 욕망과 그 제어방식에 나타나는 철학적 문제들
4. 데카르트의 욕망관의 이론적, 실천적 의미
5. 결론을 대신하여

1. 들어가며

본 연구는 데카르트의 욕망(désir)개념을 『정념론』[1)]을 중심으로 분석하고, 그 이론적・실천적 함의를 검토하는 것을 목적으로 한다. 『정념론』은 엘리자베스 공주가 던졌던 물음, "어떻게 인간의 정신이 의지를 가진 행동을 하기 위해 육체의 정기를 움직일 수 있는지"[2)]에 관한 데카르트의 대답이라고 할 수 있다. 그 물음은 데카르트 철학 체계에 관한 것이며 동시에 실천철학적인 문제들을 함축한다.[3)]

1) Descartes, Les Passions de l'âme, *Oeuvres de Descartes XI*(publiées par Ch. Adam & Paul Tannery), Paris:J. Vrin, 1974. 영어번역본으로는 The Passions of the Soul, *The philosophical Writings of Descartes Vol. I*(trans. and ed. by John Cottingham, Robert Stoothoff, Dugald Murdoch), Cambridge: Cambridge Univ. Press, 1985 참조. 이하 Oeuvres de Descartes는 AT로, The philosophical Writings of Descartes는 CSM으로, Les Passions de l'âme는 PA로 약칭.

2) 엘리자베스가 데카르트에게 보낸 1643, 5월 16일 편지, AT III, p. 661. 이에 대해 데카르트는 정신과 육체는 분리된 것이나, 마음과 육체가 통합된 것에 관한 개념(notion)이 있다고 말하는 수준에 머문다. 엘리자베스에 보낸 1643년 5월 21일자 편지, AT III, p. 665; *The philosophical Writings of Descartes Vol. III*(trans. and ed. by John Cottingham, Robert Stoothoff, Dugald Murdoch, Anthony Kenny), Cambridge:Cambridge Univ. Press, 1991, p. 218 참조. 이하 CSMK로 약칭.

3) 특히 데카르트의 후기 저작들은 그를 윤리학자로서 논의할 수 있는 기회를 제공한다. 이에 관해서는 John Cottingham, *Cartesian Ethics: Reason and The Passions, Descartes*(ed. by Tom Sorell), Ashgate, 1999, pp. 194-196 참조.

『정념론』은 정신과 육체의 통일체로서 인간을 전제한 후[4], 정신과 육체의 관계를 의지와 정념의 관계를 통해 해명하고자 한다. 이 속에는 데카르트의 욕망관과 이와 관련된 실천적인 문제를 추론해 볼 수 있는 핵심적인 내용들이 포함되어 있다.

데카르트는 근대적 자연과학의 성과를 통해 정념의 발생원인과 그 영향을 기계적 원리로 파악하려고 했다.[5] 그의 기획은 이로부터 정념과 관련된 실천적인 문제들을 해결할 수 있는 객관적 지표 혹은 지침을 제시하는 것에 있었다. 그러나 이러한 기획은 정념으로서 욕망과 이것의 제어라는 실천적인 문제에서 여러 가지 난제를 노정하게 된다.

고대 그리스부터 욕망(epithymia)은 단순하게 규정될 수 있는 개념은 아니었다. 플라톤의 경우만 보아도 욕망 개념을 최소한 상이해 보이는 두 가지 의미로 사용하였다.[6] 그 하나는 욕망을 동물적인 혹은 비이성적인 욕구로 파악하여 무절제의 원인으로 간주하는 입장이고, 다른 하나는 욕망은 인간이 자신의 제약을 넘어 자신을 보편자로 지향할 수 있는 본성이라는 입장이다. 욕망을 올바른 의식과 삶의 장애로 파악할 경우 욕망은 그 자체로 제어되어야 할 인

---

4) 데카르트가 인간을 정신과 육체의 결합체 혹은 통일체로서 파악하였다는 것은 그의 저작 곳곳에서 나타난다. 이에 관한 데카르트의 주장들과 출처들은 다음의 논문에 간단히 잘 정리되어 있다. Vere Chappelle, "L'homme Cartesien", *Descartes objecter et répondre*, Presses universitaire, de France, 1994, pp. 403-408 참조.

5) 데카르트는 그에 대한 선입관과 달리 감정의 문제를 부차적인 것으로 경시하지 않았다. 그리고 감정에 관한 이론적 연구는 데카르트가 살던 17세기에 일상적인 것이었다. 이에 관해서는 Desmond M. Clarke, *Descartes' s Theory of Mind*, Oxford Unive. Press, 2003, p. 106 참조.

6) 플라톤은 욕망의 가장 대표적인 예를 목마름과 굶주림에서 찾는다. Platon, Philebus, in: tr. by Harold N. Fowler, *Plato Ⅵ*, Loeb Classical Library, Harvard Univ. Press, 2001, 34 d-e; The Republic, in: tr. by Paul Shorey, *Plato Ⅵ-Ⅶ*, Loeb Classical Library, Harvard Univ. Press, 2001, 437d, 참조. 물론 플라톤은 신적인 것, 지혜에 대한 욕망도 있다고 말한다. Platon, Timaeus, in: tr. by R. G. Bury, *Plato Ⅷ*, Loeb Classical Library, Harvard Univ. Press, 2001, 87c 참조.

간의 부정적 본성이지만, 욕망을 자기실현의 동력으로 파악할 경우 욕망은 그 자체로 인간의 긍정적인 본성이 된다.

데카르트의 경우 욕망의 발생을 생리학적 현상으로 파악한다는 점에서 기존의 철학과 다른 새로운 관점을 제시한다. 그러나 그 또한 자기실현의 동력이라는 의미의 욕망과 인간의 구체적 삶에서 나타나는 갈등과 대립의 원인으로서의 욕망개념 사이에서 나타나는 괴리를 제거하지 못하고, 두 가지 의미의 욕망 규정에서 동요하는 것처럼 보인다.

2. 정념으로서 욕망

데카르트는 욕망을 다음과 같이 정의한다.

> 욕망은 (동물)정기가 영혼으로 하여금 자기에게 알맞다고 생각한 것을 장차 갖고 싶게 만드는 것이다.[7)]

데카르트가 욕망의 발생 원인이 '(동물)정기'라고 했을 때, 그 욕망은 일차적으로는 생리적인 것임을 의미한다. 그러나 욕망이 생리적인 것이라고 할 때, 이것이 의식이 개입하지 않은 어떤 동물적 충동을 의미하는 것은 아니다. 그 생리적 자극이 '영혼이 알맞은 것을 미래에 무엇을 갖고 싶게 만드는 것'이라고 할 때, 이 욕망은 의식적인 지향성에 가깝다고 할 수 있다.

데카르트는 뒤이어 욕망을 다른 정념들과의 관계, 자연, 선과 악, 매력과 혐오 등 다양한 층위에서 규정한다.

7) PA, art. 86. 괄호는 필자. 이러한 욕망 규정은 스토아주의적 입장을 따른 것이다. 예를 들어 Cicero는 욕망(libido)을 미래의 고통과 불안에 관련된 것이라고 보았다. 스토아주의적인 욕망 규정에 관해서는 Michel Meyer, *Philosophy and the Passions toward a History of Human Nature*(trans. by Robert F. Barsky), The Pennsylvania State Univ. Press, 2000, p. 64 참조.

욕망은 좋은 것(bien)을 향할 경우 사랑, 희망, 기쁨을 수반하는데 반하여, 같은 욕망이 선한 것에 반대되는 나쁜 것(mal)에서 벗어나려는 경우 미움, 두려움, 슬픔을 수반한다.[8)]

여기서 욕망이 추구하는 '좋은 것'은 무엇이며, 벗어나려는 '나쁜 것'은 무엇인가?

(욕망을 비롯한) 정념들은 자연이 정하는 바에 따라 모두 육체와 관계하며, 마음이 육체에 결합되어야만 마음에 주어진다. 따라서 이 **정념들의 효용은 육체를 보존하고 어떠한 방법에 의해 육체를 보다 완전하게 만들기 위한 작용에 대해 영혼이 동의하고 기여하도록 자극하는 데 있다.**[9)]

간단히 말해 데카르트가 고려하고 있는 좋음과 나쁨 또는 선과 악은 육체의 적절한 자기보존과 관계한다. 따라서 욕망의 추구대상인 선은 우리가 일상적으로 생각하는 매력(agrément) 혹은 쾌락을, 마찬가지로 악은 혐오(horreur)를 의미하지 않는다. 데카르트는 매력이나 혐오는 그 자체로 선과 악이 아니라, 아주 상이한 두 개의 대상을 추구할 때 생기는 영혼의 정서라고 주장한다.[10)] 매력과 혐오는 자신에게 좋은 것은 추구하고 나쁜 것을 거부할 수 있는, 즉 무엇을 욕망하게 만드는 기본 정서로 상정된다. 따라서 매력과 혐오는 욕망의 목표나 결과가 아니라, 그것을 작동시키는 기제와 같은 것이 된다. 그는 이 정서가 우리의 주관적인 취향이나 기질이

8) Ibid., art. 7. 데카르트는 선한 것을 추구하는 것을 욕망으로 그리고 악한 것을 피하려하는 것을 혐오로 구분하는 스콜라적인 입장에 반대해서 양자 모두 욕망이라고 규정한다.

9) Ibid., art. 137. 괄호와 강조는 필자.

10) 데카르트는 매력에 의해 추동되는 욕망을 배우자를 찾는 것과 비유하고, 혐오에서 추동되는 욕망의 예를 생명의 위협을 극복하는 과정으로 제시한다. Ibid., art. 89–90 참조.

아니라 다른 정념들처럼 자기보존이라는 어떤 보편적 질서를 실현한다고 본다. 여기서 그는 욕망을 주관적인 쾌락추구와 연관된 것으로 보는 관점에서 벗어나 있음을 알 수 있다. 또한 그의 입장은 욕망이 결핍으로부터 발생하고, 과잉되어 무절제로 이어질 수 있는 인간의 위험한 본성으로 간주하는 입장과 대척점을 형성한다.

그렇다면 데카르트는 자신이 전제한 보편적 원리인 자기보존을 넘어 욕망이 과도해 지는 이유는 어떻게 설명할 수 있는가? 그는 일차적으로 '다른 어떤 정념보다 심하게 심장을 흥분시키고, 많은 정기를 뇌에 보낸다'[11]는 생리적인 특징을 제시하고, 이것이 다른 정념들에 비해 욕망이 강하게 느껴지는 이유라고 설명한다. 그런데 이러한 데카르트의 설명은 의문을 불러일으키기에 충분하다.

데카르트는 욕망을 어떤 기계적인 원리의 산물이라고 상정하였다. 그리고 욕망이 선과 악과 관련된 일종의 의식적 지향성이라고 할 때, 그에게 그 기계적 원리와 가치판단은 분리되지 않는다고 보아야 한다. 형식적으로 이러한 이론 체계는 한 개인의 구체적 삶을 반영하거나 설명하는 욕망의 과잉이나 무절제의 원인을 찾고, 이것을 제어할 수 있는 방법을 모색한다기보다는 사전에 차단하는 것을 목표로 한다고 말할 수 있다. 왜냐하면 데카르트의 철학에는 기존에 문제시되었던 대립과 갈등의 원천으로서 욕망에 관한 문제제기 자체가 배제되어 있기 때문이다.

물론 데카르트도 자신도 욕망에 내재했다고 상정한 일반적 원리를 제시하는 것으로 욕망의 문제가 해결되었다고 생각하지 않는다는 것은 『정념론』 곳곳에서 드러난다. 뒤에 구체적으로 살펴보겠

11) Ibid., art. 101.

지만 그가 욕망을 어떤 기계적인 원리로 제시한 것은 윤리학적 기획의 산물이라고 볼 수 있으며, 이 속에서는 복잡한 이론적 실천적 의미가 함축되어 있다.[12] 우선 데카르트의 욕망관에 포함된 이론적 전제들을 좀 더 구체적으로 검토해 보자.

1) 정념의 운동 원리와 제어 방식

데카르트의 욕망 개념을 정확히 이해하기 위해서는 그가 욕망의 상위 범주로 분류한 정념이 무엇인지 알아야 한다. 우리는 흔히 강렬하거나 과도한 감정의 상태를 정념이라고 부른다. 그러나 데카르트의 정념 개념은 이러한 일상적인 견해를 거부한다. 그의 정념 개념을 이해하기 위해서는 정념으로 번역되는 passion 개념이 '수동' 혹은 '받아들여진 것' 혹은 그 사태를 의미한다는 것을 염두에 두어야 한다. 데카르트는 passion 의미를 재규정하는 것에서부터 『정념론』을 시작한다. 이는 정념을 이성의 능력을 저해하는 과도한 심적 상태로 이해하거나 일종의 죄악처럼 간주하는 기존의 전통적 관점을 벗어나, 정념의 수동성을 기계적인 원리와 같은 것으로 제시하려는 준비 작업이라고 할 수 있다.[13] 데카르트는 정념을 순수하게 마음에 의존하는 사고와 더불어 의지를 제외한 감지되는 것 일반으로 확장시킨다. 이는 그가 정념을 크게 세 가지 유형으로 구

---

12) 17세기에 정념은 일반적으로 의학이나 생리학의 대상이었고, 동시에 윤리학의 대상이었다. 데카르트 또한 이러한 시대적 상황을 반영한다고 볼 수 있다. 이에 관해서는 Stephen Gaukroger, *Descartes an Intellectual Biography*, Clarendon:Oxford Univ. Press, 2003, pp.394-404 참조.

13) PA, art. 1 참조.

분할 때도 잘 나타난다.

첫 번째 유형의 정념은 보고 듣는 것과 같은 우리 외부의 대상과 관련된 '감각적 지각(perception)'이다.[14] 둘째는 배고픔, 목마름, 고통과 같은 자연적 욕구들로 우리 자신의 육체와 관련된 '지각'이다.[15] 그리고 영혼 자체와 관련된 기쁨과 분노와 같은 지각들이 정념의 마지막 유형이다.[16] 데카르트에 따르면 첫 번째나 두 번째 유형의 정념은, 즉 나의 외부에 있는 대상에서 오는 것이든 육체와 관련된 것이든, 그 자극들은 뇌에 있는 신경을 통해 촉발된다. 그리고 영혼은 이러한 뇌의 자극을 감각한다. 또한 슬픔과 기쁨과 같은 세 번째 정념은 외부 대상과 직접적인 관계가 없고 영혼 자체와 관련되기에, 데카르트는 모든 정념을 그 발생원인만 다를 뿐 지각의 형태로 주어지는 것이라고 간주한다.[17]

> 영혼의 작용이나 의지가 아닌 모든 사고를 의미하는 것으로 지각이라는 말을 사용한다면, 정념 또한 지각이라고 부를 수 있다.[18]

정념은 의식과 무관한 것이 아니라 의식에 '수동적으로' 주어진 것, 즉 의식에 의해 표상 혹은 포착될 수 있는 것이다.[19] 데카르트

---

14) Ibid., art. 23.

15) Ibid., art. 24.

16) Ibid., art. 25.

17) 철학사적으로 데카르트는 정념을 지각의 일종으로 동일시함으로써 철학적 연구의 새로운 자극을 선사했다고 할 수 있다. 그는 정념이 어떤 원리적인 기능을 가진다고 상정하고, 정념을 활용할 수 있는 것으로 간주한다. Amy M. Schmitter, "How to Engineer a Human Being: Passions and Functional Explanation in Descartes", *A Companion to Descartes*(ed. by Janet Broughton and John Carriero), Blackwell Publishing, 2008, pp. 426-427 참조.

18) PA, art. 28.

19) 데카르트가 세 번째 성찰에서 '지각한다'라는 용어를 지적인 것에 대한 순수한 정신적 이해라고 사용한 것을 고려해 보면, 정념은 철저히 의식적 반성의 대상이라고도 말할 수 있다. AT VII, p. 46; CSM II,

는 여기서 의식을 통해 정념을 능동적으로 변화시킬 수 있다는 주장의 이론적 근거를 찾는다.

그렇다면 그가 생각하는 정념의 주요 기능은 무엇인가?

> (정념은) 인간에게 있어 육체를 위해 준비되어야 할 것에 대해 마음이 움직이거나 태도를 취하게 하는 것이다.[20]

그렇다면 육체가 준비해야 할 것이란 무엇인가?

> 모든 정념의 기능은 오직 자연(nature)이 우리에게 유용하다고 가르쳐 준 일을 의욕하고 이와 아울러 그 의욕을 견지하도록 마음을 변화시키는 데 있다.[21]

이 때 그 '자연' 혹은 본성이란 무엇인가? 데카르트는 그 자연을 명시적으로 규정하지 않는다. 그 대신 그는 정념의 문제를 생리학적인 차원의 운동으로 설명하는 것에 만족한다.

데카르트는 주지하다시피 인간의 육체는 기계처럼 일정한 물리적 작동원리에 의해 움직인다고 생각한다.[22] 그는 정념 또한 육체적인 것이라고 파악하기에 정념의 발생 원인과 그것이 육체에 끼치는 영향을 생리학적 혹은 기계론적으로 분석할 수 있다고 본다.

---

p. 32 참조.

20) Ibid., art. 40. 괄호는 필자.

21) Ibid. art. 52. 참조. 데카르트는 art. 74에서도 비슷한 말을 한다. "모든 정념의 기능은 오로지 마음이 지녀야 할 사고활동을 강화하고 유지시키는 것이다."

22) 이러한 기계론적 혹은 물리학적 관점은 데카르트만의 고유한 관점이 아니라, 17세기 철학에서 주도적인 입장이었다. 이 전통에 따르면, 물체들은 서로 그리고 인간에게 작용하는 것으로, 자연철학자들이 설명하기 원하는 변화를 산출한다. Roger Ariew and Alan Gabbey, *The scholastic Background, The Cambridge History of Seventeenth-Century Philosophy*(ed. by Daniel Garber, Michael Ayers), Cambridge Univ. Press, 1998, pp. 428-429 참조.

그에 따르면 정념은 '동물정기(esprits animaux)'[23], 뇌와 송과선, 신경, 근육과 같은 육체적인 것이 보여주는 기계적 작동과 그 결과물이다. 영혼의 정념이 발생하는 궁극적인 원인은 '(동물)정기가 뇌 중앙에 있는 소선(小線) 혹은 송과선을 자극(agitation)'시키기 때문이다.[24] 이처럼 동물정기의 운동이 송과선에 자극을 주면서 발생하며, 영혼이 그 자극을 지각한다는 측면에서, 정념은 무의식적인 것이 아니라 철저히 의식될 수 있는 대상이라고 할 수 있다.[25]

정념의 생리학적 작동원리는 정념의 제어 방식 또한 생리학적인 혹은 물리학적 측면에서 설명할 수 있는 길을 열어 준다. 송과선은 뇌 중앙에 있는 기관이며 정신과 육체를 연결시키는 매개체이다. 데카르트의 생리학에서 모든 정념은 송과선을 통해 뇌에 인상 혹은 자극을 남긴다. 그리고 영혼은 뇌에 남겨진 인상을 감각한다. 동시에 송과선은 영혼이 육체를 움직이게 만드는 것이기도 하다. 데카르트에 따르면 오직 송과선을 매개로 영혼은 육체에 영향을 끼친다. 따라서 송과선은 마음과 육체가 만나는 곳이며, 이성과 정념이 충돌하는 곳이기도 하다.[26] 누군가 이성에 따라 행위하느냐 정

---

23) 데카르트의 동물정기는 그 명칭과 달리 혈액 속에서 운동하는 순수하게 물리적인 것이다. 이는 그의 다음과 같은 주장에서 잘 드러난다. "내가 정기라고 부르는 것은 물체(corp)일 뿐이며, 그리고 그것은 매우 작고, 아주 빠르게 움직인다는 것 외에 다른 속성을 갖지 않는다." PA, art. 10. 이 용어는 갈렌의 정신적 정기(pneuma)의 개념으로부터 나온 것이다. 그리고 갈렌의 정신적 정기의 개념의 기원은 스토아학파이다. 동물정기의 개념사적 맥락에 관해서는 Deborah J. Brown, *Descartes and the passionate mind*, Cambridge: Cambridge University Press, 2006, pp. 37-39참조.

24) PA, art. 51 참조. 괄호는 필자.

25) 데카르트가 몸에 의해서만 생성되는, 즉 의식에 포착되지 않는 정념을 고려하고 있다고 할 때, 그가 무의식적인 것을 부정한 것은 아니다. 그는 무의식의 영역을 기계론적이며 생리학적으로 다루었다고 할 수 있다. 이에 관해서는 Rodis-Lewis, *Le probleme de l' inconscient et le cartesianisme*, Paris : Presses universitaires de France, 1985, pp. 58-61 참조.

26) 데카르트는 송과선에서 시각이나 청각과 같은 감각적 인상들이 통합된다고 생각했다. PA, art. 32 참조. 송과선을 정신과 육체가 결합되는 곳으로 상정한 이유는 자연과학적으로 검증된 것이라기보다는 감각적 인상을 논리적으로 설명하기 위해 해부학적으로 가정한 것이라고 볼 수 있다. 데카르트는 이제까지 사

념에 따라 행위하느냐는 생리학적인 차원에서 보자면, 양자 중 어떤 것이 송과선을 장악했느냐에 의해 결정된다. 영혼에만 의존하는 사고나 의지가 송과선을 장악한다면, 정념은 육체에 그 힘을 발휘할 수 없게 된다. 이것이 생리학적인 차원에서 정념의 제어가 가능한 이유이다.

그렇다면 과도한 정념이 발생하는 원인은 무엇인가? 정념에 내재된 생리학적 원리에 대한 그의 설명을 받아들인다고 해도, 정념이 자연을 따른다는 그의 주장은 개인적인 차원에서 과도한 정념이 발생하는 이유를 설명하기 어려워 보인다. 데카르트는 과도한 정념이 발생하는 이유를 개인이 가진 혈액의 차이로, 즉 철저히 관찰 가능한 대상으로 제한하여 설명할 뿐이다.[27)]

데카르트가 정념을 다루는 방식은 의도된 것이라고 볼 수 있다.[28)] 그의 전략은 확실한 기반으로부터 출발하기 위해 구체성과 특수성을 배제하려는 그의 철학적 방법을 반영한다. 그는 정념을 수학이나 기하학적인 방법으로 다룰 수 있다고 상정한다. 다시 말해 그는 정념을 물리적인 것이고 객관적으로 관찰할 수 있는 것으로 간주하고, 이로부터 일반 원리를 도출할 수 있는 대상으로 파악하고자 한다. 만약 정념이 물리적이고 기계적인 운동 원리에 따라 작동하는 것이 확실하다면, 개인적인 차원에서 나타나는 정념의 차

람들이 마치 감각과 이성 혹은 의지와 자연적 욕구(appetite)가 대립되는 것처럼 느끼는 이유를 송과선에서 일어나는 충돌로 이해한다. PA, art. 47 참조.

27) Ibid., art. 15 참조.

28) 안소니 케니는 데카르트가 육체에서의 기계론적 사건과 영혼에서의 정신적 사건의 연결을 만족스럽게 설명하지 못했으며, 『정념론』의 설명 또한 그저 '생리학적인 재간'에 머물렀다고 주장한다. 정신과 육체의 관계에 관한 한 이러한 비판은 틀렸다고 할 수 없다. 그러나 윤리학적인 차원에서 생리학적 설명이 무의미하다고 볼 수는 없다. 안소니 케니/김성호, 『데카르트의 철학』, 서광사, 1991, pp. 239-242 참조.

이는 그 일반적인 원리에 종속되기에 큰 문제가 되지 않을 것이다.[29] 이것이 데카르트가 『정념론』의 1 부에서 해부학적이고 생리학적인 차원에서 정념의 운동과정을 상세히 설명한 이유라고 할 수 있다. 그리고 이러한 데카르트의 기획에는 인간에게는 정념을 스스로 조절할 수 있는 능력, 즉 이성과 의지의 선차성이 전제되어 있음을 알 수 있다. 여기서 정념의 과잉과 관련된 기존의 윤리학적인 논의지형은 무의미해 진다. 정념은 더 이상 유한자로서 인간의 한계가 아니라, 그 기계적인 원리만 제대로 안다면 충분히 제어할 수 있는 것이 된다. 『정념론』 1부는 정념이라는 기계의 기능과 작동원리를 요약한 일종의 매뉴얼 역할을 한다고 할 수 있다.

이러한 기획의 실천적 의미는 그가 정념의 제어방법으로 '습관(habitude)'을 제시할 때 잘 드러난다. 그가 정념의 제어를 위해 습관을 강조했을 때, 그 습관이란 뇌의 반응방식을 인위적으로 바꾸는 것을 의미한다.[30] 앞에서도 간략히 언급했듯이 뇌는 정념을 비롯한 감각, 지각 등 모든 인식활동을 어떤 대상에 대한 반응 혹은 자극으로 표상한다. 이러한 표상에 대한 뇌의 특정한 반응이 송과선을 통해 육체를 특정한 방식으로 움직이는 것이라면, 그 뇌의 반응방식을 바꿀 경우 우리는 다른 방식으로 육체를 움직일 수 있다는 결론이 나온다.

물론 생리학적인 차원에서 송과선과 습관은 데카르트의 철학 체

29) 이러한 기획은 윤리학을 전적으로 개인적인 반성의 영역으로 간주하고, 윤리학을 피할 수 없는 섭리에 종속시키는 것이라고 말할 수도 있다. 이에 관해서는 Rodis – Lewis, *Descartes his life and thought*(trans. by Jane Marie Todd), Ithaca and London : Cornell Unive. Press, 1999, p. 16 참조.

30) 예를 들어 누구나 맛있는 음식을 먹고자 하지만, 그 음식을 먹고 탈이 났을 경우, 더 이상 그 음식을 먹지 않을 것이다. 데카르트는 습관을 통해 어떤 대상에 대해 뇌가 반응하는 방식도 바꿀 수 있다고 본다. PA, art. 50 참조.

계에서 사유 혹은 의지가 정념을 제어할 수 있는 근거이자 작동방식이기도 하다. 그의 철학 체계에서 사유나 의지는 그 자체로 육체를 움직일 수 없다. 송과선은 정신이 육체를 움직일 수 있는 해부학적 근거가 되며, 습관은 정신의 올바른 지도가 정념을 제어할 수 있는 생리학적 작동방식을 지배하는 것이 된다. 데카르트가 자유의지를 통해 정념을 제어해야 주장할 때, 이는 의지의 선차성이나 자유를 강조하기만 했던 기존 윤리학적 입장을 반복하는 것이 아니라, 의지가 정념을 제어할 수 있는 근거를 생리학적이고 기계론적인 차원에서 보완한 것이라고 볼 수 있다.

2) 욕망의 제어방식

이제 본격적으로 욕망의 문제를 논의할 때가 되었다. 데카르트는 정념을 순수 사고활동이나 의지가 아닌 모든 감각, 지각 활동으로 규정하였다. 그리고 그는 정념을 육체의 생리학적 반응으로 설명하고, 과도한 정념을 제어할 수 있는 방법으로 습관의 중요성을 강조했다. 데카르트의 욕망 개념은 이러한 정념의 일반원리에 종속된다.

> 욕망에 관해 말하자면, 그것이 진정한 지식에서 나온 것일 경우 지나치지 않고 이러한 지식에 의해 제어되기만 한다면 욕망은 나쁠 수 없다.[31)]

---

31) Ibid., art. 141. 이것은 “욕망이 진정한 인식에서 생길 때 반드시 올바르다고 말했지만, 마찬가지로 욕망이 그릇된 생각에서 생긴 경우에는 반드시 나쁠 수밖에 없다. 욕망에 대해 우리가 자주 범하는 오류는 완전히 우리의 힘에 의해 좌우되는 것과 그렇지 못한 것을 구별하지 못하는 데에 있다”는 주장에서도 잘 드러난다. Ibid., art. 144.

앞서 정념에 관한 규정에서 살펴보았듯이 데카르트는 욕망을 정념의 한 종류로서, 즉 인간의 생존과 연관된 생리적 운동으로 간주한다. 만약 그것이 생명을 유지할 수 있는 동력과 같은 것이라면, 그 동력을 어떻게 사용하는가는 행위자의 지적 능력에 달린 것이고, 그 사용결과에서 올바른 욕망과 그릇된 욕망이 판명난다고 할 수 있다. 이 때 데카르트가 강조하는 지적능력이란 '우리의 힘에 의존하는 것과 의존하지 않는 것을 구별'[32]하는 것이다. 나아가 데카르트는 우리의 힘에 의존하는 것이라면 오히려 적극적으로 욕망해야 한다고 말한다. 그리고 이를 위해 그는 '경험과 이성으로 행복과 불행을 판별'할 수 있는 능력을 키우라고 말한다.[33] 이러한 데카르트의 입장에서 욕망은 의식적으로 자각하고 반성될 수 있는, 즉 의식적 사고능력에 의해 충분히 제어될 수 있는 심적 상태임을 쉽게 알 수 있다. 그가 습관을 강조했을 때, 데카르트는 이러한 올바른 사고능력에 따른 습관의 형성으로 욕망의 제어가 가능하다는 입장을 취한다고 할 수 있다.

그러나 『정념론』은 정념의 제어를 위해 사고와 습관의 중요성을 강조하는 것에 머물지 않는다. 데카르트는 정념을 제어할 수 있는 다른 근거와 방법들을 제시하는데, 여기서 욕망의 문제는 좀 더 복잡한 양상을 띠며 나타난다. 앞서 정념 일반의 제어 방법으로서 습관의 의미와 역할은 검토하였기에, 다른 세 가지 방법을 검토해 보자.

첫 번째는 '신적 섭리(providence divine)'를 고찰하고 그것을 따르는 것이다. 이는 정념을 제어하기 위한 최상급의 판단 기준이라고

32) Ibid., art. 141.

33) Ibid., art. 138 참조.

말할 수 있다. 데카르트는 "모든 것은 신의 섭리에 의해 인도된다" 고 주장한다.[34] 그리고 그 섭리에 따른다는 것은 운(fortune)이 아닌 숙명(fatalité) 혹은 필연을 따르는 것이다. 달리 말해 정념의 제어와 관련하여 중요한 것은 그것이 운인지 숙명인지 판별할 수 있는 지식을 키우는 것이다.

두 번째는 '내적 정서(émotions intérieures)'의 고유한 힘에 따르는 것이다. 내적 정서란 정념과 결합되기는 하지만 정념처럼 동물정기에서 발생하는 것이 아니다. 그리고 이것은 정념과 대립하여 발생하는 것으로, 인간에게 더 큰 쾌락 혹은 기쁨을 주는 것이다.[35] 그리고 데카르트는 이 내적 정서가 정념보다 우리에게 더 많은 영향을 끼친다고 말한다. 나아가 그는 행복(bien)과 불행(mal)은 원칙적으로 순수하게 마음에서 발생하는 내적 정서에 있다고 주장한다. 그는 이것을 다른 유혹에 흔들리지 않고 계속해서 기쁨 혹은 행복을 누릴 수 있는 근거로 제시함으로써, 정념을 제어할 수 있다고 본다. 내적 정서에 대해 데카르트는 구체적으로 언급하지 않고, 그러한 사례가 있다고 제시하는 수준에 머물다. 하지만 그는 내적 정서가 덕(vertu)을 실행함으로써 획득될 수 있다고 주장한다.[36]

마지막은 『정념론』 3부에서 주로 논의되는 '고결함(générosité)'[37]을 갖추는 것이다. '고결함'에 관한 논의는 정념을 제어한 윤리적 삶의 구체적 형태를 제시한다고 할 수 있다. 데카르트는 '자기 존

---

34) Ibid., art. 145–146 참조.

35) Ibid., art. 147 참조.

36) Ibid., art. 148 참조.

37) générosité는 라틴어 generosus에서 온 것으로, 그 의미는 고결(noble)이나 좋은 태생(well-born)이다. John Cottingham, *A Descartes Dictionary*, Blackwell Publishers, 1993, p. 67 참조.

중(s'estimer)'을 언급하면서 인간이 스스로를 존중할 수 있는 근거를 '자유의지의 실행과 그 의지에 대한 우리 자신의 지배(empire)'[38]에서 찾는다. 그에 따르면 자유의지에 의한 행위만이 칭찬과 비난의 대상이 될 수 있다.[39] 고결함이란 내가 의지를 행할 수 있는 자유밖에 없다는 것을 그래서 그 자유를 어떻게 행사하느냐에 따라서만 칭찬받거나 비난받을 수 있다는 것을 아는 것이다. 그리고 고결함은 내가 그 자유를 제대로 사용할 수 있는 확고하고 지속적인 '결의(resolution)'에서 나타난다. 이 결의란 '의지를 수행하고 자신이 최선이라고 판단한 것을 실행'하는 것이다. 그리고 이를 위해서는 완전한 방식을, 덕을 추구해야 한다.[40] 이처럼 고결함은 데카르트에게 인간이 정념의 노예가 아닌 주인이 될 수 있는 구체적인 정념이자 덕이며 실천이다.[41] 그래서 고결함을 가질 때 우리는 욕망, 집착, 선망의 정념을 조절하고 스스로를 고양할 수 있는 존재가 된다. 여기서 데카르트는 덕으로까지 고양될 수 있는 실천적 동력으로 정념을 고려하고 있음을 알 수 있다.

그런데 이상의 논의를 욕망에 적용해 보면, 데카르트는 자신의 의도와 달리 오히려 욕망은 제어하기 힘든 것임을 역설적으로 보여주는 것처럼 보인다. 이는 데카르트의 형이상학적 전제들이 욕망으로 대변되는 개인의 구체적인 삶을 얼마나 반영할 수 있는가의 문제로 압축될 수 있다.

---

38) PA, art. 152 참조.

39) 데카르트는 우리가 자유의지를 갖기에 스스로를 통제하고 신과 같은 존재가 될 수 있다고 말한다. Ibid.

40) Ibid., art. 153 참조.

41) 데카르트는 고결의 정념이 '모든 덕의 열쇠이며, 정념의 모든 혼란에 대한 보편적인 치유책'이라고도 말한다. Ibid., art. 161 참조.

3. 욕망과 그 제어방식에 나타나는 철학적 문제들

데카르트가 제시한 욕망의 제어방식은 몇 가지 의문을 수반할 수밖에 없는 것처럼 보인다. 앞서 첫 번째로 언급하였던 '신의 섭리'를 '습관'과 연관하여 살펴보자. 데카르트 철학에 따르면 신의 섭리가 무엇인지 제대로 알 수 있다고 전제해야만, 올바른 습관 형성이 가능하다. 달리 말해 습관이 뇌의 반응방식을 바꾸는 것이라면, 우리는 어떠한 뇌의 반응방식이 올바른 것인지 미리 알아야만 이에 맞추어 올바른 습관을 키울 수가 있다. 만약 이것을 모른다면 올바른 습관이란 그 기준도 없는 요원한 것일 수밖에 없다. 데카르트에게 습관이란 생리학적인 조절, 즉 뇌의 반응을 의도적으로 바꾸는 것이다. 그는 마치 사냥개를 길들이는 것처럼 인간의 정념이 육체에 반응하는 방식을 바꿀 수 있다고 본다.[42] 여기서 다음과 같은 질문이 가능하다. 신의 섭리에 따르는 올바른 인식과 판단이 욕망을 제어할 수 있는 확실한 길이라면 왜 습관을 강조하는가? 습관

[42] Ibid., art. 50.

을 강조할 때 데카르트는 우리가 욕망이라는 정념에 쉽게 휘둘리는 어떤 경향성을 가지고 있으며, 사고나 의지를 통해 그것을 쉽게 제어할 수 없음을 인정한다고 보아야 할 것이다. 실지로 그는 『정념론』에서 욕망이 쉽게 제어될 수 없다고 인정한다.[43] 일상적으로 우리는 자각하건 자각하지 못하건 어떤 대상에 대해 과도하게 욕망하는 경우가 있다. 예를 들어 식욕, 성욕, 나아가 물질욕은 정도의 차이가 있지만 누구나 가지고 있으며, 때로는 그것이 해가 된다고 자각한다고 해도 여기서 쉽게 벗어나지 못하곤 한다. 물론 위의 욕망들이 인간의 생존을 위해 필요하다고 인정할 수 있다. 문제는 생존의 영역을 넘어서 욕망이 과도해 지는 경향이 왜 발생하느냐이다. 아마도 데카르트는 신 혹은 자연의 섭리를 제대로 파악하지 못해서, 즉 올바른 사고와 판단의 결여 때문에 그런 일이 발생한다고 대답할 것이다.

데카르트는 자신의 철학적 전제 속에 이러한 문제점이 있다는 사실을 고려한 것으로 보인다. 그는 다음과 같이 말한다.

> 신의 뜻을 완전히 알 수 없지만, 기만하지 않는 신을 믿고, 자신에게 주어진 한계 속에서 이성에 의해 신의 뜻이라고 생각되는 것을 따르라.[44]

그런데 신의 뜻을 인간이 제대로 알 수 없다면, 올바른 습관의 확실한 기준으로서 신의 섭리란 모호한 것이 되고 말 것이다. 그리고 신의 섭리라고 생각되는 것에 대해 최선을 다했다면 그 결과를

43) 예를 들어 데카르트는 정념이 이성 혹은 의식보다 더 빠르게 작용할 수 있고, 인간의 삶에 직접적으로 영향을 끼칠 수 있다는 것을 인정한다. Ibid., art. 211 참조.

44) Ibid., art. 146 참조.

겸허히 받아들이라는 그의 실천적 지침은 지극히 자의적인 판단과 해석의 지평에 놓일 위험이 있다.[45]

또한 마디 덧붙이자면, 인간은 신의 섭리를 제대로 알지 못할 수도 있다고 데카르트가 말할 때, 신의 섭리를 주장하는 그 자신은 그 신의 섭리를 알고 있는지 물을 수 있다. 만약 모르고 있다면, 그에게 신의 섭리는 불확실한 미래에 대한 긍정적 태도를 지니기 위한 요청처럼 보이며, 또한 그 자신은 신의 섭리를 알고 있고 있다고 해도, 그가 알고 있는 신의 섭리는 구체적인 삶의 태도를 제시하는 것과 무관해 보인다.[46] 데카르트의 주장에 따르자면 우리는 신의 섭리가 무엇인지 정확히 알 수 없으며 신의 섭리라고 '상정'되는 것을 자의적으로 받아들이고, 이에 맞추어 욕망하는 수밖에 없다.[47]

욕망과 관련하여 데카르트는 우리 모두는 본성상 자기보존에 필

45) 데카르트는 신의 섭리와 관련하여 평소 안전한 길과 그렇지 않은 두 길을 예를 든다. 만약 평소 안전한 길로 갔을 때 강도를 당한다면 이 경우, 나름대로 합리적인 선택을 한 것이지만 결국 신의 섭리는 나를 해치는 결과를 낳는다. 이러한 신의 섭리는 나의 이성적 판단과 일치하지 않는다고 말할 수 있다. 그러나 데카르트는 이러한 경우를 불가피한 것으로 상정하고, 최선을 다했다는 것에 만족하라고 말한다. Ibid., art, 144.

46) 이는 데카르트가 이성의 합리적 능력이 정념의 우연성을 완전히 배제할 수 없음을 인정한 것이라고 할 수 있다. 이에 관해서는 김상환, 「데카르트의 정념론과 그 이후」, 『개인의 본질』(이재영 외), 한국학술정보, 2007, 273–276 쪽 참조. 그러나 데카르트가 우연성을 인정했다기보다는 그러한 우연성을 배제할 수 있는 방법을 모색하는 과정에서 수반된 이론적 난점으로 보는 것이 적절해 보인다.

47) 이러한 데카르트의 모호한 태도는 『성찰』의 제 6 성찰에서 감각적 지각의 오류의 발생에 관한 그의 답변에서 그 전례를 찾을 수 있다. 데카르트의 철학 체계에서 인간의 감각은 대상의 성질이 아닌 물체의 양적 변화를 받아들일 뿐이다. 그런데 데카르트는 감각적 지각이란 마음과 육체의 합성체(uni)인 인간에게 무엇이 이롭고 무엇이 해로운 것인지를 마음에 보여주기 위해 신이 혹은 자연이 우리에게 준 것이라고 말한다. 그렇다면 기만하지 않는 신이 부여한 그 감각적 지각에서 왜 오류가 발생하는가? 데카르트는 마음 자체에는 오류가 있을 수 없고, 감각적 지각의 발생 과정에도 기계론적으로 오류가 없다고 본다. 왜냐하면 인간의 마음은 공통감각이 들어있는 뇌의 영향을 받기 때문이고, 감각은 신경의 운동 결과로 나타나는 것이기 때문이다. 감각적 지각의 오류에 대한 데카르트의 답변은 지금의 관점에서 보자면 다소 궁색해 보인다. 인간이 오류를 저지르는 것은 결국 마음과 육체의 합성체이기 때문이다. 그럼에도 불구하고 그는 감각은 육체를 이롭게 한다는 점을 근거로 거짓된 것이라기보다는 참된 것이라고 주장하면서 감각의 오류 문제를 넘어간다. 이러한 입장을 따를 경우 욕망의 폭주와 무절제는 마음과 육체의 결합체인 인간의 한계이지만, 욕망은 신의 섭리에 따라 인간에게 유용한 것이라는 모호한 결론에 머물 수밖에 없다. Descartes, "Meditations touchant La Premiere Philosophie", AT IX–1, pp. 64–72; CSM II, pp. 56–62 참조.

요한 것만 욕망한다고 전제하였다. 그러나 욕망 대상의 다양성과 나아가 욕망하는 개인들의 주관적 차이와 이것이 만들어내는 갈등을 배제할 때, 그가 상정한 욕망의 일반적인 원리 자체는 지극히 비현실적이다. 달리 말하면 그는 욕망의 범위를 일상적인 차원에서 무엇을 바라는 대상지향성 혹은 힘 정도로 축소시킴으로써, 욕망에 관한 부정적 논의를 사전에 차단하는 것에 머물 뿐이다. 그리고 신의 섭리를 전제하고 강조할 경우, 데카르트는 '자연에 따르는 삶을 살라'고 강조한 과거 스토아주의 윤리학과 크게 다르지 않으며, 그 속에 포함된 논쟁에서 벗어날 수 없는 것으로 보인다.[48)]

두 번째로 내적 정서에 관해 제기할 수 있는 문제점은 다음과 같다. 데카르트는 내적 정서를 통해, 즉 올바른 사유나 의지와 무관한, 인간에게 고유한 정서 혹은 감정의 차원에서 욕망을 제어할 수 있다고 말한다. 그의 입장에서 보자면 욕망을 제어할 수 있는 다른 차원의 인간 본성이나 능력을 소개하는 것이라고 볼 수 있지만, 그의 앞선 욕망 규정에 따르면 불필요한 논의처럼 보인다. 그 내적 정서의 발생지가 마음이며, 마음에 기인하는 것이기에 욕망을 제어할 수 있다는 주장은 그 내적 정서의 성격과 작동방식을 밝히지 못하는 한, 마음의 선차성을 다시 강조하는 수준에 머물게 된다. 더불어 내적 정서가 인간 모두의 본성이며 동일한 성질로 자각될 수 있는지 의문이다. 내적정서가 외적인 영향 없이 순수하게 마음에서 오는 것이라고 인정한다고 하더라도, 그 정서는 지극히 주관적일

48) 스토아주의는 그 자체로 거대한 연구주제이며 다양한 논쟁거리를 담고 있기에 여기서 쉽게 다룰 수 없지만 기본적인 문제 지형은, 그들이 자연에 따른 삶을 강조하고 이것을 덕이라고 본 것에서 나타난다. 그 자연이 무엇이고, 덕이 무엇인지는 아직도 논쟁 중이다. 스토아주의 윤리학과 관련된 이론적 쟁점에 관해서는 Julia Annas, *The Morality of Happiness*, New york, Oxford: Oxford Univ. Press, 1993, pp. 159-178 참조.

수 있으며, 객관적으로 일반화시키기 어려워 보인다.

마지막으로 고결함에 관해 논의해 보자. 데카르트의 주장에 따르면 고결함을 가진 자만이, 즉 자유의지를 실현하는 자만이 욕망을 제어할 수 있고 다른 사람들과 조화를 이룰 수 있다. 그의 논의를 따를 때, 결국 고결함이란 올바른 인식과 판단 능력을 통해 생활 속에서 올바른 습관을 키우고, 이것을 덕으로 체화시킨 사람들이 갖는 정념이다.[49] 고결함이 의지의 실현이라고 본다면, 여기서 욕망과 의지의 관계에 관한 물음을 던질 수 있다. 데카르트는 욕망이 생리학적인 차원에서 인간에게 가장 큰 힘을 발휘하는 정념으로 간주하고 있고, 이 욕망을 제어할 수 있는 방법을 올바른 인식과 덕의 실행에서 찾고 있다. 그의 논의에 따르면 올바른 인식이란 생존에 적합한 것을 욕망하게 하는 것이자, 내가 조절할 수 있는 것만을 욕망하는 것이다. 욕망을 의식적 판단에 종속시킬 것을 요구하는 데카르트의 입장은 기본적으로 욕망을 의지로 제어해야 한다는 입장을 취한다. 그런데 신의 섭리에 따라 선한 것을 욕망한다면, 이때 욕망은 그것이 영혼에서 발생했느냐, 동물정기에서 발생했느냐는 발생지에 따라 구별될 뿐, 그 기능에 있어 의지와 구별되기 어려워 보인다. 물론 데카르트는 정념을 그저 수동적인 것으로 간주하고 배제해야 한다고 생각하지 않는다. 그러나 그가 『정념론』 첫 번째 항에서 수동과 능동의 고전적 구분을 동일한 운동에 대한 관점의 문제로 재구성할 때, 그의 욕망과 의지의 이원적 구분은 이미 모호해졌다고 할 수 있다. 그러나 데카르트는 의지를 사유처럼

49) 데카르트는 덕을 마음의 습관이라고 규정한다. 그는 정신만이 사고할 수 있지만, 습관은 사고의 영향을 받고, 영향을 끼친다고 말한다. PA, art. 161 참조.

그 자체로 외적 영향을 받지 않는 것이고 욕망에 비해 우월한 것을 구분하기에 의지와 욕망의 관계는 지배와 피지배로 귀착된다. 의지의 선차성을 강조할 때, 그가 욕망 그 자체에 내재해 있다고 전제한 '자연'과 같은 형이상학적 질서들은 무의미해진다고 볼 수 있다. 왜냐하면 의지를 통해서만 자연의 질서에 따른 삶이 가능하다는 주장은 결국 욕망에 내재해 있는 자연적 질서가 제대로 작동하지 않을 수 있음을 인정하는 것이기 때문이다.

4. 데카르트의 욕망관의 이론적, 실천적 의미

데카르트는 정념을 자연과학적 관찰 가능한 기계적 원리로 제시하려고 했다. 그런데 이 기획은 그 원리를 이해할 수 있는 지적 능력과 그에 따라 올바르게 행하려는 의지를 가진 인간을 전제로 한다. 이제 현대적인 문제의식에서 이러한 데카르트의 입장이 가질 수 있는 이론적 실천적 의미를 검토해 보자.

우선 데카르트의 욕망관에서 나타나는 이론적 문제점은 정념을 지각의 형태로 분류할 때 나타난다.[50] 그는 욕망을 영혼에 의해 지각될 수 있는 정념이라고 상정한다. 이는 욕망을 육체적인 것 혹은 동물적 본성으로 간주하고 이와 대비된 이성적 능력을 강조하는 기존의 입장과는 다르다. 그런데 데카르트는 욕망을 새로운 차원에

50) 형식적인 차원에서 보자면 데카르트가 제시하는 기본 정념들은 그 당시 전통적인 관점과 분류방식에서 크게 벗어나지 않는다. 기본정념들과 그것들의 구분방식은 철학사적이고 계보학적인 문제를 포괄하기에 여기서 구체적으로 다룰 수 없다고 하더라도, 과연 욕망을 기쁨이나 슬픔과 같은 정념과 동일선상에 놓을 수 있는지 물을 수 있다. 데카르트는 욕망을 기쁨이나 슬픔처럼 어떤 심적 성질을 가지는 것이 아니라, 다른 정념들을 수반하거나 발생시키는 힘으로 파악했다. 그가 욕망을 '무엇을 바란다'는 의미의 대상 지향적인 심적 상태 일반으로 규정할 때, 욕망은 정념으로 분류될 수 있는 것이 아니라, 정념의 역학을 지칭하는 상위 개념으로 따로 분류되거나, 의지의 원초적 형태라고 규정해야 할 것처럼 보인다.

서 규정했을 뿐, 과거의 철학자들이 우려했던 동물적 충동으로서 욕망과 여기서 도출된다고 상정했던 문제들을 해결했다기 보다는 그 문제를 외면했다고 보는 것이 적절해 보인다. 이는 그가 쾌락을 자연이 인간이 선을 추구할 수 있도록 부여한 선물이라고 주장할 때도 잘 드러난다. 예를 들어 사랑이라는 정념을 논하면서, 그는 다른 이성에게 매력을 느끼는 것은 '자신의 불완전성을 채우려는 자연의 원리'[51]라고 설명한다. 여기서 인간의 성욕에 관한 수많은 철학자들의 경고는 무의미해 진다. 데카르트는 욕망을 의식적인 활동으로 규정함으로써 억제하기 힘든 동물적 충동으로서 욕망에 관한 기존의 부정적 견해를 차단해 버렸다고 할 수 있다.

데카르트에 따르면 정념은 그 자체로 인간의 육체에 필요한 것을 '준비'할 수 있도록 마음을 움직이는 것이다. '준비'한다는 의미가 '무엇'을 위한 것이라고 할 때, 그 '무엇'이 해명되어야 할 것이다. 위에서 인용했듯이, 데카르트는 정념이 '자연이 우리에게 유용한 것을 의욕'하게 만드는 기능을 가진다고 주장한다. 달리 말해 정념의 순기능은 자연에 부합하는 삶을 추구하는 것이 된다. 그렇다면 우리가 삶과 관련하여 준비해야할 내용과 기준을 무엇인가? 이에 관해 논하기 전에 잠깐 데카르트가 이러한 생존 혹은 삶에 장애가 되는 정념의 상태를 어떻게 규정하고 있는지 살펴보자. 그는 정념이 해를 입히는 경우를 다음과 같이 규정한다.

> 사고활동(pensé)을 필요 이상으로 강화, 유지하거나 혹은 우리가 오래 구애받지 않아야 할 사고를 강화, 유지할 때이다.[52]

---

51) Ibid., art. 90 참조. 이는 플라톤의 보편자를 추구하는 에로스 개념을 연상시키기에 충분하다.

반복되는 것이지만 데카르트는 정념을 외적 자극에 대한 생리학적 반응을 넘어서 사고활동과 밀접한 연관된 것으로, 나아가 사고활동에 복무하는 것으로 파악하고 있다. 정념은 사고활동과 제대로 부합했느냐에 따라 유용성과 해악이 결정된다. 이러한 주장이 가능한 이유는 데카르트가 인식론적 차원에서는 정념을 표상 가능한 것으로 전제했기 때문이다.[53] 그러나 정념이 표상되고, 그 속에 선악의 구별과 같은 인지적 기능이 내재되어 있다는 주장은 그 자체로 논쟁거리라고 할 수 있다.[54] 또한 정념에 휘둘리지 않는, 즉 필요 이상으로 집착하지 않는 사고활동을 어떻게 규정할 것인가의 문제도 남는다. 상식적인 차원에서 그것은 극단적인 정념에 휘둘리지 않는 이치에 맞는 적절한 사고라고 예측은 할 수 있지만, 데카르트는 그 기준은 명확히 제시하지 않는다.

데카르트의 욕망관은 이론적인 차원의 의문을 넘어 실천철학적인 차원으로 확장시킬 때 그 문제점이 좀 더 확실히 드러난다. 각 개인의 마음속에서 표상되는 혹은 지각되는 상이 마음을 통해 객관화될 수 있다고 생각하는 데카르트는 표상을 제어할 수 있는 자아의 의지와 사유활동을 강조한다. 그가 윤리학적인 차원에서 최고

52) Ibid., art. 74.

53) 정념과 관련된 현대적인 논의들은 기본적으로 정념이 표상인가에 관한 논쟁에 집중된다. 표상이라고 강조하는 입장은 정념이 선과 악에 대해 우리에게 무엇인가를 알려주는 인지적 기능을 갖고 있다고 말한다. 이에 관해서는 Lilli Alanen, "The Intertionality of Cartesian Emotions", *Passion and Virtue in Descartes*(ed. by Byron Williston and Andre Gombay), Humanity Books, 2003, pp. 110-116 참조.

54) 정념이 생리학적인 것과 관련된다고 할 때 정념을 단순히 표상으로 보기 어렵다는 입장도 있다. 그린버그는 과연 정념이 사물의 선과 악에 관한 정보를 제공할 수 있느냐고 묻는다. 그는 정념의 발생 원인이 정기 혹은 육체적인 것이라는 점에서 그리고 데카르트가 정신적 상태와 정념의 상태를 구별하고 있다는 점에서 정념을 표상이라고 보는 관점은 설득력이 없다고 본다. Sean Greenberg, "Descartes on the Passions: Function, Representation, and Motivation", *Nous* 41:4, 2007 참조.

의 단계로 상정되는 고결함 또한 이러한 의지와 사유활동을 통해 형성된 정념 혹은 감정상태이다.[55] 이러한 입장은 기본적으로 자기 반성 혹은 내적 수양의 중요성을 강조하는 윤리적 입장과 통한다고 할 수 있다. 그는 욕망을 통해 나타나는 개인들의 상호작용이나 영향에 대해 크게 고려하지 않는다. 그에게 욕망은 그 자연적 본성을 제대로 이해한다면 그리고 수련과 훈련을 통해 충분히 제어될 수 있는 것으로 상정되기 때문이다. 그럼에도 불구하고 구체적 삶의 과정은 매우 구체적이고 즉각적인 행위를 통해 유지될 수밖에 없다는 사실을 데카르트가 배제한 것은 아니다. 이는 『정념론』 이전에 쓰인 『방법서설』 3부에서 등장하는 세 가지 '잠정적 도덕률(provisional moral code)'에서 잘 드러난다. 잠정적 도덕율의 첫 번째는 내 나라의 법률과 관습에 복종하고, 종교를 확고히 견지하며, 가장 사려 깊은 사람들의 생활태도를 따르는 것이다. 두 번째는 행동에 있어 가능한 한 확고하고 결연한 태도를 취하고, 아무리 의심스럽다고 하더라도 하기로 결정했다면, 아주 확실한 것으로 따르는 것이다. 세 번째는 운명보다는 나 자신을 이기려고 노력하고, 세계의 질서보다는 내 욕망을 바꾸려고 노력하는 것이다.[56]

---

55) 논문에서는 구체적으로 다루지 않았지만 고결함이 데카르트 철학 체계에서 어떻게 옹호될 수 있는지 물을 수 있다. 데카르트가 고결함을 정념 혹은 감정과 같은 것으로 분류할 때, 그러한 감정의 상태에서 나온 자기확신이 어떻게 윤리적 목표가 될 수 있는가? 마리옹(Marion)의 경우, 코기토를 현상학적으로 자기정서와 같은 것으로 이해함으로써 고결함이 윤리적 차원의 확실성을 담보할 수 있다고 주장한다. 그에 따르면 자기정서란 스스로를 대상화시키는 과정 없이 바로 자신을 자각하고 자신의 확실성을 견지할 수 있는 능력이다. 코기토를 이러한 자기정서로 파악할 경우, 자기 자신에 대한 판단이자 평가인 고결함은 코기토의 일종이라고 볼 수 있다. 여기서 고결함은 대상적 사유를 벗어나 나 자신의 존재를 직접적으로 받아들이는 동시에 나를 고양시키기에, 윤리학적인 차원에서 완전성을 담보할 수 있는 것이 된다. Jean-Luc Marion, "Does the Cogito Affect Itself? Generosity and Phenomenology: Remarks on Michel Henry's Interpretation of the Cartesian Cogito", *Cartesian Questions*, Univ. of Chicago Press, 1999. 참조. 데카르트의 코기토의 다양한 해석 가능성을 인정하고, 고결함이 데카르트 철학 체계의 일관성을 보장하는 윤리적 목표라고 해도 남는 문제는 있다. 자신에 대한 존중에서 타자에 대한 존중을 연역할 수 없다면, 자기존중은 이기심이나 타자에 대한 배척과 구별되지 않을 것이다.

데카르트가 잠정적 도덕률을 제시한 이유는 인간은 항상 판단과 선택의 순간에 놓이기 때문에 그 순간에 적합한 행동 지침이 필요하다고 보았기 때문이다.[57] 여기서 그가 제시하는 명석판명한 지식과 이에 따른 행위는 일상적이고 구체적인 삶에서 바로 적용될 수 있는 것이 아님을 알 수 있다. 고상한 혹은 고결한 인간은 오랜 경험과 이성의 훈련을 통해서만 획득되는 것이라고 할 때, 그의 잠정적 도덕률은 일종의 임시방편과 같은 것으로 일차적으로 따를 만한 기준에 따라 행위할 것을 요구한다. 이러한 측면에서 데카르트의 잠정적 도덕률은 이성이 성숙하지 못한 혹은 아직 의지의 자유를 실현하지 못한 사람들을 위한 행위지침이라고 말할 수 있다. 그러나 잠정적 도덕률은 다음과 같은 비판에서 자유로울 수 없다. 첫 번째 격률에 있어, 데카르트는 그것 자체가 회의의 대상일 수 있다는 사실을 망각한 것처럼 보인다. 두 번째의 경우, 자기만족적인 아집과 어떤 차이가 있는지 잘 부각되지 않는다. 마지막 격률에 있어서 데카르트는 그저 순응적인 삶을 요구하는 것처럼 보인다.[58] 그가 제시하는 욕망의 제어방식도 이러한 잠정적 도덕률의 한계를 벗어나기 어려워 보인다. 그는 욕망을 삶의 유지를 위해 필수적인 것으로 보았지만, 결과적으로 일상적인 삶에서 정념을 제거해야 한다는 스토아주의적 입장을 반복한다. 왜냐하면 그는 나의 욕망이

---

56) Descartes, Discours de la Methode, AT VI, pp. 22-31, CSM I pp. 122-126 참조.

57) 데카르트는 1638년 사월 또는 오월에 Reneri에게 보내는 편지에서 '보편적인 의심이 커다란 우유부단이나 도덕적 혼란을 만들 수 있다'고 말한다. AT II, p.35, CSMK, p.97 참조.

58) 잠정적 도덕률에 관한 다른 비판으로는 Francis P. Coolidge, Jr, The Insufficiency of Descartes's Provisional Morality, Descartes(ed. by Tom Sorell), Ashgate, 1999. 참조. 쿨리지는 『방법서설』 3부에서 데카르트의 방법론과 도덕률이 모순을 일으킨다고 비판한다. 방법을 권하는 방법론이 실지로 도덕률을 논리적으로 검증하지 못한다는 것이다.

적절한가의 여부는 당장 판단될 수 없고, 따라서 욕망의 과잉에서 나타나는 문제들을 최소화하기 위해서는 당장의 욕망을 억제하고 기존의 질서를 따르라고 요구하기 때문이다.

이러한 욕망의 문제는 공동체적 관계를 고려할 때 더욱 극명하게 드러난다. 데카르트의 정치철학적 입장은 상반된 해석이 가능해 보인다. 한 편에서는 그가 모든 인간에게 내재해 있다고 상정되는 보편적인 이성 능력으로부터 출발하기에 자유롭고 평등한 개인들의 공동체를 상정한다고도 볼 수 있다.[59] 그러나 그의 철학은 다른 한편 스토아적인 소수의 현자나 고결함을 가진 자를 통한 계몽을 강조함으로써 계층적인 차별을 그 속에 포함하고 있다고 해석할 수 있는 여지 또한 배제할 수 없다. 그러나 이러한 해석들과 무관하게 데카르트가 제시한 욕망의 제어방식과 그 실천적 지침은 공동체적 삶과 관련하여 일면적이라고 할 수 있다. 그는 욕망의 발생 원인이 기본적으로 사유와 무관한 것이며, 외적 영향에 의해 좌우되는 것이라고 전제한다. 그렇다면 욕망을 근본적으로 제어하기 위해서는 마음의 외부에 있는 대상 혹은 외적인 영향을 고려해야 할 것이다. 그러나 데카르트는 기본적으로 마음의 습관 혹은 수련을 통해 욕망을 제어할 수 있다고 주장하면서, 욕망을 일으키는 대상이나 외적 영향을 부차적인 것으로 다루거나 큰 관심을 갖지 않는다. 나아가 그의 관점은 자아와 독립된 혹은 다른 타자가 자아에게 끼치는 영향 혹은 상호작용의 결과물로서 사회적 제관계를 고려하기 어렵다. 잠정

59) 데카르트는 이성을 보편적인 인간의 성질로 파악함으로써 그리고 모두가 자유의지를 가지고 있다는 점에서 평등의 근거를 마련했다고 볼 수도 있다. 그러나 이러한 관점은 데카르트 철학에 대한 지극히 평면적인 이해방식이라고 말할 수 있다. Petru Comarnesco, The Social and Ethical Conceptions of Descartes, *Ethics* Vol. 52, No. 4(Jul., 1942), pp.499-500 참조.

적 도덕률과 연관하여 말하자면, 첫 번째 도덕률이 따라야 할 것이라고 제시하는 사회의 규범, 법, 종교, 질서는 그 자체로 욕망들이 충돌하는 장이라고 할 수 있다. 그러나 그는 과거의 철학자나 동시대의 홉스처럼 욕망을 정치철학 혹은 사회철학적인 문제로 확장될 수 있음을 고려하지 않는다.

데카르트의 철학이 의심할 수 없는 자아의 의식에서 출발하는 것처럼, 그의 욕망관은 나와 다른 타자의 욕망을 논의하기 어려운 구조를 가진다. 타자가 나와 동일한 이성적 존재라는 사실이 신의 섭리에 의해서만 연역될 수 있는 것처럼, 그는 타자 또한 신의 섭리에 의해 적절히 욕망할 것이라고 가정하는 입장을 취한다고 할 수 있다. 나아가 삶의 문제가 단순히 생물학적 생존이 아니라, 사회나 그 사회의 질서와 규범과 같은 인간이 맺는 관계 일반을 포함하는 것이라고 할 때, 데카르트는 『정념론』의 논의만 놓고 보자면 생물학적 생존에 보편적 질서를 부여하고 바로 인간이 맺는 관계 일반을 연역하는 논리적 비약을 범하는 것처럼 보인다. 구체적 삶에 있어 욕망은 타인과 관계하며, 타자의 욕망과 나의 욕망은 충돌한다. 데카르트가 제시한 고결함의 중요성을 받아들인다고 해도, 나와 타자가 동일하게 고결함을 갖지 않는 한, 나와 타자의 관계는 적대적인 욕망 관계에서 벗어나기 어렵다. 현실적으로 자기 자신이 아닌 타자에 대한 고결함이란 타자에 대한 적대적 욕망을 제어할 때만 그 기능을 발휘할 수 있다. 나아가 자신의 생존을 위협하는 상황에서 타자에 대한 고결함은 데카르트가 제시한 자기보존이라는 자연의 원리에도 부합하지 않는다. 분명 인간 모두가 옳고 그름을 판별할 수 있는 이성이 있고, 이에 따라 그릇된 정념을 제어할 수 있는 능력을 가질 수 있다고 가정할 수 있다. 그러나 모두가 동시에 고결함을 지닐 수 없는 한 적대적 욕망의 대립은 매우 현실적인 문제이다. 여기서 욕망의 제어는 개인 차원의 수양을 넘어선 문제가 된다. 데카르트의 입장을 옹호하자면, 특히 그가 운보다는 숙명을 그리고 세계를 바꾸기보다는 자신의 욕망을 바꾸라고 주장할 때, 그는 타자의 삶과 무관하게 개인적 차원에서 삶의 안녕을 유지할 수 있는 근거와 방법을 제시했다고 볼 수 있다. 그러나 이러한 태도는 욕망이 어떤 대상에 관한 것이고, 그 대상이 나에게 영향을 끼치고 또한 이것이 새로운 욕망을 만들어 낸다는 사실을, 그리고 욕망은 개인적 차원의 자각과 반성의 범위를 넘어설 수 있다는 사실을 부정할 때만 가능할 것이다. 욕망의 다양성과 그 강도가 상대적이고, 그것이 개인들이 대립할 수밖에 없는 원인일 수 있다는 사실을 부정할 때, 데카르트의 욕망관은 인간본성에 대한 형이상학적 낙관에 의존한다는 비판에서 자유로울 수 없는 것처럼 보인다.

5. 결론을 대신하여

철학사가 알려주듯이 데카르트 철학의 중요성은 하나의 완결된 체계를 제시했다거나 시대와 공간을 초월한 진리를 밝혔다는 점에 있지 않다. 그의 위대함은 철학적 문제의식과 후대에 끼친 영향에서 찾아야 할 것이다. 욕망과 관련하여 데카르트 철학이 보여주는 일종의 한계는 이후 형이상학이나 실천철학이 발전할 수 있는 토대가 되었음은 그 당시 홉스나 스피노자에게서 이미 드러난다. 나아가 독일관념론은 데카르트의 형이상학을 극복하고 윤리학을 정립하고자 했던 일련의 시도라고 읽을 수 있다. 특히 그가 상정했던 신의 섭리는 형이상학적인 차원에서 후대의 철학자가 현실의 제계기를 통해 설명해야만 할 과제로 남게 된다.

데카르트의 욕망관은 현재 진행형이며 여전히 욕망에 관한 논쟁들의 정점에 서있다. 몇 세기가 지난 지금도 데카르트적인 방법론으로 인간의 정념과 욕망을 다루려는 시도들이 이어지고 있으며, 과거의 철학적 입장들이 그러했던 것처럼 이는 여전히 다양한 차원에서 논쟁거리를 제공하고 있다.

욕망을 이성이나 의식으로 환원할 수 없으나 인간의 행위에 영향을 끼치는 그 무엇으로 상정할 경우 데카르트의 철학은 지극히 이성중심적인 것으로 보인다. 그러나 데카르트의 형이상학적 체계는 이성적 인식능력과 행위가 그 자체로 완결적일 수 없으며 그것은 일종의 추구해야할 이념이라는 것을 환기시킨다. 데카르트는 그의 잠정적 도덕률에서도 나타나듯이 자신이 추구하는 철학적 체계와 무관하게 그 체계로 포섭하고 일반화시킬 수 없는 개인, 즉 끊임없이 선택하고 행위해야만 하는 일상의 개인적인 삶 사이의 긴장을 받아들인다. 데카르트의 철학은 하나의 완결된 체계나 원리로 완전히 포섭할 수 없는 구체적인 삶을 긍정적이건 부정적이건 인정하는 것이다. 그런데 이러한 긴장감은 그의 철학적 불완전성이나 미흡함을 보여준다기보다는 오히려 욕망에 관한 현대적 담론들이 염두에 두어야 할 철학적 태도가 무엇인가를 보여준다. 자연과학적 성과를 근거로 욕망을 기계적 혹은 심리적 원리로 환원할 수 있다고 믿는 현대의 욕망에 관한 논의들은 마치 데카르트의 기획을 완성하려는 노력들처럼 보인다. 그러나 그 논의들은 데카르트의 한걸음 물러서야 했던 지점, 즉 이론으로 포섭할 수 없는 구체적인 인간의 삶의 영역에 대한 긴장감을 잃는다면 또 다른 도식적이고 획일적인 인간관을 재생산할 수 있음을 잊어서는 안 될 것이다.

참고문헌

Descartes, Les Passions de l'âme, *Oeuves de Descartes XI*(publiées par Ch. Adam & Paul Tannery), Paris:J. Vrin, 1974; The Passions of the Soul, *The philosophical Writings of Descartes* Vol. I (trans. and ed. by John Cottingham, Robert Stoothoff, Dugald Murdoch), Cambridge;Cambridge Univ. Press, 1985.

______, Les Meditations, *Oeuves de Descartes IX-1*(publiées par Ch. Adam & Paul Tannery), Paris:J. Vrin, 1973; Meditations on First Philosophy, *The philosophical Writings of Descartes* Vol. II (trans. and ed. by John Cottingham, Robert Stoothoff, Dugald Murdoch), Cambridge;Cambridge Univ. Press, 1984

______, Discours de la Methode, *Oeuves de Descartes VI*(publiées par Ch. Adam & Paul Tannery), Paris:J. Vrin, 1973; Discourse on the Method, *The philosophical Writings of Descartes* Vol. I (trans. and ed. by John Cottingham, Robert Stoothoff, Dugald Murdoch), Cambridge;Cambridge Univ. Press, 1985.

______, Correspondance, *Oeuves de Descartes II, III*(publiées par Ch. Adam & Paul Tannery), Paris:J. Vrin, 1975; *The philosophical Writings of Descartes* Vol. III(trans. and ed. by John Cottingham, Robert Stoothoff, Dugald Murdoch, Anthony Kenny), Cambridge;Cambridge Univ. Press, 1991

Platon, Philebus, *Plato VI*(tr. by Harold N. Fowler), Loeb Classical Library, Harvard Univ. Press, 2001.

_____, The Republic, *Plato VI- VII*(tr. by Paul Shorey), Loeb Classical Library, Harvard Univ. Press, 2001.

_____, Timaeus, Plato VIII(tr. by R. G. Bury), Loeb Classical Library, Harvard Univ. Press, 2001.

김상환, 「데카르트의 정념론과 그 이후」, 『개인의 본질』(이재영 외), 한국학술정보, 2007.

안소니 케니/김성호, 『데카르트의 철학』, 서광사, 1991.

Alanen, Lilli, The Intertionality of Cartesian Emotions, *Passion and Virtue in Descartes*(ed. by Byron Williston and Andre Gombay), Humanity Books, 2003.

Annas, Julia, *The Morality of Happiness*, New york, Oxford: Oxford Univ. Press, 1993.

Ariew, Roger and Gabbey, Alan, The scholastic Background, *The Cambridge History of Seventeenth-Century Philosophy*(ed. by Daniel Garber, Michael Ayers), Cambridge Univ. Press, 1998.

Beyssade, Jean Marie, *Etudes sur Descartes:l'histoire d'un esprit*, Paris: Seuil, 2001

Brown, Deborah J., *Descartes and the passionate mind*, Cambridge: Cambridge Univ. Press, 2006

Chappelle, Vere, L'homme Cartesien, *Descartes objecter et répondre*, Presses universitaire, de France, 1994.

Clarke, Desmond M., *Descartes's Theory of Mind*, Oxford Unive. Press, 2003

Coolidge, Francis P. Jr, The Insufficiency of Descartes's Provisional Morality, *Descartes*(ed. by Tom Sorell), Ashgate, 1999.

Comarnesco, Petru, The Social and Ethical Conceptions of Descartes, *Ethics* Vol. 52, No. 4(Jul., 1942)

Cottingham, John, Cartesian Ethics: Reason and The Passions, *Descartes*(ed. by Tom Sorell), Ashgate, 1999.

_______________, *A Descartes Dictionary*, Blackwell Publishers, 1993.

Hoffman, Paul, The Passions and Freedom of Will, *Passion and Virtue in Descartes*(ed. by Byron Williston and Andre Gombay), Humanity Books, 2003.

Greenberg, Sean, *Descartes on the Passions: Function, Representation, and Motivation*, Nous 41:4, 2007.

Stephen Gaukroger, *Descartes an intellectual biography*, Clarendon: Oxford Univ. Press, 2003.

Rodis-Lewis, *Descartes his life and thought*(trans. by Jane Marie Todd), Ithaca and London;Cornell Unive. Press, 1999.

______, *Le probleme de l'inconscient et le Cartésianisme*, Paris : Presses universitaires de France, 1985.

Marion, Jean-Luc, Does the Cogito Affect Itself? Generosity and Phenomenology: Remarks on Michel Henry's Interpretation of the Cartesian Cogito, *Cartesian Questions*, Univ. of Chicago Press. 1999.

Meyer, Michel, *Philosophy and the Passions toward a History of Human Nature*(trans. by Robert F. Barsky), The Pennsylvania State Univ. press, 2000.

Schmitter, Amy M., How to Engineer a Human Being: Passions and Functional Explanation in Descartes, A Companion to Descartes(ed. by Janet Broughton and John Carriero), Blackwell Publishing, 2008.

지성과의 화해: 아리스토텔레스와 아퀴나스의 욕구 개념

이진남

1. 머리말
2. 아리스토텔레스의 욕구 개념
3. 아퀴나스의 욕구 개념
4. 맺음말

1. 머리말

최근 들어 웰빙에 대한 관심이 고조되고 있다. 그러나 "육체적·정신적 건강의 조화를 통해 행복하고 아름다운 삶을 추구하는 삶의 유형이나 문화를 통틀어 일컫는 개념"이라는 사전적 정의[1]에도 불구하고 이 말은 주로 음식이나 건강과 관련된 우리의 욕망 혹은 욕구가 충족된 상태를 가리키는 것으로 사용되고 있는 것으로 보인다. 이러한 분위기와 더불어 욕구나 욕망이라는 개념이 오랜 잠을 깨고 전면에 부각되고 있다. 사실 웰빙의 의미를 설명하는 유력한 이론 중의 하나인 공리주의적 설명의 유형들로 실제욕구설명(actual-desire account)과 세련된욕구설명(informed-desire account)의 내용들[2]을 보더라도 욕구가 얼마나 현대에 중요한 키워드로 부상되었는지를 알 수 있다. 문제는 현대의 욕망, 욕구 개념이 대부분 이성과 대립되거나 이성을 배제하는 개념이라는 데 있다. 즉 웰빙

1) 네이버백과사전, http://100.naver.com/100.nhn?docid=772380.

2) James Griffin, *Well-being: Its Meaning, Measurement, and Moral Importance*, (Clarendon Press, Oxford, 1986), pp.10～15.

의 이름 하에 추구되고 있는 욕망 혹은 욕구가 말초적 자극을 만족시키는 데 방향 지워지고 있는 현실은 분명 반성적 고찰을 필요로 한다. 몸짱이나 얼짱이라는 단어로 대표되는 현대인의 욕구지향은 이러한 현상을 극명하게 드러내주고 있다. 이러한 점에서 고통의 굴레가 아니라 삶의 원동력으로서의 욕구의 의미를 재조명해보는 것은 의미 있는 일이라고 할 수 있을 것이다.[3)]

서양 고중세에 있어 욕구 혹은 욕망의 개념은 플라톤이나 스토아학파처럼 부정적인 개념인 경우도 있지만 긍정적인 측면을 가지고 있는 경우도 있었다. 적어도 아리스토텔레스와 아퀴나스에 있어서 욕구 개념은 비록 이성에만 속한다고는 말할 수 없지만 그렇다고 이성에 반대되는 어떤 것에만 속하는 것은 아니었다. 이성과 갈등하고 협력하면서 인간의 행복을 추구하는데 이바지하는 개념이었다. 사실 아리스토텔레스의 욕구(orexis)나 아퀴나스의 욕구(appetitus) 개념은 근대의 욕망(desire)을 포함한 더 넓은 개념이었다. 즉, 근대와는 달리 욕구 개념이 이성적인 부분까지도 포함하고 또한 이성적 부분과 서로 대립하면서도 상조하는 긴장관계를 유지하는 개념이었다는 사실을 인정해야 할 것이다.[4)] 이러한 점에서 아리스토텔레스와 아퀴나스의 욕구 개념을 살펴보는 작업은 현대의 욕구 개념 고찰에 많은 중요한 점들을 시사해 줄 수 있을 것이다.

한편 아리스토텔레스와 아퀴나스는 철학사에서 흔히 말하듯이

3) 박찬국은 서양철학의 역사가 인간의 근원적 욕망을 생산적으로 만들 방안을 모색하는 역사였다고 주장한다. 박찬국, 「금욕주의와 쾌락주의를 넘어서」, 정준영 외, 『욕망: 삶의 동력인가 괴로움의 뿌리인가』, (운주사, 2008), p.241.

4) 이러한 점에서 '지성과의 화해'라고 하는 본 논문의 제목은 아리스토텔레스나 아퀴나스의 입장에서 볼 때 다소 생뚱맞게 들릴 수 있을 것이다. 그러나 플라톤이나 근대의 반이성적 욕구 개념이 지배적인 현대의 지평으로 눈높이를 조정할 필요가 있어 이러한 제목을 사용하게 되었다.

같은 노선을 걷는 두 철학자로만 이해되어질 수 없는 관계에 있었다. 아퀴나스는 철학자로서의 아리스토텔레스에 대한 무한한 존경을 표했다. 철학자(philosophus)라는 보통명사로 그를 불렀다는 사실은 이를 보여준다. 아퀴나스는 아리스토텔레스의 주장을 충실하게 따르고 있는 것으로 보인다. 그러나 동시에 아퀴나스는 신앙인이었고 신학자였다. 더군다나 아퀴나스가 아리스토텔레스만큼 따르고 존경해야 할 아우구스티누스는 욕망(cupiditas)을 신의 뜻을 거스를 때 왜곡되는 사랑(caritas)으로 볼 정도로 플라톤적인 욕망관을 가지고 있었다. 따라서 아리스토텔레스의 주장이 신앙적인 것들과 상충될 때 그것을 해결하기 위해 고민할 수밖에 없었다. 그렇다면 욕망과 관련해서 아퀴나스는 아리스토텔레스의 주장을 어떻게 어디까지 충실하게 따르고 있는가? 이에 대한 논자의 입장은 아퀴나스가 그 당시까지의 여러 철학들과 신앙적 전통들을 모두 담을 수 있는 커다란 체계를 지어놓고 그 안에 아리스토텔레스의 이교도적인 사상들을 거의 원형을 손상시키지 않고 통째로 받아들였다는 것이다. 그러나 그 체계는 아리스토텔레스를 뛰어넘어 신앙의 내용도 담을 수 있는 규모로 지어졌다.[5)]

본 논문에서 논자는 욕구와 관련한 아리스토텔레스의 사상이 아퀴나스에 와서 어떻게 받아들여지고 어떻게 변형되는지를 살펴보고 그들의 욕구 개념이 근대이후의 욕구 개념과 달리 이성적 요소를 배제하지 않는 개념이라는 사실을 확인할 것이다. 이를 위해 제

5) 이러한 논자의 입장은 아퀴나스에 있어 철학적・지상적인 부분과 신학적・천상적인 부분을 나누는 오웬스의 입장보다 더 적극적인 수용적 모델을 제시한다.
Joseph Owens, "Aquinas as Aristotelian Commentator", in *St. Thomas Aquinas: 1274~1974 Commemorative Studies*, (Pontifical Institute of Medieval Studies, Toronto: Canada, 1974), pp. 213~38.

2절에서는 아리스토텔레스의 욕구 개념과 그와 관련한 체계를 살펴보고, 제3절에서는 아리스토텔레스와의 비교 속에서 아퀴나스의 욕구 개념과 그 체계를 살펴볼 것이다. 이 과정에서 특히 아리스토텔레스 주해서들과 아퀴나스 자신의 작품인 『신학대전』에서의 설명들을 비교해가면서 그 공통점과 차이점에 주목할 것이다. 그리하여 그 비교 내용이 논자가 제시한 "더큰집가설"을 뒷받침해주고 있는지를 보이고자 한다.

2. 아리스토텔레스의 욕구 개념

아리스토텔레스와 아퀴나스에 있어 욕구 개념은 그 개념 자체만이 아니라 그들의 윤리학의 기본적 구도 속에서 이해되어야 한다. 그것은 행복, 탁월함(덕), 행위, 영혼 등과 같은 기본 개념들을 포함하는 체계를 말한다. 따라서 욕구 개념을 논하기 전에 윤리학의 체계를 간략하게 언급할 필요가 있을 것이다.

아리스토텔레스에 있어서 행복(eudaimonia)은 모든 행위의 궁극적 목적이다. 여기서 행복이란 기분이나 쾌락을 의미하는 것이 아니라[6] 전 인생에 걸쳐 일어나는 일종의 행위(praxis)이다. 행복은 이성적이면서도 감성적이며 동시에 욕구적 탁월함을 모두 갖춘 자족적인 상태를 말한다. 행복은 주관적이면서도 객관적인 개념이다. 따라서 아리스토텔레스의 행복 개념은 현대인들이 생각하는 주관적이고 감성적인 행복 개념과는 상당한 거리가 있다고 해야 할 것이다.

---

6) 이러한 점에서 앨런은 아리스토텔레스가 어떤 근대 사상가보다 더 날카롭게 행복(happiness)과 즐거움(pleasure)을 구별하고 있다고 주장한다.
D. J. 앨런, 『아리스토텔레스 철학의 이해』, 장영란 역, (고려원, 1993), p.195.

이러한 행복을 달성하기 위해서 무엇을 어떻게 해야 하는가? 아리스토텔레스는 덕이 있는 인간이 될 것을 말한다. 그에 있어 덕(aretē)은 일종의 탁월함을 말하는데 이는 지적 탁월함과 도덕적 탁월함으로 나눠진다. 지적 탁월함은 가르침에 의해 생겨나고 경험과 시간을 필요로 하지만, 도덕적 탁월함은 습관에 의해 생긴다.[7] 모든 인간은 덕의 가능성만을 가지고 태어난다. 그러나 그 덕의 가능성을 실현시키는 것은 각 개인의 노력 여하에 달려있다. 이러한 점에서 아리스토텔레스는 덕이 선천적일 수 있다는 것을 부정하고 덕은 후천적인 노력에 의해 쌓이는 것이라고 주장한다.

현대 윤리학에서 이러한 아리스토텔레스 윤리는 흔히 덕윤리(virtue ethics)라고 분류된다. 덕윤리는 행위의 선악이나 시비를 가리는 행위중심의 윤리(action-focused ethics)와는 달리 인간의 성품 혹은 인간 자체에 초점을 맞춘다. 덕윤리에 있어서는 행복한 인간이 되기 위해서 어떻게 해야 하는가 하는 것이 중심 문제가 된다. 이에 대한 아리스토텔레스의 답은 덕이 있는 인간이 되라는 것이다. 그렇다면 덕이 있는 인간이 되기 위해서는 어떻게 해야 하는가? 좋은 행위를 지속적으로 해야 한다. 그래서 좋은 행위가 나의 습성이 되도록 만들어야 한다. 왜냐하면 덕이란 좋은 습성이기 때문이다. 이점에서 아리스토텔레스의 유덕(有德)한 인간은 공자의 종심소욕불유구(從心所慾不踰矩)나 맹자의 호연지기(浩然之氣)가 있는 군자(君子)와 비견될 수 있을 것이다. 즉, 의식적으로 옳은 행동을 하려고 하지 않고 자신의 욕구가 이끄는 대로 자연스럽게 행동해도 덕 있는 행동이 되는 경지가 바로 그것이다.

---

7) EN, 1103a14~17. (관행을 따라 아리스토텔레스의 『니코마코스윤리학』은 EN으로 표기한다.)

덕이 있는 사람이 되려면 품성적인 탁월함 뿐 아니라 지성적이고 정서적인 탁월함도 같이 있어야 한다. 따라서 덕이 있는 사람은 바르게 판단할 수 있는 이성적 판단능력과 자신의 감정을 통제할 수 있는 능력, 또한 바른 대상을 바른 방법과 정도로 욕구할 수 있는 능력을 모두 갖춘 사람이다. 정의로운 사람은 자신의 몫이 부당하게 침해되었음을 간파하는 이성적 능력과 그러한 상황에 처했을 때 적절하게 분노하는 감성, 그리고 자신의 몫을 되찾아야 한다는 강한 욕구를 가지는 사람이다. 이렇게 아리스토텔레스의 덕 개념은 종합적인 개념이다. 오랫동안의 실천적 수양과정을 통해 이성과 감성, 그리고 욕구가 모두 자연스럽게 일치된 경지가 아리스토텔레스의 덕 있는 사람이다.

아리스토텔레스에 있어 인간의 행위는 동물 운동의 일종으로 이해된다. 그리고 그 운동의 일종으로서의 행위는 욕구에 의해 촉발된다. 행위의 원인은 객관적으로 볼 때 욕구대상이 되지만 주관적으로 볼 때 욕구 자체가 된다.[8] 욕구는 본성적으로 행복을 지향한다. 따라서 행복은 욕구의 궁극적 목적이 된다. 따라서 욕구 대상은 행위의 목적이 된다. 아리스토텔레스 인식론에 있어 모든 인식은 경험에서 출발한다. 마찬가지로 그의 윤리학에 있어 행위는 욕구에서 출발한다. 그러나 그의 윤리학은 욕구만 가지고 완성되는 것이 아니다. 욕구는 이성의 지도에 따라 방향이 잡혀지고 오랜 실천을 통해 적정한 감성의 통제 상태가 된 바른 습성을 통해 실현되어야 하는 것이다. 따라서 욕구는 행동을 추동하는 것이지만 그 자체로는 완성될 수 없고 이성, 감성과 같이 작용해야 하는 것이다. 그러나 그렇다고

8) DA, 433a18~21. (관행을 따라 아리스토텔레스의 『영혼론』은 DA로 표기한다.)

방향성 없는 욕구라는 노예가 이성이라는 주인의 명령에 무조건 복종하고 또 그래야 하는 것으로 이해되어서는 곤란하다. 이러한 구도는 근대 이후에 나온 생각에 불과하다. 욕구가 어떤 대상을 지향한다는 것 자체에 이미 이성적인 판단이 개입되어 있다. 사실 아리스토텔레스에 있어서 욕구와 감성과 이성은 실체적으로 분리되는 것이 아니었다. 이것들은 뚜렷하게 구분되지 않고 상호작용하고 협력하면서 덕의 함양을 통해 행복을 추구한다. 이점에서 아리스토텔레스의 욕구 개념은 근대 흄(David Hume) 이후 전개된 정의주의(emotivism)적 전통과는 근본적으로 다르다고 볼 수 있다.

이렇게 아리스토텔레스는 도덕적인 판단에 있어 지성적 판단, 의지의 작용 외에 욕구적인 요소까지를 포함하는 윤리설을 내놓았다. 그런데 아리스토텔레스에 있어서 이 욕구란 어떤 개념이고 전체 윤리학적 체계 내에서 어떠한 위치를 차지하고 또한 다른 요소들과 어떠한 관계를 맺고 있는가?

아리스토텔레스에 있어서 인간 영혼은 이성적 부분과 비이성적 부분으로 이루어진다.[9] 그리고 비이성적 부분은 식물적 부분과 욕구적 부분으로 나누어진다. 이 중에서 식물적 부분은 모든 생명체에 공통적이기 때문에 인간 행위와 관련해서는 의미가 없지만, 욕구적 부분과 이성적 부분은 인간 행위와 관련된다. 식물적 부분은 이성을 나누어갖고 있지 않지만 욕구적 부분은 이성의 말을 알아듣고 이성적 부분에 의해 설득될 수 있기 때문에 이성에 참여한다

9) EN, 1102a29~31.
아리스토텔레스는 "이성이 없는 부분(alogon)"과 "이성을 가지고 있는 부분(logon echon)"으로 말한다. 그러나 이 구분은 아리스토텔레스 자신의 것이라기보다는 플라톤을 따른 것이고 또한 실체적인 구분이라기보다는 개념적인 구분이라고 보아야 할 것이다.

고 말한다.[10] 따라서 욕구적 부분은 비록 비이성적 부분에 속하지만 이성에 복종적이기 때문에 이성적 측면이 있는 반면, 이성적 부분은 자체적이고 주된 의미에서 이성적 부분이라는 것이다.[11] 이렇게 아리스토텔레스는 욕구적 부분이 비이성적 부분으로 분류되지만 그럼에도 이성적인 부분에 참여한다고 주장한다. 여기서 이성적인 부분과 관련한 탁월함은 지적인 탁월함이고 욕구적 부분과 관련한 탁월함은 성품적 탁월함이다. 성품적 탁월함에는 절제, 용기, 관대함 등이 있다. 그러나 성품적 탁월함이 이성적 탁월함과 관계없는 것은 아니다. 성품적 탁월함은 이성의 지도를 받는다.

아리스토텔레스에 있어 욕구(ὄρεξις; orexis)는 소망(βούλησις; boulēsis), 기개(θυμὸς; thymos), 육욕(ἐπιθυμία; epithymia)으로 나누어진다.[12] 그런데 이 중에서 기개와 육욕은 인간과 동물 모두에게 공통적인 욕구이지만 소망은 인간에게만 있는 욕구라고 말한다. 따라서 아리스토텔레스는 기개와 육욕은 비이성적 부분에 속하지만 소망은 이성적 부분에 속한다고 말한다.[13] 소망은 어떤 대상을 향한 욕구이

10) EN, 1102b29ff.

11) EN, 1103a1～4.
이런 의미에서 EN, 1102a29～30에서 아리스토텔레스가 비이성적 부분을 "그 자체로 이성이 없는 부분(alogon autēs)"이라고 말한 것은 대조를 이루는 정확한 표현이라고 할 것이다.

12) EE, 1223a26～27; DA, 414b2.

13) DA, 432b5ff.
이러한 아리스토텔레스의 언급은 욕구적 부분이 영혼의 비이성적 부분에 속하고 또한 욕구에는 소망, 기개, 육욕이 있다는 그 자신의 언급과 서로 양립하지 않는 것으로 보인다. 이에 대해 편상범은 이성적 욕구(orexis dianoētikē)의 개념으로 설명하고 있다. 즉, 아리스토텔레스에 있어서는 근대적 이성/욕구의 이분법적 구도가 전제되어있지 않았고 욕구에는 이미 이성적인 부분이 같이 들어가 있다는 것이다. 따라서 소망, 숙고, 결정으로 이어지는 과정 모두가 이성적이면서 동시에 욕구적이라고 주장한다. 또한 전헌상도 영혼의 이성적 부분은 인식에 연결되고 비이성적 부분은 소망의 욕구적 요소와 연결된다는 흄적 전통에 대해 비판하면서 소망은 영혼의 이성적 부분에서 나왔지만 비이성적 부분과도 연결된다고 말한다.
편상범, 「아리스토텔레스 윤리학에서 실천적 인식의 문제: 덕과 실천지의 관계를 중심으로」, 고려대학교 철학과 박사학위논문, (1999), 94～99쪽.
전헌상, 「소망과 품성: 이성적 욕구와 영혼의 비이성적 상태들」, 『서양고전학연구』, 제 21집, (2004),

다. 즉 어떤 대상을 좋은 것 즉, 목적으로 판단하고 그것을 추구하는 것을 말한다. 따라서 욕구로서의 소망은 이성적 측면이 있지만 욕구에 속한다고 말하는 것이다. 욕구로서의 소망은 이렇게 행위의 출발점이 된다.

그런데 욕구는 이성적 부분과 어떻게 같이 작용할까? 아리스토텔레스의 다섯 가지 지식 혹은 지혜[14] 중에서 실천지(phronēsis)를 가진 자, 즉 현명한 자(phronimos)는 숙고(bouleusis)를 잘 하는 사람이다. 숙고를 잘하는 사람은 인생의 부분적인 것들에 대해서가 아니라 삶 전체에 대해 잘 숙고하는 사람이다. 그런데 아리스토텔레스는 우리가 목적에 대해(peri tōn telōn) 숙고하지 않고 목적을 향한 것들에 대해(peri tōn pros ta telē) 숙고한다고 말했다.[15] 즉 목적 자체를 결정하는 것은 숙고가 아니라는 것이다. 그렇다면 숙고는 이미 정해진 목적을 달성하기 위한 수단을 탐색하는 도구적 이성에 불과한 것인가? 그러나 이러한 도구적 이성이라는 개념은 아리스토텔레스 윤리학의 전체 구조와 맞지 않는다. 따라서 '목적을 향한 것들에 대해(peri tōn pros ta telē)'라는 말은 수단뿐 아니라 목적을 구성하는 요소들까지 포함하는 것으로 보아야 할 것이다.[16]

우리는 소망에 의해 행위의 목표를 정하고 숙고(βουλευσις; bouleusis)를 통해 그 수단과 구성요소들을 고른다. 그리고 이러한 과정을 거쳐 결정(선택: προαίρεσις; proairesis)한다. 이렇게 결정은 목적을 고르는 욕구와 그 목적을 달성하기 위해 필요한 것들을 고

107~140쪽.

14) 제작지(technē), 논증지(epistēmē), 실천지(phronēsis), 완전지(sophia), 직관지(nous).

15) EN, 1112b11ff.

16) 편상범, 같은 글, 83~87쪽.

르는 숙고의 결과이다. 이 말은 실천지를 가진 사람도 먼저 자신의 욕구에서 출발한다는 것을 의미한다. 따라서 욕구가 들어가는 과정인 숙고에서 나온 결정도 욕구적 측면이 있을 수밖에 없다. 이 점에서 욕구와 이성은 결합된다. 이렇게 결정에는 욕구적 탁월성과 이성적 탁월성 혹은 숙고가 같이 들어가 있다.[17] 결정은 숙고된 욕구(bouleutikē orexis) 혹은 욕구적 이성(orektikos nous), 이성적 욕구(orexis dianoētikē)라고 부른다.[18]

이렇게 이성적 욕구라는 개념은 욕구에서 출발하여 숙고를 통해 결정으로 이어지는 과정을 포함하는 개념으로 이해되어야 한다. 그러나 각 단계가 따로따로 욕구적 단계, 이성적 단계로 나누어지는 것은 아니다. 왜냐하면 소망, 숙고, 결정, 실행의 과정이 오랜 기간 쌓여 습성(hexis)을 형성하고 그 습성이 내면화되어 계속적으로 다음 행위를 지배하기 때문이다. 즉 한 사람의 도덕적 행위는 그 이전의 삶에서 쌓여진 욕구적이고 이성적인 요인들이 종합되어 형성되는 습성에 의해 결정된다. 따라서 소망, 숙고, 결정이라는 각각의 단계 혹은 개념들에 이성적이면서 동시에 감성적이고 욕구적인 측면들이 있을 수 있다. 이렇게 한 인간의 도덕적 사고와 결정 과정에는 이성, 감성, 욕구 능력 모두가 같이 참여한다. 이러한 사고 과정에서 형성된 품성 즉, 덕은 인간의 실천적 행위 결정의 바탕이 된다. 따라서 아리스토텔레스 윤리학에 있어서는 어떤 한 행위가

17) 엄슨은 결정의 이러한 측면에 대해 다음과 같이 설명하고 있다:
"건전한 실천적 원리들과 상황에 관한 지식에 비추어 어떤 행동을 선택할지를 결정하는 것은 실천이성의 영역 안에 있다. 그래서 이성과 욕망은 선택의 분리 불가능한 측면들이다. 어떤 목적을 위한 욕망과 어떻게 목적에 도달할지에 대한 추론이 없다면 어떠한 선택도 있을 수 없다."
J. O. 엄슨, 『아리스토텔레스의 윤리학』, 장영란 역, (서광사, 1996), 139쪽.

18) EN, 1113a9~14; 1139b5~6.
편상범, 같은 글, 94쪽.

옳고 그르냐 하는 문제 뿐 아니라 한 인간이 좋은 습성을 형성하는데 어떤 행위가 도움이 되는가 하는 문제도 중요하다.[19]

이상에서 알 수 있는 것은 아리스토텔레스의 욕구 개념은 근대적 욕구 개념과 상당한 거리가 있다는 사실이다. 그의 욕구(orexis) 개념은 이성과 대립되는 의미의 욕구가 아니었고 오히려 이성의 지도를 받으면서도 이성과 같이 협력하여 욕구, 숙고, 결정으로 이어지는 행위와 품성 형성을 하는 것이었다. 그에 있어 습성은 이성적 측면, 감성적 측면 뿐 아니라 욕구적 측면까지를 포함하는 것이었다. 이러한 점에서 아리스토텔레스는 소크라테스와는 달리 아크라시아(ἀκρασία: 자제하지 못함)의 원인을 보편에 대한 무지로 보지 않고 바로 그 무지로 이끈 잘못된 욕구에 있다고 한 점에 주목할 필요가 있다.[20] 즉 아리스토텔레스는 행위와 규범, 도덕적 생활에 있어 올바른 욕구의 중요성을 누구보다도 잘 알았던 것이다. 아리스토텔레스에 있어서 덕 있는 사람은 옳은 판단을 하는 사람만을 의미하는 것이 아니었다. 분노해야 할 때와 장소에서 적합한 정도로 분노할 수 있는 것도 덕 있는 사람이 갖추어야할 요소였다. 또한 바람직한 것을 욕구하는 사람이 덕 있는 사람이었다. 아리스토텔레스에 있어 인간의 욕구는 이렇게 이성과 달리 멋대로 적절치 않은 대상으로 향해있지만 이성과 의지의 힘으로 억제하는 근대의 도덕적 인간과는 근본적으로 달랐다. 따라서 도덕생활은 습관

19) 사실 아리스토텔레스와 아퀴나스의 윤리학을 덕윤리로만 이해하는 경우에는 행위보다는 습성이 더 중요하게 될 것이다. 그러나 이들의 윤리학은 덕윤리를 포함한 어떤 것이었다. 따라서 행위가 습성에 종속되는 개념이 아니었다.

20) 이점에 대해서는 다음의 논문을 참고하라.
손병석, 「소크라테스의 아크라시아 불가능성 논제에 대한 아리스토텔레스의 비판」, 『철학』, 제 72호, 2002, 125~151쪽.

을 통한 올바른 욕구구조의 형성을 중요시하였다. 이런 점에서 오랫동안 잘못된 행동을 반복해서 습성이 망가진 사람에게는 논리적 설득이 거의 불가능하다고 한 아리스토텔레스의 언급[21]은 덕의 욕구적 측면에 대한 그의 이해를 드러내주는 동시에 현대인들에게도 호소력 있는 교훈이 된다고 할 수 있을 것이다.

---

21) EN, 1179b.

3. 아퀴나스의 욕구 개념

아퀴나스의 욕구 개념은 기본적으로 아리스토텔레스의 욕구 개념을 따르고 있다. 욕구 뿐 아니라 영혼의 여러 능력들에 대해 아리스토텔레스의 체계를 따르고 있다. 그러나 아리스토텔레스와는 달리 그 서술방식이 조직적이고 엄밀하다. 『신학대전』에서 그는 체계적인 서술 방식으로 이를 설명하고 있다. 그리고 그는 아리스토텔레스를 따라 육체와 영혼으로 이루어지는 인간에 있어 영혼에는 생장적, 감각적, 욕구적, 장소운동적, 지성적 능력이라는 다섯 가지 능력이 있다고 주장한다.[22] 그러나 이 중에서 윤리학의 주요 주제인 덕(virtus)과 관련되는 능력에는 이해능력인 지성능력(potentia intellectiva)과 욕구능력(potentia appetitiva)이 있다.[23] 지성적 능력 즉, 지성에는 사변적 지성과 실천적 지성이 있지만 이 둘

22) ST. I, Q.78, A.1, sc. (관행을 따라 아퀴나스의 『신학대전』은 ST로 표기한다.)
이는 아리스토텔레스의 『영혼론』, II, iii, 414a31~32에 나오는 주장과 일치하는 것으로 아퀴나스는 그의 주석에서도 이를 명확하게 긍정하고 있다.
Aquinas, *Commentarium in libros de anima*, II, v, 1.

23) ST. I, Q.78, pre.

은 서로 다른 능력은 아니다.[24] 사변적 지성에는 지성(intellectus), 지식(scientia), 지혜(sapientia)가 있고, 실천적 지성에는 제작을 담당하는 기술(ars)과 행위를 담당하는 실천지(prudentia)가 있다. 욕구능력은 감각적 욕구(appetitus sensitivus)와 지성적 욕구(appetitus intellectivus)인 의지(voluntas)라는 두 능력으로 나눠진다.[25] 그런데 감각적 욕구는 다시 분노적 욕구(appetitus irascibilis)와 욕망적 욕구(appetitus concupiscibilis)로 나눠진다. 이러한 욕구의 세 능력들, 즉 지성적 욕구(의지), 분노적 욕구, 욕망적 욕구는 각각 정의, 용기, 절제라는 덕들과 대응된다.

그런데 욕구와 관련한 이러한 아퀴나스의 체계는 아리스토텔레스의 체계와 비슷하지만 사용하는 용어들은 다소 다른 것으로 보인다. 그렇다면 아퀴나스가 아리스토텔레스를 해석하고 자신의 철학을 세우면서 욕구와 관련하여 주석가로서 얼마나 충실했을까? 혹은 독립적인 철학자로서 독창적인 주장을 개진했을까? 이 문제에 대해서 여기서는 우선 욕구 개념과 그 세 종류에 대한 것부터 고찰해본다.

아퀴나스는 영혼의 두 부분 중 욕구적 부분은 비록 비이성적 부분에 속하지만 이성에 복종적이기 때문에 이성적 측면이 있는 반면, 이성적 부분은 자체적이고 주된 의미에서 이성적 부분이라는 아리스토텔레스의 주장[26]을 설명하면서 영혼의 생장적 부분은 비

24) ST. I, Q.79, A.11.

25) ST. I, Q.80, A.2, co.

26) EN, 1103a1～4.
이런 의미에서 EN, 1102a29～30에서 아리스토텔레스가 비이성적 부분을 "그 자체로 이성이 없는 부분(alogon autēs)"이라고 말한 것은 대조를 이루는 정확한 표현이라고 할 것이다.

이성적이기만하고 지성과 이성은 이성적이기만 하지만, 감각적 욕구와 의지 같은 부분은 그 자체로는 비이성적이지만 참여에 의해 이성적이라고 말한다.[27] 이러한 아퀴나스의 설명은 그의 『신학대전』의 설명과도 일치한다.[28] 이렇게 아퀴나스는 욕구적 부분이 비이성적 부분으로 분류되지만 그럼에도 이성적인 부분에 참여한다고 주장한다.

욕구와 이성간의 관계와 관련한 규범적 문제에 대해서도 아퀴나스는 아리스토텔레스의 견해를 따르고 있다. 따라서 행위에 있어 이성적 결정뿐 아니라 올바른 감성능력, 올바른 욕구능력도 중요하다. 행위는 욕구에서 일어난다고 한 아리스토텔레스의 생각은 욕구 없이 이성만으로는 행위가 일어날 수 없다고 하는 그의 언급[29]에서 명확하게 드러난다. 즉 운동을 일으키는 것은 지성과 욕구이지만 지성은 욕구 없이 운동을 일으키지 않는다고 하면서 그 이유로 소망이 욕구의 일종이라고 말한다. 욕구대상은 항상 운동을 일으키지만 욕구는 옳을 수도 그를 수도 있다고 한다.[30] 이에 대해 아퀴나스는 지성은 욕구 없이는 운동을 일으키는 것으로 보이지 않는데 그 이유는 욕구의 일종인 의지가 지성을 움직이기 때문이라고 말한다.[31] 반면 욕구의 일종인 욕망(concupiscentia)에 의해 움직여

---

27) Aquinas, *Commentarium in XII libros Ethicorum Aristotelis ad Nicomachum*, I, xx, 12.
"Est enim aliquid irrationale tantum, sicut pars animae nutritiva. Quaedam vero est rationalis tantum, sicut ipse intellectus et ratio; quaedam vero est secundum se quidem irrationalis, participative autem rationalis."

28) ST. I, Q.78~Q.82.

29) DA, 433a22~23.

30) DA, 433a21~30.

31) Aquinas, *Commentarium in libros de anima*, III, xv, 7.
"Quia intellectus non invenitur movens sine appetitu; quia voluntas, secundum quam movet intellectus, est quidam appetitus."

지는 것에서 확실히 보이듯이 욕구는 이성 없이도 운동을 일으킨다고 말한다.[32] 따라서 행위에 있어서 운동인으로서의 욕구의 역할에 대해서 아퀴나스는 아리스토텔레스의 견해를 따르고 있음을 알 수 있다. 이렇게 보면 행위와 관련하여 지성보다 욕구가 더 우선적이라는 생각이 들 수 있다.

그러나 아퀴나스는 욕구와 지성간의 관계를 설명하면서 지성이 욕구보다 더 상위의 것이라고 주장한다.[33] 그런데 이는 우리 안에 있는 것들 중에서 최고의 것이 지성이라는 아리스토텔레스의 주장[34]을 따른 것이다. 또한 아퀴나스는 지성보다 하급의 것인 의지가 지성을 움직이는가 하는 문제와 관련하여 긍정적으로 답한다.[35] 그러나 그는 이 관계가 일방적인 것이 아님을 분명히 하고 있다. 즉 목적이라는 측면에서 보면 지성이 의지를 움직이지만, 작용자의 측면에서 보면 의지가 지성을 움직인다고 말한다.[36] 이러한 아퀴나스의 주장은 운동인으로서의 의지의 측면과 목적인으로서의 지성의 측면을 동시에 긍정하고 있다는 점에서 위에서 말한 아리스토텔레스의 주장과 일치한다. 그러나 이를 좀 더 명확한 언어로 설명한다는 특징이 있다고 볼 수 있을 것이다.

다음으로 욕구의 여러 종류에 대한 아퀴나스의 견해를 살펴보기로 하자. 아리스토텔레스는 『영혼론』, 414b2에서 욕구(orexis)에는

---

32) Aquinas, *Commentarium in libros de anima*, III, xv, 7.
"Sed appetitus movet sine ratione, sicut patet ex his quae ex concupiscentia moventur. concupiscentia enim est appetitus quidam."

33) ST. I, Q.82, A.3.

34) EN, 1177a21~22.

35) ST. I, Q.82, A.4.

36) ST. I, Q.82, A.4, co.

육욕(epithymia), 기개(thymos), 소망(boulēsis)이 있다고 했다. 이에 대해 아퀴나스는 『영혼론주해서』에서 다음과 같이 설명하고 있다.

> 감각이 있다면 세 번째 (능력) 즉, 욕구적 (appetitivus) (능력)도 있게 된다. 그런데 욕구(적 능력)는 세 가지로 구분된다: 탐욕적인 힘에서 나오는 욕망(desiderium)과 노여움의 힘에서 나오는 분노(ira)가 있는데 이 두 욕망은 감각이해를 따르기 때문에 감각적 부분에 속한다. 그리고 세 번째로는 지성적 이해를 따르는 지성적 욕구인 의지(voluntas)가 있다.[37]

그렇다면 아퀴나스는 아리스토텔레스의 욕구(orexis)를 욕구(appetitus)라는 말로 바꾸고, 그 세 가지 종류인 육욕(epithymia), 기개(thymos), 소망(boulēsis)을 각각 욕망(desiderium), 분노(ira), 의지(voluntas)라는 말로 바꾸었다고 볼 수 있다. 그런데 이러한 설명은 아퀴나스 자신이 『신학대전』에서 하고 있는 설명과는 조금 다르다. 그는 『신학대전』에서 욕구(appetitus)를 감각적 욕구(appetitus sensitivus)와 지성적 욕구(appetitus intellectivus)로 나누면서[38] 감각적 욕구 즉, 감성적 능력(sensualitas)을 다시 분노적 욕구(appetitus irascibilis)와 욕망적 욕구(appetitus concupiscibilis)로 나누고[39] 지성적 욕구를 의지(voluntas)라고 부른다.

여기서 분노(ira)와 분노적 욕구(appetitus irascibilis)는 거의 같은

---

37) Aquinas, *Commentarium in libros de anima*, II, v, 10.
"Si autem est ibi sensitivum, oportet quod adsit tertium, scilicet appetitivum. Quod quidem dividitur in tria: scilicet desiderium, quod est secundum vim concupiscibilem; et iram, quae est secundum vim irascibilem: qui duo appetitus pertinent ad partem sensitivam: sequuntur enim apprehensionem sensus. Tertium autem est voluntas, quod est appetitus intellectivus, consequens scilicet apprehensionem intellectus."

38) ST. I, Q.80, A.2.

39) ST. I, Q.81, A.2.

말로 볼 수 있고 의지(voluntas)는 그 용어가 같다. 그러나 『영혼론주해서』에서는 희구(desiderium)로 표현했던 것을 『신학대전』에서는 욕망적 욕구(appetitus concupiscibilis)라고 표현한 것에는 다소 차이가 있을 수 있다. 왜냐하면 아퀴나스가 desiderium이라는 말을 상당히 다양한 의미로 사용한 것으로 보이기 때문이다. 그는 『영혼론주해서』의 다른 곳에서는 욕구의 한 종류가 아닌 것처럼 사용하면서도[40] 같은 시기에 쓰였다고 흔히 여겨지는 『감각론주해서』[41]에서는 분노(ira)는 분노적 욕구에 속하고 욕망(desiderium)은 욕망적 욕구에 속한다고 했다.[42] 그러나 『신학대전』에서는 desiderium이라는 말을 이렇게 육체적 욕구의 의미로 사용하지 않는 것으로 보인다.[43] 오히려 desiderium을 욕구적 능력의 활동[44]이라고 말하고 있다. 뿐만 아니라 아퀴나스는 『신학대전』, 제 2권 2부에서 분노적 욕구와 같이 욕구의 감각적 부분에 속하는 것으로서의 욕망적 욕구를 concupiscentia로 표현하고 있다.[45] 이렇게 아퀴나스의 desiderium의 사용은 혼돈스러운 면모가 있다.[46]

---

40) Aquinas, *Commentarium in libros de anima*, II, iv, 4.
"Ubi autem est dolor et delectatio, oportet quod sit desiderium et appetitus."

41) 와이스헤이플에 따르면 『감각론주해서』는 『영혼론주해서』와 같은 시기(1267~69)에 쓰인 것으로 보인다.
와이스헤이플, 『토마스 아퀴나스 수사: 생애, 작품, 사상』, 이재룡 역, (성바오로출판사, 1998), p.561~p.62.

42) Aquinas, *Commentarium in libros De sensu et sensato expositio*, I, i, 10.
"Ponit ergo iram pertinentem ad vim irascibilem, et desiderium pertinens ad concupiscibilem"

43) 데페라리에 따르면 아퀴나스는 『신학대전』에서 desiderium을 '아직 가지지 않을 것을 갈구함' 혹은 더 넓은 의미로 가지고 있든 아니든 간에 어떤 것을 갈구함'으로 사용한다고 한다.
R. Deferrari et al., *A Lexicon of St. Thomas Aquinas based on The Summa Theologiae and selected passages of his other Works*, (Catholic University of America Press, 1948), p.293.

44) ST. I, Q.83, A.3, sc.

45) ST. I-II, Q.30, A.1.

46) 아퀴나스의 desiderium 개념이 혼란스럽다고 하는 것은 버크도 인정하고 있다.

이러한 불일치를 어떻게 이해하고 설명해야 할까? 논자는 이 사실이 아퀴나스의 두 번째 파리체류기간(1269～72)동안에 40여 권에 이르는 많은 작품들을 쓴다는 것이 현실적으로 문제가 있고 따라서 이 시기에 쓰였다고 하는 상당수의 작품들은 사실상 그전에 쓰였던 것을 이 시기에 다듬고 출간한 것이라고 하는 버크의 주장[47]을 뒷받침해줄 수 있다고 생각한다. 다시 말해 출간연도로 그 작품이 그 당시에 쓰였다고 단순하게 받아들이는 것에는 문제가 있을 수 있다는 것이다. 이는 또한 아퀴나스가 학생 시절 알베르투스의 니코마코스 윤리학 강의를 들었다는 펠쩌(A. Pelzer)의 주장[48]과 스타일과 내용에 있어 그것이 아퀴나스의 『니코마코스윤리학 주해서』의 주요 원천이라는 고씨어(Gauthier)의 주장[49]과 양립한다. 논자는 아퀴나스가 학자로서의 기간 동안 내내 『니코마코스윤리학』에 대해 알았을 것이라는 주장[50]과 『대이교도대전』, 제 3권, cp.48～160의 내용과의 일치에 근거해서 그 주해서가 1261～1264년에 쓰였고 편집과 최종본이 1270～1272년에 나왔다는 버크의 주장[51]에 설득력이 있다고 본다. 따라서 『신학대전』보다 먼저 쓰이기 시작한 주해서들에서는 desiderium이라는 말로 육욕을 의미하기도 했지만 『신학대전』에서는 이 말보다는 concupiscentia를 사용하게 되었다고 가정할

Vernon Bourke, *Will in Western Thought: An Historico-Critical Survey*, (Sheed & Ward: New York, 1964), p.69.

47) Vernon Bourke, "The Nicomachean Ethics and Thomas Aquinas", in *St. Thomas Aquinas: 1274～1974 Commemorative Studies*, (Pontifical Institute of Medieval Studies, Toronto: Canada, 1974), pp.239～59.

48) ibid., p.245.

49) ibid., p.246.

50) ibid., p.247.

51) ibid., p.248.

수도 있을 것이다.[52)]

다음은 의지 개념에 대해 살펴보기로 하자. 아리스토텔레스의 소망(boulēsis)이라는 말을 아퀴나스는 의지(voluntas)로 이해했다.[53)] 아리스토텔레스를 따라 아퀴나스는 의지가 영혼의 비이성적 부분인 욕구적 능력 중에서 지성적 측면이 있는 것이라고 말한다. 그렇다면 아리스토텔레스의 소망과 아퀴나스의 의지는 같은 개념이고 다른 측면은 없는 것일까?

아퀴나스는 욕구를 설명하면서 욕구 중에서 이성적인 부분에 속하는 것이 바로 의지(voluntas)라고 분류한다. 즉 그는 의지를 선에 대한 이성적 욕구(appetitus rationalis)라고 정의했다.[54)] 이점은 아리스토텔레스가 결정(bouleusis)을 숙고된 욕구(bouleutikē orexis) 혹은 욕구적 이성(orektikos nous), 이성적 욕구(orexis dianoētikē)라고 한 것과 맥을 같이 한다.[55)] 따라서 그가 아리스토텔레스의 소망(boulēsis)을 의지(voluntas)로 이해했다는 점은 분명하다. 의지는 욕구이기 때문에 선에 의해 움직이지만, 이성적 욕구이기 때문에 필연적으로 자연적 선으로 무조건 끌리는 것은 아니다. 이렇게 아퀴나스는 아리스토텔레스의 결정에 해당하는 선택(electio)이 지성에도 의지에도 속한다는 점을 분명히 하면서도 실체적으로는 의지에 속한다고

---

52) 이점을 증명하기 위해서는 더 엄밀한 문헌학적 작업이 필요하다고 본다. 그러나 이 작업은 본 논문을 필요 이상으로 길게 만들 수 있다고 본다. 따라서 아퀴나스 전 작품에 나타나는 desiderium의 의미 분석에 대한 연구는 차후 desiderium에 대한 단독적인 작업에서 다루기로 한다.

53) 버크는 산스크리트어족 전체에 있어 b와 v, 그리고 w가 오랜 세월에 걸쳐 혼용되는 전통이 있어왔다는 점과 고대 그리스어의 boulesis가 현대 그리스어의 voulesis라는 점에 근거해서 고대 그리스어의 boulesis, 라틴어의 voluntas, 그리고 현대 영어의 will이 모두 한 가지 어원에서 나온 말이라고 주장한다. Vernon Bourke, *Will in Western Thought: An Historico-Critical Survey*, (Sheed & Ward: New York, 1964), p.6.

54) ST. I-II, Q.8, A.1, co.

55) EN, 1113a9-14,; 1139b5-6.

말한다. 즉, 목적 달성을 위한 수단과 관련한 의지의 행위인 선택은 실체적으로는 의지의 행위라고 주장한다.[56] 이러한 점에서 아퀴나스는 아리스토텔레스를 따르면서도 그의 주장을 정교하게 설명하는 과정 속에서 그와의 차별성을 보이고 있다.

의지의 실현을 위해 목적을 향해 움직이는 지향(intentio) 즉, 목적을 결정해주고 그 수단과도 관련이 되는 지향이 있다.[57] 지향을 통해 목적이 결정되면 그 달성수단을 채택하는 선택(electio)이라는 의지의 행위가 있어야 하는데 이것은 분별력 있는 욕구이다.[58] 또한 이러한 선택이 가능하기 위해서는 그 수단을 검토하는 숙고(consilium)가 먼저 있어야 한다.[59] 이러한 설명은 아리스토텔레스가 『니코마코스윤리학』, 제 3권에서 말한 것[60]과 대체적으로 일치하는 것으로 보인다. 그러나 여기서 아퀴나스의 지향(intentio)이라는 말은 아리스토텔레스에는 보이지 않는 개념으로 여겨진다. 사실 아퀴나스가 『신학대전』, 제 2권에서 지향이라는 말을 설명할 때도 그는 이 말의 원전적 근거로 아리스토텔레스를 언급하지 않는다.

---

56) ST. I-II, Q.13, A.1, co.
아퀴나스는 행위의 실체가 그것보다 상위의 능력이 부여한 질서와는 질료적으로 관계하듯이, 이성이 목적으로 향하게 하고 의지가 선한 것으로 주어진 것을 추구하게 하는 행위는 질료적으로는 의지의 행위이지만 형상적으로는 이성의 행위라고 주장한다. 따라서 선택은 실체적으로 볼 때 이성의 행위가 아니라 의지의 행위라는 것이다. 왜냐하면 선택은 선택된 선으로 향하는 어떤 영혼의 운동에서 실행되기 때문이다.
"Sic igitur ille actus quo voluntas tendit in aliquid quod proponitur ut bonum, ex eo quod per rationem est ordinatum ad finem, materialiter quidem est voluntatis, formaliter autem rationis. In huiusmodi autem substantia actus materialiter se habet ad ordinem qui imponitur a superiori potentia. Et ideo electio substantialiter non est actus rationis, sed voluntatis, perficitur enim electio in motu quodam animae ad bonum quod eligitur. Unde manifeste actus est appetitivae potentiae."

57) ST. I-II, Q.12, A.1-A.2.

58) ST. I-II, Q.13, A.1-A.3.

59) ST. I-II, Q.14, A.1.

60) EN, III, ii-iv.

오히려 의지의 지향이 시각을 시각대상과 연결시켜준다는 아우구스티누스의 언급을 인용한다.[61] 또한 아리스토텔레스의 결정(proairesis)과 숙고(bouleusis)를 설명하는 『니코마코스주해서』의 해당 부분에서 아퀴나스는 지향이라는 개념에 대해 언급하고 있지 않다. 이러한 사실은 아퀴나스의 『신학대전』, 제 2권에서 설명하고 있는 지향이라는 개념이 아리스토텔레스와는 관계없이 아우구스티누스에서 비롯되었다는 것을 시사해준다.[62]

의지의 자유와 필연성이라는 문제와 관련해서 아퀴나스는 기본적으로 아리스토텔레스의 견해와 비슷한 입장을 취하는 것으로 보인다. 즉 본성적으로 선한 것이 있고 인간의 의지는 이성적 욕구이기 때문에 인간은 선한 것을 필연적으로 욕구해야 하는가 하는 문제가 생긴다. 이에 대해 아퀴나스는 의지를 실행할 것인가 말 것인가와 관련해서는 인간의 의지가 자유롭지만 어떤 종류의 대상을 바랄 것인가와 관련해서는 자유롭지 못하다고 말한다.[63] 그의 의지 개념은 본성적 필연성과 지성의 선택능력 모두를 인정하는 개념이었다. 따라서 자연적 본성으로부터 완전히 자유로운 것도 아니었고 그렇다고 자연적 본성에 의해 완전히 지배당하는 개념도 아니었다. 이러한 점에서 그의 의지 개념은 지성과 분리된 근대의 의지 개념

61) ST. I-II, Q.12, A.1, sc.
"Voluntatis intentio copulat corpus visum visui"
Augustinus, *De Trinitate*, XI, iv, 8, 9.에서 재인용.

62) 어떻게 해서 아리스토텔레스에게는 없는 것으로 보이는 지향이라는 말이 아퀴나스의 욕구 개념을 설명하는 데 등장하게 되었는지를 밝히는 문제는 본 논문의 범위를 뛰어넘는 것으로 보인다. 왜냐하면 그 작업은 지향(intentio) 개념의 원류를 근원부터 캐는 꼼꼼한 문헌학적 작업을 요구하기 때문이다. 본 논문에서는 이러한 차이점이 보인다는 점을 지적하는 것으로 만족하려고 한다.

63) ST. I-II, Q.10, A.2.
여기서 아퀴나스는 의지가 움직이는 방식을 행위의 실행(exercitium actus)과 행위 종류의 명시(specificatio actus)라는 두 차원으로 나누어 설명하고 있다.

과 달랐고 오히려 아리스토텔레스에 가까웠다. 그런데 아퀴나스는 불확정적인 문제들(contingentia)과 관련해서 인간은 (본성과) 반대되는 길을 갈 수 있다고 했고, 특정한 작용들은 불확정적인 문제들이기 때문에 또한 인간은 이성적이기 때문에 인간은 자유의사(liberum arbitrium)를 가질 수밖에 없다고 말한다.[64] 이러한 아퀴나스의 의지는 감각적 욕구나 신의 뜻을 무조건 따라가는 것이 아니었다.[65]

그런데 여기서 아퀴나스가 아우구스티누스를 따라 자유의사(liberum arbitrium)라는 말을 쓰면서도 아우구스티누스가 거리낌 없이 사용했던 자유의지(voluntas libera)라는 말을 쓰지 않는 이유는 무엇일까? 아우구스티누스는 비록 자유의사, 자유의지라는 말을 사용함에도 불구하고 결정론적 입장에 가까웠다. 반면 아리스토텔레스는 그러한 말을 사용하지 않지만 비결정론에 가까웠다.[66] 사실 의지(voluntas)라는 말이 아리스토텔레스에게 없는 것처럼 자유의사라는 말도 그에 대응되는 개념이 없는 것으로 보인다. 사실 아퀴나스가 자유의사가 의지와 다른 것이 아니라는 점을 논증하면서 권위 있는 원전으로 아리스토텔레스가 아니라 다마스케누스를 끌어들이고 있다는 점[67]은 자유의사의 개념이 아리스토텔레스에서 나온 것이 아니라는 사실을 보여준다고 할 것이다. 물론 아리스토텔

64) ST. I, Q.83, A.1, co.

65) ST. I-II, Q.10.

66) 이 말은 상대적으로 받아들여야 할 것이다. 아우구스티누스가 결정론에 가까웠다는 말은 결정론과 자유의지의 문제와 관련하여 펠라기우스와의 비교 속에서 결정론적인 요소가 많았다는 점을 가리키는 것이다. 이와는 달리 아리스토텔레스가 자유의지라는 말을 사용하지 않더라도 신의 섭리를 가정하지 않기 때문에 비교적 비결정론에 가깝다는 것을 의미한다.

67) ST. I, Q.83, A.4, sc.

레스의 소망(boulēsis)을 아퀴나스가 의지(voluntas)로 대체한 점에는 의심의 여지가 없다. 따라서 아퀴나스는 『신학대전』이나 『니코마코스윤리학 주해서』에서 아리스토텔레스의 소망과 아우구스티누스의 의지 개념을 화해시킬 필요가 있었을 것이다. 그럼에도 아퀴나스가 의지와 구별되는 능력이 아닌 자유의사라는 개념을 굳이 끌어들인 이유는 무엇일까?

이에 대해서는 단순인식인 지성(intellectus)과 논증을 통한 인식인 이성(ratio)의 관계가 단순욕구인 의지(voluntas)와 선택하는 욕구인 자유의사(liberum arbitrium)의 관계와 같다고 하면서 이성이 지성과 다른 능력이 아니듯이 자유의사도 의지와 다른 능력이 아니라고 하는 아퀴나스의 설명[68]이 그 단초를 제공해 줄 것이다. 아퀴나스는 자유와 필연, 그리고 의지의 자유 문제에 대해 진지하게 탐구하였고 당시 결정론과 비결정론이라는 두 극단 사이에서 중도를 취하려고 노력했다. 바로 이점에서 아퀴나스는 신은 전능하지만 그 전능한 신도 할 수 없다는 것이 있다고 인정하는 온건한 노선을 취했던 것이다.[69] 따라서 아퀴나스는 의지가 단적으로(simpliciter) 자유롭다는 말을 할 수 없었던 것이다. 즉 자유의지(voluntas libera)라는 말을 쓰면 의지 일반이 자유롭다는 의미가 되어 지나치게 주의주의적으로 흐를 수 있다는 점을 간파한 것이다.[70] 따라서 그는 그

68) ST. I, Q.83, A.4, co.

69) SCG, II, ch. 25–29.
여기서 아퀴나스는 신의 전능과 자유에 필요 이상의 제한을 가하는 극단적 결정론자들과 신의 의지는 아무런 제한도 없이 무엇이든 할 수 있다고 주장하는 극단적 주의주의자들을 비판하고 있다.

70) 아퀴나스 전 작품에 있어 voluntas libera라는 말은 정확히 13번 나온다. 그러나 그 의미는 대부분 자유의지라는 명사로 쓰이는 것이 아니고 의지가 자유롭다는 서술적 용법에 국한된다. 또한 자유의지라는 명사로 쓰이는 경우에도 다른 사람의 말을 인용하는 데 주로 쓰인다. 그리고 아퀴나스의 주요작품과 아리스토텔레스 주해서에는 전혀 나타나지 않고 있다.

대신 자유의사라는 말을 사용했고 자유의사는 의지와 같은 능력이기는 하지만 자유의사에 고유한 본성이 선택하는 능력이라고 설명했다.[71] 이렇게 함으로써 인간 의지가 자유롭지만 그렇다고 무한대로 자유로운 것은 아니고 자연법칙의 지배하에 있다는 점을 분명히 했던 것이다. 바로 이러한 이유 때문에 아퀴나스는 아리스토텔레스의 결정(proairesis)에 해당하는 선택(electio)을 설명하면서도[72] 그 선택과 관련되는 개념으로 자유의사를 제시했던 것이다. 이러한 관점에서 아리스토텔레스와 아우구스티누스 사이에 서 있던 아퀴나스의 모습을 볼 수 있다. 왜냐하면 아리스토텔레스의 소망(boulēsis)은 아우구스티누스의 의지나 자유의사와는 많은 차이를 가지는 개념이었기 때문이다. 즉, 아우구스티누스는 올바로 행하는 의지와 자유의지에 대해 말할 때 원죄 이전의 창조된 상태의 인간이 갖고 있는 의지를 말하고 있고[73] 죄로 인해 이러한 의지가 손상되었고 인간 스스로의 힘으로 회복이 불가능하기 때문에 회복을 위해서는 은총이 필요하다고 말할 정도로 인간에 있어 의지의 자유 개념을

Roberto Busa, *Index Thomisticus: Sancti Thomae Aquinatis Operum Omnium Indices et Concordantiae*, (Stuttgart-Bat Canstatt: Friedrich Fromann Verlag Günsther Holzboog KG, 1974).

71) ST. I, Q.83, A.4, co.
"Respondeo dicendum quod proprium liberi arbitrii est electio, ex hoc enim liberi arbitrii esse dicimur, quod possumus unum recipere, alio recusato, quod est eligere. Et ideo naturam liberi arbitrii ex electione considerare oportet."

72) ST. I-II, Q.13.

73) Augustinus, *De Libero Arbitrio*, III, xiii, 52.
"Cum autem de libera uoluntate recte faciendi loquimur, de illa scilicet in qua homo factus est loquimur."
아퀴나스와는 달리 아우구스티누스는 자유의지(libera voluntas)라는 말을 사용하고 있다. 이는 바로 같은 단락의 앞 문장까지는 의지의 자유선택(arbitrium liberum voluntatis)라는 말을 사용하고 있는 것과는 다르다.
"Nec mirandum est quod uel ignorando non habet arbitrium liberum voluntatis ad eligendum quod recte faciat - - - -."

제한한다.[74] 따라서 아우구스티누스에 있어서 의지의 자유는 신의 섭리 안에서 선을 추구하는 것으로 제한된다. 그러나 아리스토텔레스에 있어서 소망 개념은 이성과 욕구가 같이 작용하는 그의 영혼의 작용과 관련해서 설명된다.[75]

74) ibid., III, xiii, 52~53.

75) 아퀴나스의 자유의지 개념의 도입과 그로 인한 아리스토텔레스 윤리학과의 관계 설정의 문제는 지금까지 간략하게 논의한 것 이상의 심도 있는 검토를 필요로 한다. 따라서 아리스토텔레스, 아우구스티누스, 아퀴나스와 관련된 자유의지 개념에 대한 논의는 추후의 작업으로 미루고자 한다.

4. 맺음말

아리스토텔레스의 욕구 개념은 인간행위를 일으키는 근본 원인 즉, 작용인으로 이해된다. 욕구는 본성적으로 행복을 지향하지만 방향타로서의 이성의 작용이 필요하고 욕구와 이성은 항상 같이 작용한다. 인간 영혼의 두 부분 즉, 이성적 부분과 비이성적 부분 중에서 욕구는 비이성적 부분에 속하지만 이성에 복종한다는 의미에서 이성에 참여한다. 욕구(orexis)는 영혼의 비이성적 부분에 속하는 기개(thymos), 육욕(epithymia)과 이성적 부분에 속하는 소망(boulēsis)으로 나눠진다. 인간은 소망에 의해 행위의 목표를 정하고 숙고(bouleusis)를 통해 그 수단과 구성요소들을 고른 후 결정(선택: proairesis)한다. 이러한 과정에서 이성과 욕구는 같이 작용하면서 자연스럽게 서로 동화되고 내면화되어 올바른 습성(hexis)을 형성한다. 이러한 과정은 욕구와 지성과 감성이 같이 작용하는 과정이고 따라서 아리스토텔레스에 있어 도덕적 인간이란 참을성이 많아 육체적 욕구를 잘 극복하는 인간이 아니었고 오랜 수련을 통해 욕구,

지성, 감성이 같이 하는 올바른 욕구구조를 형성한 사람이었다.

아퀴나스의 욕구 개념은 기본적으로는 아리스토텔레스의 체계를 따른다. 그의 욕구(appetitus)는 감각적 욕구(appetitus sensitivus)와 지성적 욕구(appetitus intellectivus)인 의지(voluntas)로 나눠진다. 감각적 욕구는 다시 분노적 욕구(appetitus irascibilis)와 욕망적 욕구(appetitus concupiscibilis)로 나눠진다. 그런데 아퀴나스는 아리스토텔레스의 욕구 개념과 체계를 따르면서도 다음과 같은 네 가지의 차이점을 보이고 있다.

첫째, 욕망적 욕구와 관련해서 다소 용어상의 혼동을 보이는 것 같다. 즉, 『영혼론주해서』에서는 희구(desiderium)로 표현했던 것을 『신학대전』에서는 욕망적 욕구(appetitus concupiscibilis) 혹은 욕망(concupiscentia)으로 표현하고 있는 것이다. 이는 욕망에 대한 아퀴나스의 생각이 주해서들에서 『신학대전』으로 오면서 다른 모습으로 변화했다고 추정할 수도 있음을 시사한다. 둘째, 아퀴나스는 아리스토텔레스의 소망(boulēsis)을 의지(voluntas)로 이해하면서, 의지의 행위인 선택이 질료적으로는 의지의 행위이지만 형상적으로는 이성의 행위라고 하면서도 실체적으로는 의지의 행위라고 말하는 부분에서 아리스토텔레스의 사상을 좀 더 정교하게 만들고 있음을 발견할 수 있다. 셋째, 아퀴나스가 아우구스티누스로부터 받아들인, 의지의 실현을 위해 목적을 향해 움직이는 지향(intentio)이라는 개념은 아리스토텔레스에게는 낯선 개념이었다. 넷째, 아퀴나스는 의지의 자유와 필연성과 관련하여 아리스토텔레스의 결정(proairesis)에 해당하는 선택(electio)을 설명하면서 굳이 이 말 외에 아우구스티누스를 따라 자유의사(liberum arbitrium)라는 말을 사용하고 있다. 여기서 우리는 아리스토텔레스의 견해를 따르면서도 그와는 달리 자유와 결정론이라는 오랜 철학적·신학적 문제에 답하고 있는 아퀴나스의 모습을 볼 수 있다.

이러한 비교를 통해 나온 공통점과 차이점으로 알 수 있는 것은 첫째, 아리스토텔레스와 아퀴나스의 욕구 개념은 근대 이후의 욕구 개념과는 달리 이성을 배제하지 않고 오히려 이성과 조화, 갈등하는 관계에 있었다는 점과 둘째, 아퀴나스의 욕구 개념과 그와 관련한 체계는 아리스토텔레스의 그것을 받아들이는 동시에 그에게는 없는 신학적 문제들을 해결하기 위해 더 큰 집을 지었다는 것이다.

참고문헌

네이버 백과사전, http://100.naver.com/.

박찬국, 「금욕주의와 쾌락주의를 넘어서」, 정준영 외, 『욕망: 삶의 동력인가 괴로움의 뿌리인가』, 운주사, 2008, 169~241쪽.

손병석, 「소크라테스의 아크라시아 불가능성 논제에 대한 아리스토텔레스의 비판」, 『철학』, 제 72호, 2002, 125~151쪽.

아리스토텔레스, 『니코마코스 윤리학』, 이창우 · 김재홍 · 강상진 역, 이제이북스, 2006.

아퀴나스, 『신학대전 1』, 정의채 역, 바오로딸, 2002.

________, 『신학대전 10』, 정의채 역, 바오로딸, 2003.

________, 『신학대전 11』, 정의채 역, 바오로딸, 2003.

________, 『신학대전 16』, 정의채 역, 바오로딸, 2000.

아우구스티누스, 『자유의지론』, 성염 역, 분도, 1998.

앨런, D. J., 『아리스토텔레스 철학의 이해』, 장영란 역, 고려원, 1993.

엄슨, J. O., 『아리스토텔레스의 윤리학』, 장영란 역, 서광사, 1996.

와이스헤이플, 『토마스 아퀴나스 수사: 생애, 작품, 사상』, 이재룡 역, 성바오로출판사, 1998.

전헌상, 「소망과 품성: 이성적 욕구와 영혼의 비이성적 상태들」, 『서양고전학 연구』, 제 21집, 107~140쪽.

정준영 외, 『욕망: 삶의 동력인가 괴로움의 뿌리인가』, 운주사, 2008.

편상범, 「아리스토텔레스 윤리학에서 실천적 인식의 문제: 덕과 실천지의 관계를 중심으로」, 고려대학교 철학과 박사학위논문, 1999년.

Aristotle, *De Anima*.

________, *Ethica Nicomachos*.

Aquinas, Thomas, *Commentarium in libros de anima*.

________, *Commentarium in libros De sensu et sensato expositio*.

________, *Commentarium in XII libros Ethicorum Aristotelis ad Nicomachum.*

________, *Summa Contra Gentiles.*

________, *Summa Theologiae.*

Augustinus, *De Libero Arbitrio.*

Bourke, Vernon, *Will in Western Thought: An Historico-Critical Survey*, Sheed & Ward: New York, 1964.

________, "The Nicomachean Ethics and Thomas Aquinas", in *St. Thomas Aquinas: 1274～1974 Commemorative Studies*, Pontifical Institute of Medieval Studies, Toronto: Canada, 1974, pp. 239～59.

Busa, Roberto, *Index Thomisticus: Sancti Thomae Aquinatis Operum Omnium Indices et Concordantiae*, Stuttgart-Bat Canstatt: Friedrich Fromann Verlag Günsther Holzboog KG, 1974.

Deferrari, R., et al., *A Lexicon of St. Thomas Aquinas based on The Summa Theologiae and selected passages of his other Works*, Catholic University of America Press, 1948.

Griffin, James, *Well-being: Its Meaning, Measurement, and Moral Importance*, Clarendon Press, Oxford, 1986.

Owens, Joseph, "Aquinas as Aristotelian Commentator", in *St. Thomas Aquinas: 1274～1974 Commemorative Studies*, Pontifical Institute of Medieval Studies, Toronto: Canada, 1974, pp. 213～38.

무명(無明)과 공(空): 욕망의 비실재성에 대한 불교적 통찰

조준호

1. 들어가는 말

불교 욕망론에 대한 철학적 논의는 국내외 학계에서 어느 정도 진척되어왔다. 국외의 경우 불교 욕망이 중심쟁점이 된 것은 1978~1980년에 걸쳐 미국 학계에서 A. L. Herman, J. Visvader 그리고 W. Alt 등이 불교 욕망의 역설 문제를 중심으로 논쟁을 하였다. 이 같은 쟁론은 화와이 대학에서 출간하는 *Philosophy East & West*를 통해 살펴볼 수 있다.[1] 최근에 이러한 쟁론을 의식하고 초기불교전적에 나타난 욕망에 대한 논의를 David Webster가 진척시키고 있다.[2] 그 외에도 불교 욕망론이 다른 주제와 관련하여 다양한 각도에서 부분적으로 다루어지고 있다. 국내에서는 1992년에 박경준이 미국

1) A. L. Herman, “A Solution to the Paradox of Desire in Buddhism.”, *Philosophy East & West*, vol. 29. 1, Honolulu: University Press of Hawaii, 1979; W. Alt, “There is a no Paradox of Desire in Buddhism.”, *Philosophy East & West*, vol. 30. 4, Honolulu: University Press of Hawaii, 1980; A. L. Herman, “Ah, but there is a Paradox of Desire in Buddhism.”, *Philosophy East & West*, vol. 30.4, Honolulu: University Press of Hawaii, 1980; J. Visvader, “Reply to Wayne Alt's ‘There is no Paradox of Desire in Buddhism.’”, *Philosophy East & West*, vol. 30. 4, Honolulu: University Press of Hawaii, 1980.

2) David Webster, *The Philosophy of Desire in the Buddhist Pali Canon*, London and New York : RoutledgeCurzon, 2005.

학계에서 쟁론을 벌인 불교 욕망의 역설 문제를 비판적으로 검토하고 있다.[3] 나아가 허우성은 불교 욕망의 학제간 연구를 처음으로 시도하고 있다.[4] 더욱 최근에는 불교욕망론을 중심으로 서양철학과 심리학 그리고 생물학과 관련하여 기획된 결과물을 볼 수 있다.[5] 이 외에도 욕망이 불교의 중심주제인 만큼 국내에서도 여러 관점으로 다루어져 왔다. 이러한 점에서 본 연구가 기존연구와 차별성을 갖고자하는 점은 불교의 기본 법상(法相)[6]의 체계 속에서 욕망의 기원과 발생구조와 발달 구조 등을 인식론적으로 밝히고 그러한 욕망이 갖는 비실재성의 통찰과 극복이 어떻게 실천철학적 입장에서 제시되고 있는가를 검토하는 것이다.

3) 박경준, 「涅槃과 '欲望의 逆說' 문제」, 伽山李智冠스님華甲紀念論叢刊行委員會 編, 『韓國佛敎文化思想史 卷下』(서울: 伽山佛敎文化振興院, 1992)

4) 이강수, 황필호 외, 『欲望論: 哲學的・宗敎的 解釋』(서울: 경서원, 1995)

5) 정준영, 한자경 외, 『욕망: 삶의 동력인가 괴로움의 뿌리인가』(서울: 운주사, 2008)

6) 국내에서 법상(法相)을 중심으로 하는 교리체계의 선구적 연구는 고익진 교수의 『아함법상의 체계성 연구』(서울: 동국대학교 출판부, 1990)를 들 수 있다.

2. 욕망의 기본이해

1) 왜 욕망이 문제인가

초기불교 이래 불교경전에서 욕망(欲望)을 나타내는 전문용어는 대단히 많다.[7] 예를 들면, chanda(欲), rāga와 lobha(貪 또는 貪欲/欲貪), taṇhā(渴愛 또는 愛), pīya(愛), abhijjha(愛慾), ālaya(愛慾), kāma(欲樂), icchā(渴望), upaddhi /upādāna(取: 강한 욕망의 集積) 그리고 gedhi[8], āsā, esanā, pipāsā 등이다.[9] 또한 이러한 용어들과 복합어로서 kāmataṇhā(愛欲)나 kāmacchanda(愛欲)로도 나타난다. 이들 용어는 서로 간 의미와 개념의 차이가 있으며, 맥락에 따라서

7) 원래 욕망(欲望)이란 말은 영어의 desire를 번역하기 위한 근대의 신조어이지만 이미 한자문화권에서는 이에 상응한 말로 욕(欲)이라는 말이 사용되어져왔다. 다시 산스끄리뜨의 불교전적이 한역되는 과정에서 현재 우리가 사용하는 욕망 개념에 관한 여러 용어들이 복합어로 나타난 듯하다. 예를 들면, 욕구(欲求), 욕념(欲念), 욕원(欲願), 욕탐(欲貪), 탐욕(貪欲), 탐애(貪愛), 탐구(貪求), 욕락(欲樂), 탐착(貪着), 욕수(欲受), 욕애(欲愛), 애욕(愛欲), 욕상(欲想), 욕법(欲法), 욕사(欲事), 욕애(欲愛), 욕취(欲取) 등이 그것이다. 기본적으로 모두 무엇을 바라고 원한다는 의미가 바탕 되어 있다.

8) 탐욕을 의미하는 이 말의 산스끄리뜨는 gṛdhi로서 같은 인도 유럽어족의 영어 greed와 어원 적 관련성을 시사하고 있다.

9) 욕망을 나타내는 20여 가지 이상의 주요 용어에 대한 분석은 David Webster의 앞의 책 pp. 97-142에 잘 나타나있다.

는 또한 긍정적이거나 부정적으로 또는 중립적이거나 긍정과 부정을 같이 나타내는 말로 쓰이기도 한다. 그러므로 이러한 용어들에 대한 이해가 제대로 선행되지 않았을 때, 불교의 욕망에 대한 오해가 다분히 있을 수 있다. 예를 들면, 불교는 근본적으로 일체의 욕망을 금기시하고 부정하는 입장으로만 이해하는 경우라든지, 또는 '불교는 욕망을 완전히 없애라고 한다는데 수행하는 것은 욕망이 아니냐', 따라서 욕망을 극복하려는 욕망은 계속될 수밖에 없는 모순을 가지고 있지 않느냐하는 것 등이다.[10)]

불교에서 세간적인 차원이든 출세간적인 차원이든 욕망의 목적과 결과는 기본적으로 즐거움의 추구와 충족으로 본다. 이는 욕락(欲樂) 또는 오욕락(五欲樂)이나 이욕락(離欲樂)이라는 말의 용례에서도 나타난다. 그런데 불교에서는 이러한 즐거움의 추구와 충족을 무조건적으로 또는 전적으로 부정하는 금욕의 입장은 아니다. 가치적인 면에서 궁극적으로 고통으로 귀결되는 욕망을 조절하고 자제할 것을 주문하지 그렇지 않는 경우는 적극 권장된다. 예를 들면, 복락(福樂)이라는 말을 통해서도 알 수 있듯이 괴로움이 아닌 즐거움을 가져다주는 가치로서 욕망의 행위는 다름아닌 '복행(福行: puññābhisaṅkhāra)'이라는 말로 두루 나타난다.[11)] 특히 출가자가 아닌 일반인에 있어서는 긍정적으로 추구해야 할 복락의 욕망이다. 더 나아가 세간적인 차원을 넘어 선정 수행의 결과도 또한

10) 앞에서 언급한 A. L. Herman이 주장하는 불교욕망의 역설이 바로 이러한 점이다. 이에 대해 W. Alt와 J. Visvader는 불교욕망의 역설에 대한 이의를 제기하고 있다. 다시 David Webster는 그의 저서에서 W. Alt 의 반론에 가세하여 A. L. Herman의 주장은 "욕망의 성격을 매우 단순화시킨 이해에 따른 것"으로 평가하고 있다(David Webster, 앞의 책, p. 3).

11) DN ii, p. 217 ; SN ii, p. 80 등.

'즐거움'이라는 말이 사용된다. 경전에서 '일체의 욕망을 지멸'한 열반의 상태를 역설적으로 '최상락(最上樂)이라 하고, 이러한 열반의 경지 이전까지의 초선에서 상수멸정이라는 구차제정을 '더 없는 즐거움'(sukham abhikkantatara[12]))이라는 말로 선정수행을 설명한다.[13] 마찬가지로 네 가지 종류의 즐거움(四種樂)이 열거되는데 이욕락(離欲樂), 원리락(遠離樂), 적멸락(寂滅樂) 그리고 보리락(菩提樂)이 그것이다.[14] 이외에도 열반락(涅槃樂)이나 현법락주(現法樂住)라는 표현이 자주 등장한다. 이처럼 세간적인 복락추구의 욕망은 물론 출세간차원의 열반 성취도 무엇인가를 바라고 원하고 추구한 결과라는 점에서 욕망이라는 말을 적용할 수 있다.[15] 실제로 경전에서 열반 성취 이전까지를 욕망을 의미하는 chanda(欲)이라는 말이 사용한다.[16]

이처럼 욕망의 목적과 결과를 중심으로, 다시 욕망을 볼 때 불교에서는 욕망을 전적으로 그리고 무조건적으로 부정하지는 않는다. 다만 어떤 욕망 행위가 일시적으로 즐거운 것이라 할지라도 결국 괴로움으로 전환 또는 환원되는 성격[惡業/惡行]이라면 절제와 지멸이 강조된다. 반면에 고통으로 전환되지 않는 좋은 결과[善果]의 인연으로서의 욕망 행위[善業/善行]의 실현은 적극 권장되고, 그 결과로서 얻어지는 즐거움 또한 부정적으로 취급하지는 않는다. 이

12) 한역 잡아함 17권 485경에서는 '至福'으로 옮겼다. 왜냐하면 복(福)은 낙(樂)을 설명하는 말이기 때문이다.

13) 한역 잡아함 17권 485경 ; SN iv. p. 223 그리고 Majjhima Nikāya의 59경.

14) SN iv, p. 228.

15) 이러한 점에서 좋은 가치의 욕망 추구 행위로 praṇidhāna(願)와 수행 정진(精進)의 말로 vāyama, viriya 그리고 padhāna 등을 들 수 있다.

16) SN v. pp.271-272.

러한 면에서 불교가 일차적으로 이욕(離欲)과 절욕(絶欲)의 대상으로서 강조했던 욕망은 바로 고통으로 전환되는 성격의 욕망의 범위임을 알 수 있다. 하지만 불교는 궁극적으로 세간적인 차원의 욕망추구보다는 출세간 차원의 욕망추구와 욕망지멸로 이끌고 있다. 인과(因果)라는 한계를 가진 조건적인 욕망의 복락은 넘어서야한다고 한다.[17] 세간적인 차원[行/有爲]의 욕망추구와 그 과보(果報)는 조건성에 놓인 것으로 안정적이지 않다는 한계성을 가진 반면에 조건성에서 벗어난 무위의 열반은 안정적이라는 것이다.[18] 이러한 이유 때문에 12연기 설명에서 "만약 무명(無明)에 있는 사람으로 복행(福行)을 계획하면 그의 식(識)은 복으로 나아가 갖추어진다." 라고 하는 표현에서 알 수 있듯이 인과의 한계에 있는 욕망추구는 근본적으로 무명(無明)에 조건되어 있음을 보여준다. 이러한 맥락에서 무위와 열반을 성취한 아라한이나 붓다는 복이나 비복행(非福行)의 개념에서조차 넘어서 있다.[19] 아라한이나 붓다와 같이 열반과 무위를 성취한 존재는 부정적이든 긍정적이든 간에 일체의 욕망을 완전히 지멸한 존재로 규정한다.

궁극적으로 불교에서 왜 욕망을 가장 문제 삼는가에 대한 이유는 불교가 일체의 인간고(人間苦)를 제거하는 것을 목표로 삼기 때문이다.[20] 일체의 고통을 제거하는 지향점에서 인간 괴로움의 조건을 기본적으로 욕망과 무명(無明)으로 본다. 때문에 불교사상의 커

---

17) SN ii, p.83.

18) SN ii, p.82 ; 대응 경전은 『大正藏』2, p.83b.

19) Sn 520, 547, 636, 790 게.

20) 출세간적 입장에서 Th 1의 93게송에서는 "욕망을 추구하는 자는 고를 추구하는 자이다."라고까지 단정한다.

다란 비중은 욕망의 발생구조와 과정 그리고 그 본질을 밝히는데 초점이 맞추어져 있다. 욕망과 무명이 있는 한 궁극적으로 고통이 있다는 것이다. 따라서 일체의 고통의 지멸은 바로 욕망의 완전지멸을 의미한다. 부연하면, 불교는 세계를 유위(有爲)와 무위(無爲)의 두 범주로 구분하여 설명할 때 조건적인 욕락이나 복락의 범위는 유위에 해당되고 욕망이라는 조건을 떠난 범위를 무위라한다. 결론적으로 불교는 일체의 고통을 제거하는 지향점에서 복락추구의 욕망을 긍정하고 권장하는 것과 동시에 궁극적으로는 이러한 욕망의 조건성을 떠난 무위의 실현으로 욕망의 완전한 지멸을 말한다는 양면성이 있다.

2) 욕망 용어의 용례

이러한 범위를 중심으로 불교의 본격적인 욕망론을 살펴보기 위해서는 먼저 욕망에 관해 쓰인 주요용어들을 간략하게나마 살펴볼 필요가 있다.[21] 가장 일반적으로 많이 쓰이는 용어는 kāma(欲樂), rāga(貪 또는 貪欲/欲貪), taṇhā(渴愛 또는 愛) 그리고 chanda(欲)이다.[22] 본고에서는 이러한 용어들을 편의상 '욕망(desire)'이라는 말로 일괄하여 논의한다.[23]

21) David Webster의 앞의 책 pp. 97-142에서는 rāga, lobha, taṇhā, icchā, apekkhā, abhijjha, ālaya, kāma, chanda, upādāna, āsā, esanā, kilesa, pipāsā 등 20여 가지 이상의 용어들이 논의된다.

22) 초기불교경전의 게송에 나타나는 욕망 개념을 분석적으로 설명하고 있는 글은 김준호, 「초기불교의 욕망론과 선(禪) - 『숫타니파타』와 『담마파다』를 중심으로 -」, 『동서철학연구』제36호, (충남: 한국동서철학연구회, 2005), pp. 202-205에서 찾아 볼 수 있다. 그는 kāma, rāga, taṇhā의 용어상에 있어 개념의 차이를 잘 정리하고 있다. 본고에서는 주어진 주제에 따라 이에 대한 자세한 논의는 생략하였지만 앞으로 경증(經證)과 이증(理證)에 따른 개념간의 차이를 심도있게 논의할 필요가 있다.

먼저를 kāma를 살펴보면, 그 의미하는 바는 1차적으로 안(眼)・이(耳)・비(鼻)・설(舌)・신(身)의 같은 다섯 감각기관과 그 감각대상을 조건으로 일어나는 욕망을 말한다. 이러한 이유 때문에 '감각적 욕망'이라 옮길 수 있다. 이에 반해 taṇhā와 rāga는 kāma보다는 훨씬 깊이 잠재하면서 넓게 작용하는 쾌락추구의 욕망을 의미한다. taṇhā는 한역으로 주로 애(愛)와 갈애(渴愛)로 옮겨졌으며, rāga는 탐(貪)으로 옮겨졌다. 따라서 taṇhā의 경우 유전연기(流轉緣起)의 12연기 가운데 여덟 번째 항목으로 제시되고 환멸연기(還滅緣起)의 사성제에서는 두 번째 집성제(集聖諦)의 내용으로 제시된다. 여기서는 세 종류의 갈애 중 첫 번째로 kāma와 taṇhā의 복합어인 kāmataṇhā(欲愛)라는 말도 사용되며 한역으로는 욕애(欲愛)로 옮겨졌다. taṇhā는 어원적으로 '갈증'을 의미하는 말로 영어로 thirst나 lust, craving 등으로 옮겨지는데 이는 한역의 갈애와 의미 상 통한다. rāga는 탐진치(貪瞋癡) 삼독 가운데 첫 번째인 탐에 해당되는 말이다. 어원적으로 '색깔'이나 '물든 것'을 의미하여 colour나 hue, dye로 옮겨지기도 하지만 lust와 attachment로도 또한 많이 옮겨진다. rāga는 다시 불을 의미하는 aggi와 합성어로 '탐욕의 불'을 의미하는 rāgaggi라는 말이 쓰이기도 한다. chanda는 impulse, will, wish, intention, desire-to-do 등으로 영역되며 rāga라는 말과 복합어로 chandarāga(exiting desire)나 kāmacchanda(excitement of sexual pleasure)라는 말로도 사용된다. 이처럼 rāga는 염색을 의미하는 어

23) 하지만 설명 상에 있어 원어 제시가 필요할 경우에는 예외로 둔다. 실제로 한문번역에서도 번역자에 따라 다르지만 같은 경전에서도 용어 상의 구별없이 옮겨진 예를 볼 수 있다. 현대 한글 번역에 있어서도 한문경전이 되었든 빠알리나 산스끄리뜨가 되었든 '욕망'이라는 말로 구별없이 사용하는 경우를 볼 수 있다. 마찬가지로 현재 영어권의 불교경전의 번역에서도 desire라는 말이 일괄적으로 사용되는 경우가 많다.

원을 갖는데, 그것은 탐진치 삼독(三毒)의 탐의 원어로서 깊이 물들어있는 중독성의 욕망을 의미한다. 그렇기에 중독(中毒)의 독(毒)이라는 말이 더해졌으며 모든 욕망을 대표하는 말로 주로 사용되는 이유이다. 탐(rāga)은 동사형인 rajjati가 kāma와 함께 쓰여 '성행위의 중독 또는 물들음'에 대한 말로 이미 초기경전에 나타난다.[24] 그렇기에 궁극적인 경지인 열반을 설명할 때 탐진치 삼독의 제거로 정의되는 이유가 되기도 한다. 다음으로 taṇhā의 경우는 12연기와 사성제에 제시되는 것으로 궁극적으로 제거해야 되는 욕망으로 나타나지만 어원적으로도 영역의 thirst나 한역 갈애에서 알 수 있듯이 만족할 수 없는 타오르는 욕망을 말한다. 실제로 인도의 살인적인 더위를 경험해 보면 왜 붓다가 인간고의 근원적인 욕망을 나타내는 말로 사용했는지를 알 수 있다. 이처럼 taṇhā는 해소되지 않는 갈증의 욕망을 의미한다. 이처럼 kāma보다는 taṇhā와 rāga가 더 포괄적인 의미를 담는 말임을 알 수 있다. 이상과 같은 말보다는 상대적으로 적게 나타나는 말이지만 taṇhā와 rāga의 동의어처럼 사용되는 ālaya라는 말이다. 영역으로 lust, clinging, desire 그리고 attachment로 옮겨지며 후에 대승에서 제8아뢰야식을 의미하는 말로 발전하였다는 중요성이 있다. 욕망에 따른 염오(染汚)의 심층의식으로 대승의 욕망론을 설명한데 전문용어이다.

다음은 욕(欲)으로 한역된 chanda이다. chanda는 불교 욕망론과 관련하여 시사하는 바가 큰 용어이다. 왜냐하면, 긍정적인 또는 부정적인 욕망 그리고 가치중립적인 욕망 모두를 나타내는 가장 포괄적인 용어로 사용되기 때문이다. 아비달마 교학에 있어 인간 행

24) Sn 141게.

위의 가치를 kusala(善)와 akusala(非善/惡) 그리고 avyākatacitta(無記: 非善非惡)과 같이 셋으로 나누어 설명할 때 chanda는 이 세 가지 모두에 해당된다.[25] 이에 반해 taṇhā와 rāga 등 욕망을 나타내는 다른 용어들은 akusala(非善/惡)에만 배당된다. 이러한 점에서 불교의 욕망을 두 가지로 구분하는데, 하나는 선욕(善欲 : kusalacchanda/kusaladhammacchanda)이라 하여 선과 진리를 추구하는 욕망과 감각적인 즐거움을 추구하는 욕망[渴愛 : taṇhā]과 구분한다.[26] 이처럼 chanda는 지멸의 대상으로 부정적적인 의미도 있지만 8정도와 같은 불교수행 전반을 닦는데도 마찬가지로 'chanda의 성취'(chanda-sampadā)로 설명된다.[27] 실제로 경전에서 열반 성취 이전까지를 욕망을 의미하는 chanda(欲)이라는 말이 사용되는데 다음과 같다. 한 바라문이 아난존자에게 무엇을 위해 세존의 지도하에 범행(梵行)을 닦느냐는 질문에 '욕(欲 : chanda)을 끊기 위해서 범행을 닦는다'고 답변한다. 이에 다시 욕을 끊는 길이 있느냐는 질문에 '욕(欲)에 의해 욕이 제거된다'[28]고 답하자 이는 모순되고 이치에 맞지 않다고 의문을 제기하자 다음과 같은 비유를 들어 설명한다. 어떤 사람이 어느 수행처에 가려는 욕이 생겨 그 수행처에 도착하면 다시 그러한 수행처에 도착하려는 욕이 계속될 수 있는가, 그렇지 않는가를 묻는다. 바라문은 수행처에 도착하면 목적지에 이르려는 욕망은 그

---

25) 참고, Mathieu Boisvert, *The Five Aggregates: Understanding Theravada Psychology and Soteriology*, p.107.

26) 가장 이른 쓰임새는 이미 AN iii, p. 441에 나타난다; 이러한 선욕의 응용적 논의는 정기문, 「불교의 욕망관과 경제문제의 인식」, ≪불교평론≫ Vol.3 no.4 (통권9) (서울: 불교평론사, 2001.12), pp.272~274를 참고.

27) SN v, pp.30, 33, 34, 37.

28) SN v, p.272: "chandena ca chandaṃ pajahissatī."

친다고 답변하자 마찬가지로 해탈과 열반을 성취하기 위한 욕도 해탈과 열반을 성취하게 되면 그러한 성취하려고하는 욕망도 소멸되는 것으로 설명한다.[29] 이는 앞에서 언급한 바와 같이 국외학계에서 욕망의 역설문제가 논의될 때 박경준이 지적한 바와 같이 W. Alt가 제시한 역설에 대한 해결의 논리구조와 일치한다.[30] 또한 이 같은 설명은 흥미롭게도 최근에 욕망 문제를 여러 각도에서 다루고 있는 윌리엄 B. 어빈(William B. Irvine)의 두 종류의 욕망 구조와 흡사하다. 어빈은 욕망 그 자체가 목적인 '종국적 욕망(terminal desire)'과 이를 이루기 위한 '도구적 욕망(instrumental desire)'으로 나눈다.[31] 예를 들면, 맛있는 음식을 먹고 싶은 욕망은 종국적 욕망이고, 이를 위해 자동차 키를 찾아 차를 몰고 식당에 가려는 욕망은 도구적 욕망이라는 설명이 그것이다.

불교에서 최고선(最高善)에 이르려면 모든 욕망을 극복해야 함을 역설한다. 따라서 욕망극복의 수많은 방법과 수행도가 제시되어 있다. 하지만 욕망극복을 위한 노력도 또다른 욕망이라 할 때 종국적 욕망으로 제시되는 것은 열반과 해탈에 대한 욕망이다. 열반과 해탈에 대한 욕망은 일체의 욕망이 그친 상태를 말한다. 이처럼 세속적 욕망을 포함한 일체의 욕망을 잠재울 수 있는 처방전으로 해탈에 대한 욕망이 제시되는 것은 마치 '땅에 넘어진 자 땅을 딛고 일어선

29) SN Ⅴ. pp.271~272.

30) W. Alt, "There is a no Paradox of Desire in Buddhism.", *Philosophy East & West*, vol. 30. 4, Honolulu: University Press of Hawaii, 1980, p. 527 ; 박경준, 「涅槃과 '欲望의 逆說' 문제」, 伽山李智冠스님華甲紀念論叢刊行委員會 編, 『韓國佛敎文化思想史 卷下』(서울: 伽山佛敎文化振興院, 1992)

31) William B. Irvine, *On Desire: Why We Want What We Want* : 한국어 번역은 윌리엄 B. 어빈(윤희기 역), 『욕망의 발견』(서울: 까치, 2008), pp.75~88.

다'는 이치와 같다. 다시 욕망으로 욕망을 제거하고 소멸한다한다는 사상이 좀 더 적극적인 사회적 실천 사상으로 전개된 것은 대승의 원(願) 사상이다. 발원(發願)과 서원(誓願)은 개인적 수준의 욕망이 아닌 다른 존재나 또는 공동의 이익과 정신적 향상을 가져다주는 일을 성취하기 위한 간절한 원망(願望)으로서 욕망이다. 서원(誓願)이라는 말에서 보여주듯 맹서할 정도의 강렬한 욕망이다.

3) 욕망의 경향성과 대상 그리고 종류

불교는 욕망이야말로 삶을 이끌어가고 지배하는 힘으로 본다.[32] 이는 긍정적이든 부정적이든 또는 가치중립적이든 간에 모두에 해당한다. 범주적인 세계구분에 따르면 인간이 처한 세계는 욕망이 지배하는 세계로서 욕계(欲界)이고, 욕망의 존재, 그 자체라는 의미에서 욕유(欲有)이며 그리고 욕망이 있는 한 계속해서 욕망으로 인한 탄생을 갖는다하여 욕생(欲生)이라 규정한다.[33] 때문에 욕망은 선천적인 경향성을 가지고 있다. kāmarāga(欲貪)의 anusaya라는 말을 통해 그러한 본능적이고 맹목적인 욕망을 설명한다. anusaya는 한역으로 수면(隨眠)이나 사(使)로 그리고 영역으로는 latent deposition, dormant deposition, tendency, predisposition 등으로 옮겨졌다. 현재 행위를 가

32) 이 같은 맥락의 강조적인 구절은 다음과 같다. 사람은 누구나 '욕망의 화살'(taṇha-salla)을 맞은 상태이고, (Th 1, 223, 514, 448 게송) "무엇이 세상을 이끌고 무엇에 의해 끌려 다니며, 어떠한 하나의 법이 모든 것을 지배하는가?" 라는 질문에 "욕망[渴愛]이 세상을 이끌고 욕망에 의해 끌려 다니며 욕망이라는 하나의 법이 모든 것을 지배한다."(SN ⅰ. p. 39) ; "세상은 욕망(icchā)의 화살이 꿰뚫고 있고, 세상은 욕망의 연기에 휩싸여 있다. 세상은 욕망[渴愛]에 묶여있다"(SN ⅰ. p. 40) 라고 한다.

33) 가치적인 세계구분으로 삼계(三界)는 욕계를 포함한 색계(色界)와 무색계(無色界)가 있다.

능하게 하는 잠재의식의 힘이나 심층의 경향성을 말한다. 한역 사(使)는 심층의 경향성, 즉 욕망의 부림에 처해 있는 인간현실을 나타낸다. 여러 종류의 anusaya가 설명되지만 욕망과 관련한 구체적인 용어는 'kāmarāga(欲貪)의 anusaya'이다. 같은 상황에서도 사람마다 제각기 다른 개인적 행동양식을 보이는 것은 바로 제각기 다른 수면(隨眠: anusaya)의 내용 때문이다. 이처럼 수면은 과거의 집적(集積)으로서 개개인의 의식과 행위를 제약하며 한정하는 잠재의식이다. 개개인의 심층에 잠재한 욕망의 수준과 내용에 따라 저절로 그렇게 드러나는 세계상(世界像)을 말한다. 한역 사(使)는 인간이 이러한 욕망의 부림[kamarāga-anusaya(欲貪隨眠)]에 처해있는 상황을 나타내는 역어이다. 다시 anusaya는 상속심(相續心: citta-santāna)으로 존재지속심(存在持續心: bhavaṅgacitta)이라 설명된다. 유식불교에서는 아뢰야식(ālāyavijñāna)이라 한다. 이러한 욕망의 잠재성 성향은 갓 태어난지 얼마되지 않은 천진무구하게 보이는 갓난아기에게 있다고 한다.[34] 이는 불교는 욕망이 이미 선천적인 경향성이라는 것이다. 하지만 개개인에 있어 언제부터 수면(隨眠)이 기원하는가는 알 수 없다고 하지만[35] 아라한이나 붓다와 같이 완전한 열반을 성취하면 소멸된다고 한다. 즉 지금까지의 열반성취의 욕망은 열반을 얻는 순간 사라져 버리는 것'으로 설명된다.[36] 따라서 열반을 성취하지 못한 어떠한 존재는 모두 욕망이 있다고 할 수 있다.

이러한 다양한 욕망의 세계와 관련하여 먼저 감각적 욕망의 구

34) MN ⅰ, 432 f.

35) SN ⅱ, p.178.

36) SN ⅴ. p.273.

체적인 대상은 "농토, 금, 소, 말, 하인, 친척, 여자 등으로" 나타나는 경우[37] 도 있지만 욕망을 범주적으로 오욕(五欲)・육애(六愛)・삼애(三愛) 등의 종류로 제시되기도 한다. 오욕은 시각적 욕망, 청각적 욕망, 후각적 욕망, 미각적 욕망, 촉각적 욕망으로 모두 감각기관에 기초한 감각적 욕망이다. 이에 육애는 여섯 번째인 의근(意根)과 법(法)이 추가되는 것으로 인간욕망의 총체적인 상황(色愛, 聲愛, 香愛, 味愛, 觸愛, 法愛)이 성립된다. 이는 인식주관과 인식대상이 서로 관계하여 일어나는 욕망의 세계를 말하는 것으로 인식주관인 육근은 눈[眼]・귀[(耳]・코[鼻]・혀[舌]・몸(身]・의식[意]의 육근(六根)이고 이에 상응하는 대상을 각각 색깔/ 형상[色]・소리[聲]・냄새[香]・맛[味] 그리고・감촉[觸]・법(法)의 육경(六境)이다. 이러한 육근과 육경이 인연하여 보고[見]・듣고[聞]・맡고[嗅]・맛보고[味]・접촉하고[觸]・아는[知] 욕망의 범위를 분석적이고 범주적으로 설명한다. 여기서 색애(色愛)에서 촉애(觸愛)까지 순서는 인체구조상 높은 순서부터 배열이지만 인식 수준이나 정도 그리고 욕망의 수준과 범위를 또한 나타내는 것으로 생각할 수 있다. 다시 말해, 인간에게 있어 시각적 정보가 차지하는 범위가 다른 감각기관보다 더 크고 그 다음으로 청각 등이라는 것이다. 경전에서 욕망 문제와 관련해서도 시각적 욕망이 대표적으로 거론되는 이유도 이 때문일 것이다. 이와 함께 욕망의 인식주관인 육근(六根)과 그 대상이 되는 육경(六境)의 관계에 있어 다섯 번째까지인 몸과 감촉까지는 각각의 기관과 대상이라는 한정이 있는 반면에 마지막 여섯 번째는 앞의 다섯의 활동에 모두 관여한다는 것이다.

37) Sn 769게.

부연하면, 눈은 시각대상만을 기능상으로 한정하여 작용하지 청각대상 등에는 관여할 수 없다는 것인 데 반해 마지막 의식은 다섯 감각기관을 조정하고 제어하는 관할하는 기능을 한다는 것이다. 그리고 의근(意根)의 감각기관이 다른 오근이 구체적으로 특정한 장소를 갖는 데 반해 특정기관을 명시하지 않았다. 이러한 이유 때문에 의근이 '가슴'인가 '두뇌'인가 하는 논쟁이 있어왔다. 의근의 대상을 법(法)으로 이야기하는 것에 현대학자들은 일체의 현상을 의미하는 말로 받아들인다. 이는 개념이나 이론 그리고 관념 등의 일체의 정신적 형성물까지 포함하는 개념이다. 따라서 법애(法愛)라는 것은 개념이나 이론 그리고 관념 등에 대한 욕망을 말하는 것으로 그러한 욕망의 집착수준이 강화된 것을 법집(法執)이라고 한다.

다음으로 삼애는 욕애(欲愛: 성적 욕망을 위시한 감각적 욕망)・유애(有愛:생존을 지속시키려는 욕망[38]) 그리고 무유애(無有愛: 비생존욕, 생존을 부정하고 파괴하려는 욕망[39])이다. 이는 십이연기와 사성제의 집성제에서 인간고(人間苦)의 원인적이며 조건적인 것으로 제시되는 갈애라는 욕망을 세 가지로 분류하는 과정에서 제시된다. 다시 삼애라는 범주로서 욕애(欲愛: 감각적 세계로터 인연하는 욕망)・색애(色愛: 물질의 세계로부터 인연하는 욕망)・무색애(無色愛: 물질세계를 넘어선 세계로부터 인연하는 욕망)이 있다.[40]

---

38) 이를 쇼펜하우어의 '살려고 하는 의지'와 비견되는 것으로 보기도 한다.(참고, 和辻哲郎, 『원시불교의 실천철학』, 안승준 옮김(서울: 불교시대사, 1993), p.208.

39) 이에 무유애에 대한 해석상의 논란으로 인해 제시되는 말 가운데 하나는 무유애를 '번영욕'으로 보는 학자들도 있다.

40) 잡아함 298경.

3. 제법분별(諸法分別)과 욕망의 공성(空性)

1) 욕망의 발생구조

불교는 우리가 보고, 듣고, 먹고, 느끼는 현실세계를 출발점으로 삼는다. 그렇기에 지금 여기의 나와 아무런 상관없이 세계가 있다고 보는 것이 아니라, 세계는 여기 있는 나와 그리고 나와 만나는 모든 것들이 화합해서 만들어내는 장(場)을 '일체법(一切法)' 또는 '제법(諸法)'이라 이름한다.[41] 기본적인 법의 체계에서 일체법은 오온법(五蘊法)·십이처법(十二處法)·십팔계법(十八界法)이다. 오온법은 인간 존재의 일체로서, 십이처법은 인간 존재의 인식주관과 인식객관으로서 일체이고, 십팔계법은 오온, 십이처를 바탕으로 전개되는 의식의 세계로서 일체를 말한다. 다시 일체법은 '제법분별(諸法分別)'하여 인간존재와 세계존재를 분석하고 해체하여 설명하는 방식을 띤다. 이러한 분석과 해체는 욕망하는 존재세계의 공성

41) 잡아함경 권 13. 321(『大正藏』2, 91b)

(空性) 또는 비실재성을 보여주려는데 목적이 있다. 따라서 욕망문제를 중심으로 일체법의 의미를 다시한번 검토해 본다. 이는 이후 전개될 논의를 위해 반드시 선행되어야 할 점이기도 하지만 동시에 욕망 발생의 구조적 기초 또는 인식론적 기초를 살펴볼 수 있는 중요한 의미를 갖는다.

(1) 오온법(五蘊法)

오온은 오취온(五取蘊:pañcupādānakkhandha)이라고 설해진다. 오온의 온(蘊: khandha)은 '모임', '다발' 의 의미로 인간존재는 색(色)・수(受)・상(想)・행(行)・식(識)의 모임이나 다발이라는 의미이다. 색은 물질현상 일반을 나타내며 수・상・행・식은 정신현상의 일반을 뜻한다. 각각의 오온을 간략하게 설명하면, 색은 인간의 육체를 포함해 경험되는 일체의 물질현상이라면 수는 괴로움과 즐거움 등을 느끼는 감수(感受)이며, 상은 앞의 감수작용에 따라 표상작용 또는 개념화시키는 인식작용이고, 행은 일체의 의지적 작용을 그리고 식은 대상을 총체적으로 분별하는 지각작용을 말한다. 오온은 이상과 같은 다섯 가지로 인간존재의 일체를 범주적으로 포괄하여 설명한다. 좀 더 구체적으로는 각각의 오온은 "과거의 것이거나 미래의 것이거나 현재의 것이거나, 안에 있는 것이거나 밖에 있는 것이거나, 거친 것이거나 가는 것이거나, 좋은 것이거나 나쁜 것이거나, 멀리 있는 것이거나 가까이 있는 것이거나 그 일체"를 말한다라고 설명한다.[42] 그리고 다시 이러한 오온을 오취온이라

42) 잡아함 권 2. 55(『大正藏』2, 99b)

하는 것은 "과거나 미래나 현재에서 욕망[貪]과 성냄과 어리석음 및 그 밖의 여러 가지 큰 번뇌의 마음이 생기는 존재상태로서의 인간"을 의미한다.[43] 계속해서 욕망하는 존재로서 욕망의 적집체(積集體)라는 의미로 인간존재를 오취온(五取蘊)이라 하는지는 다음과 같이 설명된다. 즉 인간이 "눈[眼]으로 좋아하는 빛깔[色]을 보고는 마음으로 기억하고, 빛깔을 사랑[愛]하며, **욕망**[欲]과 상응(相應)하고, 마음으로 즐기며[樂], 그 근본을 더듬어 보는데, 그 근본은 곧 과거이다"라고 하여 삼세 가운데 먼저 과거와 관련하여 욕망이 발생하는 과정을 설명하고 있다.[44] 계속해서 "그의 식(識)은 과거에 대해 **욕망**하고[欲] 물들고[染] 집착[着]"하며 발전해가는 단계와 구조를 말한다. 마찬가지로 미래는 "아직 얻지 못한 것을 얻게 되기를 마음으로 그것을 즐기게 되기 때문"에 그리고 현재는 "식(識)이 현재에 대해서 **욕망**하기에 물들고 집착"하는 것으로 시점과 관련해 과거와 같이 눈[眼]으로, 마음으로 **욕망**하고 물들고 집착"하는 것과 같은 발전 구조를 말한다. 여기서 욕망의 발생과 함께 "마음으로 즐기며[樂]"라는 표현은 욕망이 원인적인 행위로서 추구하는 목표와 결과는 쾌락[樂]임을 보여주고 있다. 다시 "식(識)이 욕망하고[欲] 물들고[染] 집착[着]하기 때문에 곧 그것을 즐긴다"는 표현은 의식에 욕망이 잠재의식화되어 계속적인 집착을 유발시키는 존재상황을 설명하고 있다.[45]

인간은 이렇게 의식에 욕망이 계속적으로 잠재의식화되는 과정

43) 잡아함 권 2. 55(『大正藏』2, 99b)

44) 중아함 제14. 157(『大正藏』1, 679c-678b)

45) 앞에서 설명한 바와 같이 이같이 잠재의식화된 욕망은 오온이나 오취온의 설명에서는 생략되었지만 한역으로 수면(隨眠)이나 사(使)로 옮겨진 anusaya 개념을 통해 드러난다.

에서 집착 수준이 더욱 높아져 실체론(實體論)적 세계관과 인간관을 형성시킨다.[46] 이는 동서양을 막론하고 세계와 인간존재를 변치 않는 불변의 그 어떤 존재로 상정하는 다양한 인간론을 통해서도 잘 알 수 있다. 이러한 세계관과 인간관은 주관과 객관, 육체와 정신이 따로 독립된 실재(實在)처럼 간주한다. 그럼으로써 인간의 욕망과 집착은 끊임없이 확대 재생산된다. 붓다에 의해 오온법이 제시된 목적은 실체론(實體論)적 자아관념을 파기시키기 위한 것이다. 이러한 욕망의 대상이나 욕망하는 자아를 실체적으로 받아들이는 관념은 모두 의식이 허구적으로 만들어낸 것에 지나지 않는다는 것이다. 따라서 오온을 바르게 이해하지 못한 것을 무명(無明)이라 한다.[47] 이러한 이유 때문에 인간존재를 오온으로 분석하고 해체하여 욕망과 집착 수준을 경감시키고 궁극적으로는 지멸하게 한다. 다음의 경전은 그러한 목적을 잘 나타내는데 다음과 같다.

> 색은 무상(無常)하다. 모든 색을 생성시키는 인(因)과 연(緣)도 또한 무상하다. 무상한 인과 무상한 연에 의해 생긴 색들이 어떻게 영원할 수 있겠느냐? 수・상・행도 마찬가지이며, 식 또한 무상하다. 모든 식을 생성시키는 인과 연도 또한 무상하다. 무상한 인과 무상한 연에 의해 생긴 식들이 어떻게 영원하겠느냐? 이와 같이 비구들아, 색은 무상하고, 수・상・행・식 또한 무상하다. 무상한 것은 곧 괴로움이요, 괴로움은 곧 나[我]가 아니며, 나가 아니면 또한 내 것[我所]도 아니다.[48]

46) MN ⅰ, p.136~7에 의하면 인간이 왜 실체론적 개념을 설정하는가에 대해 붓다는 존재를 지속시키고자 하는 생존욕, 다시말해, 죽음에 대한 공포 때문이라고 통찰한다. 즉 죽음과 함께 절멸될 것이다라는 두려움에 대한 방어기제로 설명한다.

47) SN ⅲ. pp.162, 171.

48) 잡아함 권1. 11(『大正藏』2. 2a)

색을 위시한 오온은 생주이멸(生住異滅)이라고 하는 무상성(無常性)에 기초하는 생멸의 관계성을 말한다. 다만 원인[因]과 조건[緣]에 의해 오온은 존재할 뿐이다. 더 나아가 그러한 인연도 무상하다는 것이다. 따라서 그러한 무상한 이치는 괴로움이고 또한 그 어떠한 존재의 본질에 있어서도 상주불변하는 실체적 요소가 없다는 것이다. 이것이 불교의 삼법인(三法印)인 제행무상(諸行無常), 일체개고(一切皆苦) 그리고 제법무아(諸法無我)이다. 원문에 의하면 무상하므로 고(苦)이고, 무상하고 고이기에 무아(無我)라는 논리를 보여준다. 삼법인은 세계와 인간존재의 있는 그대로의 여실한 속성을 보여주는 진리로 취급된다. 위의 인용경전에서는 무아를 논증하고 실체론적 자아관[有我見]을 비판하기 위해 아(我)와 아소(我所)만이 언급되었지만 다른 곳에서는 세부적으로는 네 개 그리고 20 항목까지 나열된다. 여기서 실체적론적 자아관을 분석하여 비판적으로 검토하고 있는 네 개만을 소개하면 첫째, 내 것이다 둘째, 나의 것이다 셋째, 내안에 오온이 있다 넷째, 오온안에 내가 있다라는 것이다. 부연하면 '나'는 실체론적 자아를 의미하고, '나의 것'[我所]은 대상을 실체론적 자아에 연장된 소유로 보아 자아와 동일시하는 태도를, '내안에 오온이 있다'는 실체론적 자아속에 현상적 자아가 있음을, 그리고 '오온안에 내가 있다'는 반대로 현상적 자아 속에 실체적 자아가 내재해 있다는 사고방식을 각각 의미한다. 이를 오온무아(五蘊無我)라고 하고 대승불교에서는 제법공상(諸法空相)이라 표현한다. 따라서 무아의 무실체성은 공성(空性)과 동의어이다. 무상설과 무아설에 의하면 모든 존재에 있어 실체는 없고 다만 존재를 성립시키는 여러가지 원인이나 조건이라는 관계만 있을 뿐이다. 여기서 욕망하는 자아나 그 대상도 예외는 아니라는 것이며, 그리고 이러한 오온의 무실체성을 알지 못하는 것을 **무명**(無明)이라 하는데 다음과 같다.

> 색에 대해서 알지 못하고, 밝지 못하며, 끊지 못하고, **욕망**을 떠나지 못하면[不離欲] 괴로움을 끊을 수 없다. 이와 같이 수・상・행・식에 대해서 알지 못하고, 밝지 못하며, 끊지 못하고, 욕망을 떠나지 못하면 괴로움을 끊을 수 없다.[49]

이렇게 오온의 무상성과 무실체성을 알지 못하는 것은 **욕망**을 떠나지 못하는 것[不離欲]과 동일선상에서 열거된다. 다시말하면, 이는 무상성과 무실체성을 알지 못하기 때문에 **욕망**을 떠나지 못한다는 것이다. 다시 욕망을 떠나지 못하면 괴로움도 끊을 수 없다는 것은 강한 욕망과 집착 때문에 인간과 그 대상 세계를 조작과 왜곡으로 나아가 고통의 현실을 초래한다는 것을 말한다.

(2) 십이처법(十二處法) · 십팔계법(十八界法)

오온법이 **욕망으로** 연기(緣起)하는 인간 존재를 보여주려 했다면, 다시 이러한 오온법을 기초하여 인간존재의 주관과 객관이 맞물려 전개되는 욕망의 세계를 밝히고자하는 것이 십이처법(十二處法)・십팔계법(十八界法)의 목적이다. 오온이 실체론적 유아관(有我觀)을 부정하고 있지만 연기론적인 의미의 '나' 또는 인간 존재는 부정하지 않는다. 오온의 존재는 영원한 실재가 아니지만, 오온의 현상적인 작용으로서 인간존재는 인정하고 있다. 그래서 6근 6경 그리고

49) 잡아함 권 1. 3(『大正藏』2, 1b) ; SN iii. pp. 26-27.

12처, 18계를 통해서 '연기론적 의미의 나'의 구조가 분석적으로 고찰된다. 십이처(十二處: dvādasa āyatana)란 인식주관과 인식객관인 눈[眼]과 빛깔[色]·귀[耳]와 소리[聲]·코[鼻]와 냄새[香]·혀[舌]와 맛[味]·몸[身]과 부딪쳐짐[觸]·뜻[意]과 법[法]과 같은 12가지를 말한다. 경전에서 이를 인식주관과 인식객관으로서 일체로서 이를 부정하고 따로 또는 다른 일체를 세울 수 있다는 것은 "다만 말만 있을 뿐이니 물어보면 알지 못하여 그 의혹만 더할 것이다"라고 한다.[50] 이유는 참으로 있는 경계(境界)가 아니기 때문으로 십이처의 처(處: āyatana)는 인식의 장(場)을 의미하는 말로 이러한 12가지 인식주관과 인식객관을 넘어 의식 밖에 의식으로부터 독립해 있을 수 있는 실재는 있을 수 없다는 것이다. 다름아닌, 모든 존재는 인간의식이 관여할 때만이 존재로 드러난다는 것이다.

이처럼 십이처법은 인간을 객관과 주관세계와 같은 12가지로 해체 분석하여, 그 가운데에는 오온법과 같이 고정불변하는 실체는 없다는 무상성과 무아를 보여준다.

다음으로 십팔계법(十八界法)은 십이처의 육근(六根)과 육경(六境)이 연기하여 육식(六識)이 성립하는 열여덟 계(界: dhātu)를 말한다. 십팔계법은 인간존재의 인식세계의 범주와 기초를 열여덟의 영역으로 설하는 것인데 예를 들면, 눈과 색이 인연하여 시각적 범주의 식이 있게 된다는 것 등이다. 비유적인 설명에 있어 "두 손이 합해서 서로 마주치면 소리가 나는 것과 같으니, 이와 같이 눈과 색을 인연하여 안식(眼識)이 생긴다"고 한다.[51] 이 때 눈의 의식의

50) 잡아함경 권13. 321(『大正藏』 2, 91b)

51) 잡아함경 권11. 273(『大正藏』 2, 72c)

발생은 마치 양손의 부딪침이란 조건에 의해 존재하는 것처럼 이 가운데는 소리라는 실재나 실체가 있을 수 없다는 것이다. 그러므로 다시 십팔계를 기초로 전개되는 이후 인간의 모든 감각과 감정이나 표상 그리고 의지적 행위, 다시 말해 접촉[觸]·느낌[受]·생각[想]·의도[思] 또한 영원한 것이 아닌 무상하고 무아인 것이라는 것이다. 다시말해, 욕망하는 인간의 모든 정신적 행위는 십팔계라는 무상성과 무실체성에 기초하고 있다는 것이다. 이를 다시 실체가 빈 공성(空性)이라는 말로 바꾸어 설명하고 있는데 십팔계를 설명하고 있는 경전에서 다음과 같이 말한다.

> 모든 행(行)은 허깨비와 같고 불꽃과 같으며 잠깐 동안에 다 썩는 것으로서 진실로 오고 진실로 가는 것이 아니다. 그러므로 비구여, 공(空)한 모든 행에 대해서 마땅히 알고 마땅히 기뻐하며 마땅히 기억해야 한다. 공한 모든 행은 항상 머무르고 변하거나 바뀌는 법이 아니다. 공(空)에는 나[我]도 없고 내 것[我所]도 없느니라.[52]

이 경구는 그대로 대승의 공(空)사상을 보는듯한 착각을 일으키게 한다. 눈과 색 등이 실재성을 가지고 있다면 오고 가는 것이 있어야 한다는 것이다. 그러나 실재성이 없는 연기적 존재이기 때문에 올 때 오는 것이나 곳이 있을 수 없고 갈 때도 가는 것이나 곳이 있을 수 없다는 것이다. 이 구절은 공성(空性) 사상을 설명하는 『중론』의 팔부중도(八不中道) 가운데 불래불거(不來不去) 중도의 초기불교적 근거로 볼 수 있다. 이와 비슷한 내용의 다른 경전은 다음과 같이 욕망의 비실재성을 말한다.

[52] 잡아함경 권 11. 273(『大正藏』 2. 72c)

어떤 것이 가장 공(空)한 법인가? 저 눈은 생길 때에는 곧 생기지만 그 오는 곳을 볼 수 없고, 멸할 때에는 곧 멸하지만 그 멸하는 곳을 볼 수 없다. …… 귀・코・혀・몸・뜻이라는 법도 또한 그와 같으니, 즉 생길 때에는 곧 생기지만 그 오는 곳을 알 수 없고, 멸할 때에는 곧 생기지만 멸하는 곳을 알 수 없다.[53)]

다시 이러한 비실재성은 가호법(假號法)이라는 말을 사용하여 다음과 같이 반복적으로 설명한다.

임시로 이름이 붙여진 법[假號法]이란 이것이 생기면 곧 생기고 이것이 멸하면 곧 멸하는 것이다. 이 6입도 지은 사람이 없고, 또한 명색과 6입도 부모로 말미암아 있기는 하지만 태에 들어간 자는 없다. 이것들은 인연으로 있는 것이요, 이 또한 임시로 붙여진 이름이며, 반드시 앞의 대상이 있은 뒤에야 비로소 있는 것이다. 마치 나무를 비벼 불을 구할 때 앞의 대상이 있는 뒤에야 불이 생기는 것과 같다. 그러나 불은 나무에서 나온 것도 아니요, 또 나무를 떠나 생기는 것도 아니다. 설사 어떤 사람이 나무를 쪼개어 불을 찾더라도 불을 얻지는 못하리니, 그것은 모두 인연이 모인 뒤에야 불이 있기 때문이다.[54)]

여기에서 "지은 사람이 없고"나 "태에 들어간 자는 없다" 등의 표현은 '행위는 있으되 행위의 주체자는 없다'는 불교의 무아(無我)의 가르침을 보여준다. 즉 작용으로서 '욕망'은 있지만 '욕망의 주체'는 찾을 수 없다는 것이다.

2) 욕망의 발달구조

여기까지 일체법으로서 오온・십이처・십팔계를 중심으로 살펴

53) 증일아함경 권 30. 7(『大正藏』 2, 713c–714a)

54) 앞의 책.

보았는데 사실 내용적으로 깊이 들어다 보면 세 개의 법은 거의 동일한 인식구조를 보여주고 있다. 다만 5 → 12 → 18로 확장하여 인간의 인식발생 구조와 범주를 더욱 세부적으로 파악하도록 하는 것임을 알 수 있다. 이 가운데 마지막 십팔계법은 이후 인식활동과 전개에 있어 기초가 된다는 점에서 중요하다. 그리고 이를 기초로 어떻게 욕망이 발생하는가의 과정을 보여주는 대표적인 법이 육육법(六六法)이다. 육육법은 십팔계의 육근(六根)·육경(六境)·육식(六識)을 바탕으로 해서 다시 육촉(六觸)이 일어나고, 다시 육촉을 조건으로 육수(六受)가 일어나고, 육수를 조건으로 욕망의 육애(六愛)가 일어나는 '욕망의 발달구조와 과정'을 보여주는데 다음과 같다.

> 종종(種種)의 계(界)를 연하여 종종의 촉(觸)이 생기고, 종종의 촉을 연하여 종종의 수(受)가 생기고, 종종의 수를 연하여 종종의 욕망[(愛]이 생긴다. 어떤 것이 종종의 계(界)인가? 십팔계를 말한다. 안계(眼界)·색계(色界)·안식계(眼識界), 내지 의계(意界)·법계(法界)·의식계(意識界) 이것을 종종의 계라고 부른다. 어떤 것을 종종의 계를 연하여 종종의 촉이 생기고,. 종종의 촉을 연하여 종종의 수가 생기고, 종종의 수를 연하여 종종의 **욕망**이 생긴다고 하는가?
> 안계(眼界)를 연하여 안촉(眼觸)이 생긴다. 안촉을 연하여 안계가 생기는 것이 아니다. 단지 안계를 연하여 안촉이 생길 뿐이다. 안촉을 연하여 안수(眼受)가 생기는 것이지 안수를 연하여 안촉이 생기는 것은 아니다. 단지 안촉을 연하여 안수가 생길 뿐이다. 안수를 연하여 눈의 욕망[眼愛] 생긴다. 눈의 욕망을 연하여 안수가 생기지는 않는다. 단지 안수를 연하여 눈의 욕망이 생길뿐이다. 이와 같이 이·비·설·신·의계를 연하여 의촉(意觸)이 생긴다. 의촉을 연하여 의계(意界)가 생기지는 않는다. 다만 의계를 연하여 의촉이 생길 뿐이다. 그러므로 비구여 종종의 애를 연하여 종종의 수가 생기는 것이 아니고, 종종의 촉을 연하여 종종의 계가 생기는 것이 아니다. 다만 종종의 계를 연하여 종종의 촉이 생기고, 종종의 촉을 연하여 종종의 수가 생기고, 종종의 수를 연하여 종종의 눈의 욕망이 생긴다.[55]

55) 잡아함경 권 16. 452(『大正藏』 2, 116a) ; 같은 아함 제13. 304의 『육육경(六六經)』에서 육육법이

인용문에 따라 육육법(六六法)을 정리하면 다시 다음과 같이 도식화할 수 있다.

십팔계(十八界: 6근(根)+6경(境)+6식(識))→6촉(觸)→6수(受)→6애(愛)의 욕망

경전은 촉(觸: phassa[56])을 설명하는 데 있어 삼사화합촉(三事和合觸)이라 한다.[57] 따라서 십팔계의 육근(六根)・육경(六境)・육식(六識)이 서로 화합하는 장 자체가 촉(觸)이라 할 수 있다. 다시말해, 감각기관과 대상 그리고 의식 3가지가 함께 할 때 일어나는 일종의 감각현상이다. 이를 조건으로 다음의 감각[受]과 지각이 생성될 수 있는 조건으로 나아간다. 이렇게 촉을 조건으로 일어난 감수작용인 수(受: vedanā[58])는 반드시 촉을 조건으로 성립한다는 것으로 수를 연하여 촉이 생기는 것은 아니라고 한다. 촉을 조건으로 일어난 수(受)는 일차적으로 괴로운 느낌[苦受]와 즐거운 느낌[樂受] 그리고 괴롭지도 즐겁지도 않은 느낌[不苦不樂受]과 같은 세 가지 기본감정으로 분류한다. 여기에는 즐거운 것이면 추구하려고 시도하고 괴로운 것이라면 피하려 하고, 즐겁지도 괴롭지도 않은 것이라면 적극적인 마음이 일어나지 않는다. 이러한 단계에 있어 즐거운 느낌이면 욕망을 적극적으로 추구하려는 방향으로 나아가게 되지만 괴로운 느낌이라면 거부하려하거나 또는 슬퍼하거나 분노를 일으킬 것이다.

인간은 순간순간 계속되는 촉과 수를 통해서 존재감을 느낀다. 하지만 이러한 감수작용을 중지할 수 없는 것은 아니다. 욕망을 중지

라는 법상(法相)의 이름이 나온다.

56) 육근의 상대가 되는 육경의 촉(phoṭṭhabba)은 한자로는 같이 쓰이나 원어는 다르다.

57) MN ⅰ. pp.111f.

58) 수(受)에 대한 영역은 주로 feeling(느낌)이나 sensation(감각)이라 옮겨진다.

시킨 최정점의 선정인 상수멸정(想受滅定)은 다름아닌 표상작용 또는 개념화시키는 인식작용인 상(想)과 함께 수의 정지를 의미한다. 달리 말하면 높은 수행의 경지에서는 괴롭고 즐거운 느낌과 같은 데에는 초연해진 상태가 된 것을 말할 것이다. 이로써 수를 조건으로 일어나는 강렬한 욕망 또한 일어날 조건을 잃게 된다는 것이다.

욕망[愛 : taṇhā]은 감수작용인 수(受)에 인연한다. 다시 여섯 범주의 욕망[六愛]으로 분류한다. 육애(六愛)는 앞서 언급한 것처럼 인간욕망의 총체적인 상황으로 물질적 범주의 욕망[色愛], 청각적 범주의 욕망[聲愛], 후각적 범주의 욕망[香愛], 미각적 범주의 욕망[味愛], 촉각적 범주의 욕망[觸愛] 그리고 일체 현상에 대한 욕망[59) [法愛]을 말한다. 사람마다 시각적 범주의 욕망이 우세하거나 또는 강한 집착을 보이거나 청각 또는 후각이나 미각 등으로 개인차 또한 있을 것이다. 하지만 이러한 각각의 욕망 또한 무상(無常)과 고(苦) 그리고 무아(無我)를 떠나있지 않다는 것이다. 그렇기에 여섯 욕망을 염리(厭離)하는 것으로 욕망으로부터 떠나 궁극적인 해탈로 나아갈 수 있다고 한다.[60)]

이처럼 육육법은 인간의 고락(苦樂)이 어디서 연유하는가, 인간의 욕망이 어디서 연유하는가를 알게 해 준다. 즉 촉을 통해 수(受)와 욕망이 존재화 된다는 것이다. 십팔계 때문에 촉과 수 그리고

59) 법의 원어인 dharma/dhamma의 의미는 교의, 교법, 질서, 이법, 의무, 권리, 도리, 도덕, 선행, 진상, 진리, 교설, 본성, 본질, 요소, 사물, 사건, 존재 등 20여 가지 이상이다. 이러한 의미를 담을 수 있는 말로 '현상'을 사용해 본다.

60) SN ii. p. 251 : "시각적 범주의 욕망[色愛]은 영원한가 무상(無常)한가? 세존이여, 무상합니다. 그렇다면 무상한 것은 괴로운 것인가 즐거운 것인가? 세존이여, 괴로운 것입니다. 무상하고 괴롭고 변하는 법을 '이것은 내 것이고 이것이야말로 나이며 자아이다'라는 것은 옳은가 옳지 않는가? 세존이여, 옳지 않습니다.. (중략) .. 성스러운 제자는 이러한 여섯 욕망[六愛]을 염리(厭離)한다. 염리하여 욕망으로부터 떠나고, 욕망을 떠나서 해탈한다."

욕망이 일어난다는 것이다. 이 때 수와 애 등이 촉을 조건으로 없던 것이 새로 생긴다는 것이 아닐 것이다. 다만 그러한 느낌과 욕망의 잠재적인 성향이 촉을 조건으로 활성화된다는 의미이다.

불교전반에서 욕망 발생구조와 본질을 보여주는 기본적인 법체계는 오온법(五蘊法)·십이처법(十二處法)·십팔계법(十八界法)이다. 육육법은 이러한 일체법에 바탕해 있고 다시 일체법은 십이연기법(十二緣起法)과 사성제(四聖諦)의 기초가 된다는 점에서 중요한 의미가 있다. 불교의 모든 가르침을 포섭할 수 있는 법으로서의 사성제이다. 처음 2제와 나중 2제는 각각 유전연기(流轉緣起)와 유전의 환멸(還滅)로 나누어 설명된다. 유전연기는 무명(無明)과 욕망[渴愛]으로 유전하는 인간존재의 조건과 상황을 밝히는 것이고, 환멸은 이러한 생명의 실상을 직시하여 무명과 욕망으로부터 벗어나는 길을 밝히는 체계로 이루어져 있다. 여기서 유전연기는 12연기법(十二緣起法)으로 사성제 따로 독자적으로 설해지는 경우가 많다. 그만큼 무욕망의 질곡에 악순환하는 존재의 구조를 밝히는데 중점이 있음을 알 수 있다. 이러한 점에서 불교의 중심체계는 욕망의 이해와 욕망의 극복에 놓여있다고 할 수 있다. 결론적으로 정리하면, 욕망의 발생구조와 본질이 주로 오온·십이처·십팔계에서 다루어졌다면 12연기와 사성제는 '욕망에 대한 투철한 이해'와 '이러한 이해에 기초한 극복'에 초점이 맞추어져있음을 알 수 있다.

3) 욕망의 비실재성의 통찰

욕망의 세계관적 기원 문제에 있어 다음과 같은 질문이 제시된다.

> 태어남[生]・존재[有]・취함[取]・욕망[愛]・느낌[受]・닿음[觸]・육입(六入)・명색(名色)은 자기가 지은 것[自作]입니까? 남이 지은 것[他作]입니까? 자기와 남이 지은 것[自他作]입니까? 아니면 자기도 남도 아닌 원인이 없이 지어진 것[非自非他無因作]입니까?[61]

이같은 욕망 등의 기원 문제에 있어 자작, 타작, 자타작 그리고 비자비타무인작에 반해 연기가 제시된다. 다시말해, 욕망의 발생기원은 자아와 세계의 내재적인 원리[自作: sayaṁ-kata]에 의한 것도, 외재적 원리[他作: paraṁ-kata]에 의한 것도, 이러한 양자가 합한 자타작(自他作)이나 그렇다고 어떠한 원인도 없이 나타난다는 비자비타무인작(非自非他無因作)도 아니라는 것이다. 비유적으로 말하면 마치 하나의 갈대가 땅에 설 수 없고 다른 하나가 연달아 계기(繼起)하는 과정을 통해 성립하는 것처럼 욕망을 포함한 인간과 세계 또한 끊임없는 관계 선상 속(諸行)에 조건적인 생멸의 과정(無常)에 있다는 것이다. 다시 말해, 모든 것은 조건적으로 연기(緣起)하고 있어 자작, 타작, 자타작, 그리고 비자비타무인작이라고 할 수 없다는 것이다. 이렇게 자작, 타작 등과 관련한 연기를 자타중도(自他中道)라고 한다. 마찬가지로 그 어떠한 존재도 독립된 실재(實在)나 실체(實體)로 간주할 수 없고 다만 조건적으로 계기하는 연기의

61) SN ii, pp.112~115; 잡아함경 권 12, 288 (『大正藏』2, 81a –c); 이외에도 DN iii, pp.137~138에서는 자아와 세계의 문제를 중심으로, 그리고 SN ii, pp. 19~20에서는 고통의 문제를 중심으로 자작과 타작 등이 거론된다.

중도임이 강조된다.[62] 불교가 욕망의 비실재성을 논의할 수 있는 철학적 바탕은 바로 여기에 있다. 욕망과 무명은 인연의 조건적인 존재로서 실재일 수도 없고 실체도 아니다. 이러한 맥락에서 다양한 각도의 중도(中道)가 제시된다. 예를 들면, 단상중도(斷常中道)는 조건적인 생멸 변화를 떠나 자아와 세계가 영원(sassata)하다고 보는 세계관도, 영원하지 않다(nāsassata)라고 보는 세계관도 비판된다.[63] 유무 중도(有無中道)는 발생적 측면에서 '모든 것은 존재한다.'라거나, 소멸적 측면만으로 '모든 것은 존재하지 않는다.'고 보려는 것이나[64] 영혼(jīva)과 육체(sarīra)를 같은 하나라는 것이나 아니면 각각 독립된 실체로 보는 세계관이 일이중도(一異中道)로 비판, 부정된다.[65] 욕망을 포함한 어떠한 심리적 요소도 더 크게는 영혼이든 정신이든 각각 독립된 실재일 수 없고 조건적인 계기로 존재할 뿐이다. 이는 다시 오온무아(五蘊無我)와 제법무아(諸法無我)가 시시하듯 욕망하는 주체와 욕망의 대상, 일체가 임시적이고 조건적인 현상에 지나지 않는다고 한다.

비실재성의 공성과 관련한 제법공상(諸法空相)의 다른 표현은 제법무아이다. 제법공상과 제법무아는 기본적으로 외부의 실체로서 밖에 독립해 있는 영원하고 절대적인 어떤 존재를 가정하는 것이나 내부의 실체로서 인간 내부에 독립해 있는 영원불멸할 수 있다는 그 무엇도 부정하는 것이다. 이러한 비실재성의 통찰은 인간의 고통문제와 관련이 있다. 즉 자아와 세계를 공성이 아닌 실재성

62) SN ii, p.77.

63) DN iii, pp.137~138.

64) SN ii, p.17; 잡아함의 제 34권 『가전연경(迦旃延經)』

65) 잡아함 제12권 『대공법경(大空法經)』

으로 이해하는 것은 인간의 깊은 욕망으로부터 비롯되었기 때문이며, 실재성의 집착은 결국 고통으로 환원된다는 것이다. 그렇기에 역으로 그러한 신념이 파괴되어 가면 오히려 더 큰 불안과 함께 고통을 느낀다고 한다.[66] 근본적으로 인간은 인간의 실존적 상황인 불안과 고통을 실재성과 실체 관념으로 위무하고 무마시켜왔으며 어느 정도는 마비되어 있기도 한다. 다시 욕망과 집착의 수준에 따라 실재성과 실체 관념을 끊임없이 확대 재생산하여 불안과 고통을 극복하려한다. 따라서 욕망에의 집착을 나타내는 욕취(欲取: kāmupādāna)와 함께 견취(見取: diṭṭhupādāna)와 아취(我取: attavādupādāna) 등이 나열되는 이유이다.[67] 여기서 견취와 아취는 바로 실체론적 세계관과 인간관에 집착하는 것을 의미한다. 이처럼 실체론적 세계관 자체가 인간의 강한 욕망의 집적(集積)으로 욕망과 관련한 심리적인 문제로 파악한다. 이러한 욕망과 집착에 연유한 세계관은 인간을 고통과 질곡, 그리고 부조리로 내 몰 소지를 담고 있다는 것이다. 따라서, 고(苦)로부터 인간 해방을 위해서는 이러한 존재의 비실재성을 통찰하는 일이 강조된다. 불교수행의 중심에 있는 여러 종류의 선정(禪定)과 위빠사나는 모두 욕망하는 인간의 세계관적 인간관적 뿌리를 여실하게 통찰하게 하는데 목적이 있다. 욕망하는 자아의 무상성(無常性)과 무아성(無我性)이라는 비실재성을 철견하는 것으로 욕망하는 자아로부터 자유로워지는 것이다.

66) MN ⅰ. pp.136~137.

67) SN ⅱ. p.3; 잡아함 제12권 『법설의설경(法說義說經)』

4. 마치는 말

불교는 욕망과 관련한 존재 문제를 통찰한 철학체계이다. 불교의 실천철학적 중심주제는 다름아닌 욕망의 기원과 과정을 밝히고 이를 극복하는 문제에 있다. 왜냐하면 고통의 실존적 요인을 바로 욕망문제로 보기 때문이다. 때문에 법(法) 체계의 전체는 욕망의 발생구조와 본질 그리고 욕망의 무상성(無常性)을 체득하는데 초점이 맞추어져 있다. 다시말해, 실천적인 문제에서 공성(空性: 무실체성)의 자각과 함께 욕망의 허망성을 체득하여 욕망으로 비롯되는 고통을 극복할 것을 말한다. 하지만 단순하게 욕망을 죄악시하거나 금기시하지는 않는다. 이러한 점은 불교 욕망론이 그 자체로서 실천철학적 문제를 함의하고 있음을 말한다.

결국 불교에 의하면 욕망은 인간에게 있어 가장 깊은 뿌리를 가진 존재의 잠재적 성향이다.[68] 욕생(欲生)으로 와서 쉬지 않고 욕계(欲界)를 구성해내다가 다시 욕생으로 간다. 하지만 욕망은 나라

68) 이는 앞서 설명한 바와 같이 욕망의 kāmarāga가 잠재적 번뇌를 의미하는 anusaya라는 말과 함께 쓰이는 것을 통해서도 알 수 있다.

는 주체로부터 나오는 것도 아니고 그렇다고 대상세계로부터 오는 것도 아니라고한다. 다만 주체와 대상세계 등과의 상호교섭[緣]속에 일어난다. 마치 양 손바닥을 부딪치면 소리가 나듯이. 때문에 욕망은 올 때 오는 것이 있을 수 없고 갈 때도 가는 곳이 있을 수 없다. 왜 욕망의 끝이 허망할 수밖에 없는가하는 이유는 바로 여기에 있다. 이러한 점에서 욕망은 끝없이 자기소모적이다. 다시 허망함을 채우기 위해서 욕망행위는 끊임없이 계속된다. 마치 바다에 빠진 사람이 허우적거리면서 생긴 갈증을 해소하기 위해서는 바닷물을 마실 수밖에 없는 것처럼. 그래서 괴롭다[一切皆苦]. 그리고 욕망이 극복되어야만 이유도 또한 여기에 있다.

참고문헌

1. Pāli Text : Pāli Text Society 본에 의거.

Davids, T. W. Rhys, Carpenter J. Estlin(eds.) 1975. *The Nikāya*. London: Pali Text Society.

Fausböll V.(ed.) 1948. *The Suttanipāta*. London : Pali Text Society.

Feer, M.L.(ed.) 1975. *The Saṁyutta Nikāya*. London : Pali Text Society.

Morris, R., Hardy, E.(eds.) 1955 *The Aṅguttara Nikāya*. London : Pali Text Society.

Oldenberg, Hermann(ed.) 1997. *The Vinaya Piṭaka: one of the principle of Buddhist holy scriptures in the Pali language*. Oxford: Pali text society.

Trenckner, V., Chelmers, R.(eds.) 1925. *The Majjhima Nikāya*. London : Pali Text Society.

大正一切經刊行會 의 『新修大藏經』(東京 : 大藏出版. 1931)에 의거.

잡아함(雜阿含) [역] 구나발타라(求那跋陀羅) 한역연대 435.

장아함(長阿含) [역] 불타야사(佛陀耶舍), 축불념(竺佛念) 한역연대 413.

중아함경(中阿含) [역] 승가제바(僧伽提婆) 한역연대 397~398.

증일아함경(增壹阿含) [역] 승가제바(僧伽提婆) 한역연대 397.

고익진, 『아함법상의 체계성 연구』, 서울: 동국대학교 출판부, 1990.

김준호, 「초기불교의 욕망론과 선(禪) - 『숫타니파타』와 『담마파다』를 중심으로 - 」, 『동서철학연구』제36호, 충남: 한국동서철학연구회, 2005.

박경준, 「涅槃과 '欲望의 逆說' 문제」, 伽山李智冠스님華甲紀念論叢刊行委員會 編, 『韓國佛敎文化思想史』卷下 서울: 伽山佛敎文化振興院, 1992.

이강수, 황필호 외, 『欲望論: 哲學的 · 宗敎的 解釋』, 哲學比較硏究會 編,

서울: 경서원, 1995.
정기문, 「불교의 욕망관과 경제문제의 인식」, ≪불교평론≫Vol.3 no.4 (통권9) 서울 : 불교평론사, 2001.12.
정준영, 한자경 외, 『욕망: 삶의 동력인가 괴로움의 뿌리인가』 서울: 운주사, 2008.
和辻哲郎(안승준 옮김), 『원시불교의 실천철학』, 서울: 불교시대사, 1993.
Alt, W., "There is a no Paradox of Desire in Buddhism.", *Philosophy East & West*, vol. 30. 4, Honolulu : University Press of Hawaii, 1980.
Boisvert, Mathieu, *The Five Aggregates : Understanding Theravada Psychology and Soteriology*, Delhi: Sri Satguru Publication. 1997.
Irvine, William B., *On Desire: Why We Want What We Want* : 한국어 번역은 윌리엄 B. 어빈(윤희기 역), 『욕망의 발견』, 서울 : 까치, 2008.
Herman, A. L., "A Solution to the Paradox of Desire in Buddhism.", *Philosophy East & West*, vol. 29. 1, Honolulu : University Press of Hawaii, 1979.
Herman, A. L., "Ah, but there is a Paradox of Desire in Buddhism.", *Philosophy East & West*, vol. 30.4, Honolulu : University Press of Hawaii, 1980.
Visvader, J, "Reply to Wayne Alt's 'There is no Paradox of Desire in Buddhism.'", *Philosophy East & West*, vol. 30. 4, Honolulu : University Press of Hawaii, 1980.
Webster, David, *The Philosophy of Desire in the Buddhist Pali Canon*, London and New York : RoutledgeCurzon, 2005.

「계몽이란 무엇인가?」에 함축된 '욕망에 대한 칸트의 견해'
–'이성의 요구'와 '자연의 계획' 간의 긴장?–

최준호

1. 머리말
2. 감각적 욕망과 정욕
3. '미성숙으로부터 벗어남'으로서의 계몽의 추구에 담긴 욕망관
4. 욕망의 추구와 역사의 전개
5. 맺음말

1. 머리말

일반적으로 알려져 있는 것과 달리 칸트는 상이한 자연적·문화적 조건들 속에서 살아가는 구체적 인간, 이를 테면 다양한 욕망들과 일종의 긴장관계 속에서 살아가는 인간에 대한 탐구를 도외시했던 철학자가 결코 아니다. 이러한 사실은 『실용적 관점에서 본 인간학』(이하 『인간학』)[1]에서뿐만 아니라, 인간학과 관련된 글들에서 분명하게 확인된다. 자신의 강의에서 학생들에게 가르쳤던 거의 대부분의 내용이 이와 같은 것들이었다는 점에서 그가 경험 속의 구체적 인간에 얼마나 주목했었던가를 잘 알 수 있다.[2]

그럼에도 불구하고 그런 구체적 인간에 대한 성찰과 관련하여

1) 이하에서 칸트의 저작을 인용할 경우, 제목과 함께 학술원 전집(Akademia Ausgabe)의 권수와 쪽수를 기입. 비판서들과 『도덕형이상학정초』 등의 경우 약어와 함께 쪽수만을 기입. 단, 『순수이성비판』의 경우 A판, B판을 병기함.

2) Holly L. Wilson, *Kant' s Pragmatic Anthropology Its Origin, Meaning and Critical Significance*, State University of New York, 2006, Introduction 참조. 위와 같은 사실은 칸트의 강의에 참여했던 헤르더의 노트를 통해서 잘 확인된다. 이른바 비판기 이전, 특히나 1764년까지 칸트는 볼프-라이프니츠 강단 철학에 대해서 그 누구 못지않게 비판적이었으며, 경험론과 루소에 경도되어 있었다. 다시 말해 그는 실제의 삶에 기여할 수 있고, 적용시킬 수 있는 대중철학에 큰 관심을 보였으며, 사변이나 공상이 아니라, 구체적 경험과 관찰을 중요시했다. John H. Zammito, *Kant, Herder, and the Birth of Anthropology*, the University of Chicago Press, 2002, 참조, 특히 83-135.

그의 시선이, 궁극적으로, 상이한 자연적·문화적 조건들 속에서 생겨나는 다양한 형태의 욕망들의 극대화를 추구하거나 혹은 그러한 욕망들과 단순한 조화를 유지하려는 유아론적 인간이 아니라, 그런 욕망들과 긴장관계를 형성하면서 '그것들을 넘어서 도야되고, 그리하여 마침내 도덕적인 삶의 실현으로 나아가는 사회적 인간'으로 향하고 있는 이유는 어디에 있을까? 또 그러한 시선은 인간의 욕망과 어떤 관련이 있는가? 논자는 이러한 물음과 관련하여 「계몽이란 무엇인가? 에 대한 답변」(이라 「계몽이란 무엇인가?」에, 그리고 무엇보다도 거기서 등장하고 있는 "과감히 알려고 하라!"(Sapere aude!)라는 말에 주목하고자 한다.

계몽의 슬로건으로 일컬어지는 "과감히 알려고 하라"라는 말은 전통과 구습에 대한 비판적 사고가 폭 넓게 퍼져 있던 18세기 후반의 유럽에서 '그러한 비판적 사고로서의 앎'을 추구하려는 것에 대한 단순한 옹호를 나타내주는 말로, 혹은 '끊임없는 비판적 사고로서의 철학적 파토스'에 대한 범례가 되는 말로 해석될 수도 있다. 그러나 그러한 해석으로는 적절하게 드러나지 않는 의미가 거기에 담겨 있다. 그 말 속에는 계몽주의 시대의 절정기를 살았던 칸트의 '인간에 대한 이해'가 집약되어 있다. 그의 "과감히 알려고 하라"라는 주장은 단순한 지적 호기심을 충족시키려는 앎의 욕망이나 맹목적으로 더 많은 지식을 쌓고자 하는 앎의 욕망과 무관하다. 그것은 감각적 욕망의 억제를 대가로 해서 얻게 되는 권력을 향한 앎의 욕망과도 사실상 관련이 없다. 그의 그 말은 계몽의 맥락에서 다른 계몽주의자들과 논쟁하는 가운데 그로부터 이끌어낸 '인간과 역사에 대한 그 자신의 교유한 견해'에 기반 한 '욕망에 대한 견해'를 함축하고 있다. 달리 말하자면 그 말은 감각적 욕망에 굴종하는 데서 벗어나서, 불가침의 인간의 권리 혹은 인간의 사명(die Bestimmung des Menschen)으로 향하는 인간의 모습을 함축하고 있다.

「계몽이란 무엇인가?」에 담긴 '욕망에 대한 칸트의 생각'을 그의 '실용적 관점에서 본 인간학'[3]의 차원에서 언급되고 있는 '욕망에 관한 견해'와 연관지어 밝히는 것이 목적인 본 논문의 전개는 다음과 같다. 먼저 『인간학』에서 욕망 일반에 대한 칸트의 견해, 특히

---

3) 칸트는 여러 곳에서 인간학에 관해 언급한다. 그러나 그가 인간학과 관련하여 구체적 언급을 하고 있는 곳은 '인간학 강의안 및 그와 관련된 글들'과 『인간학』뿐이다. 달리 말해 그의 인간학과 관련하여 구체적으로 얘기할 수 있는 것은 '실용적 관점에서 본 인간학'뿐이다. 실용적 관점에서 본 인간학이란 자유롭게 행위하는 인간이 '자신에 대해 무엇을 하고 있으며, 무엇을 할 수 있으며, 또한 무엇을 해야 하는가에 대한 탐구'를 목표로 하는 인간학이다. 다시 말해 그것은 '자기 자신 및 타인과의 관계 속에서 자유롭게 행위하며, 삶에 유용한 것에 대해서는 물론이고, 삶의 궁극적 목적에 대해서 계속해서 성찰하는 인간'에 주목하는 인간학이라 할 수 있다. [I. Kant *Anthropologue in Pragmatischer Hinsicht* (이하 Aph) Vorede Ⅶ:119-122 참조; 논자는 논문 작성 과정에서 영문 번역본(*Anthropology from a Pargmatic Point of View* trans. by R. B. Louden, Cambridge University Press, 2006)과 국문 번역본(『실용적 관점에서 본 인간학』, 이남원 옮김, 울산대출판부, 1998)을 각각 참고하였다.] 이러한 내용을 담고 있는 것이 1798년에 출판된 『인간학』이다. 따라서 『인간학』에 등장하는 인간은 자기 자신 및 타인과 관계하면서, 삶을 스스로 개척하는 가운데 주권을 확립하는 행동하는 인간이다. 다시 말해 『인간학』은 바움가르텐의 입장을 비판적으로 계승한 경험심리학의 내용(『인간학』 1부 '마음의 능력들'의 활동에 관한 내용; 칸트는 바움가르텐과 달리 인간의 마음의 능력들의 활동만을 다룬다)을 담고 있지만 거기에 머물지 않는다.(칸트의 실용적 관점에서 본 인간학이 바움가르텐, 경험심리학에서 벗어나서 독립된 내용으로 전개되는 과정과 관련된 좀 더 자세한 내용은 다음을 참조할 것. Reinhard Brandt "Ausgewälte Probleme der Kantischen Anthropologie" in *Der Ganze Mensch : Anthropologie und Literatur 18. Jahrhundert* hrsg. von Schings, Hans-Jürgen, Stuttgart : Metzler 1994, 14-24; 한편 칸트의 인간학과 볼프의 경험심리학과의 연관을 문제사적 관점에서 고찰한 국내문헌으로는 다음을 참조할 것. 김수배, 「볼프의 경험심리학과 칸트의 인간학」, 『철학』 제50집, 한국철학회, 1994) 『인간학』의 근본 특징은 경험심리학의 내용 혹은 인간학이라는 타이틀이 하부규정인 것처럼 여겨지게끔 하는 내용이 다루어지는 데서 그 정점에 이른다는 점이다. 즉, 『인간학』은 인간의 사회적 활동, 그것도 '인간의 사명'을 향해가는 인간의 사회적 활동을 언급하는 데서 그 정점에 이른다. (R. Brandt *Kritischer Kommentar zu Kants Anthropologie in pragmatischer Hinsicht*, Hamburg: Felix Meiner, 1999, 10 참조.) 이점에서 『인간학』은 경험주의적 경향의 인간학과 분명하게 구분된다. 이러한 칸트의 『인간학』의 해석과 관련하여 쉽게 동의에 이르기 어려운 쟁점들이 있을 수 있다. 이를 테면 『인간학』과 그의 선험철학 간의 관계에 대한 물음(『인간학』은 선험철학 내에 위치지어질 수 있다/그것과 병렬적으로 위치지어 져야 한다)이나, 『인간학』의 내용을 총괄하는 것에 관한 물음(『인간학』은 인간이란 무엇인가라는 물음을 해명하고 있다/ 『인간학』은 인간이란 무엇인가라는 물음과 관계가 없다) 등을 들 수 있다. 그러나 이러한 사실에도 불구하고 부정할 수 없는 사실이 있다. 『인간학』에 등장하는 인간은 선험적 영역에 위치하고 있는 인간이 아니라, 경험세계에 위치하고 있는 인간으로 사회적 관계 속에서 도야됨으로써 궁극적으로 도덕적 인간으로 향하는 인간이라는 점이 그것이다. 그리고 이러한 인간은 「계몽이란 무엇인가?」에 등장하는 인간과 근본적으로 다르지 않다. 본고는 바로 이러한 인간과 관련하여 언급되고 있는(혹은 언급될 수 있는) '욕망에 대한 칸트의 견해'를 밝히고자 않다.

감각적 욕망에 대한 그의 견해가 비교적 소상하게 서술되고 있는 부분을 집중적으로 살펴볼 것이다. 거기서 그는 주로 '감각적 욕망', 더 정확하게 말하자면 '집요한 감각적 욕망'을 문제 삼고 있는데, 그가 문제 삼고 있는 욕망은 구체적으로 어떤 것이며, 또 문제 삼고 있는 이유는 무엇인가 하는 점을 살펴 볼 것이다.

다음으로 「계몽이란 무엇인가?」에 등장하는 "과감히 알려고 하라"라는 말 속에 스며들어 있는 '욕망에 대한 칸트의 견해'를 고찰해 볼 것이다. 이를 통해서 "과감히 알려고 하라"에 함축된 '욕망에 대한 그의 견해'는 『인간학』에서 견지되고 있는 욕망관과 근본적으로 다르지 않다는 사실이 제시될 것이다. 이는 고질화된 감각적 욕망의 유혹에서 벗어나서 '이성의 요구'(Bedürfnis der Vernunft)를 따라야 한다는 말로 요약될 수 있다.[4)]

마지막으로 '욕망에 대한 칸트 견해의 핵심은 이성이 집착적인 감각적 욕망에 굴복하는 것에서 벗어나야 한다는 데 있다'는 주장만으로는 「계몽이란 무엇인가?」에 함축된 욕망에 관한 그의 견해가 총괄적으로 드러나지 않는다는 사실이 지적될 것이다. 그 총괄적 파악을 위해서는 「계몽이란 무엇인가?」를 '역사의 전개에 대한 그의 견해'와 관련하여, 무엇보다도 "자연의 계획"이라는 말을 통해 그가 전달하고자 했던 바와 관련하여 고찰해야 한다는 점이 언

4) 여기서 '이성의 요구'라고 했을 때의 이성은 선험철학에서 언급되는 순수 이성이 아니라, 경험적 인간학의 차원의 이성, 칸트의 입장에서 더 정확히 말하자면 '실용적 관점에서 본 인간학'의 차원의 이성이다. 칸트는 『실천이성비판』에서 "인간 이성의 피할 수 없는 요구"(das unvermeidliche Bedürfnis der menschlichen Vernunft) 라는 표현을 하고 있다. (KpV, 162.) 또한 "순수이성의 사변적 사용에 있어서의 요구", "순수 실천이성의 요구"라는 표현도 발견된다. (Kpv, 256.) 이렇게 보면 칸트에서 요구는 이성, 그것도 순수 이성에만 해당되는 용어인 것처럼 생각할 수 있다. 그러나 다른 곳에서의 언급들["욕구능력이 감각(Empfindung)에 의존하는 것을 경향성이라 부른다." "그래서 그것은 항상 어떤 하나의 요구임을 입증한다." (GMS, 413 Anm.) "경향성들"은 "요구들의 원천"이다. (GMS, 428.)]을 보면, 칸트에서 요구하는 용어가 반드시 순수 이성에만 해당될 수 있는 것이 아님을 알 수 있다.

급될 것이다. 한편으로 칸트는 '계몽의 실현을 위한 개입'을 주장한다. 다른 한편 그는 '계몽은 실현되게끔 되어 있다'고 주장한다. 이는 '이성의 요구'와 '자연의 계획' 간의 긴장으로 요약될 수 있다. 동시에 이는 '욕망에 대한 칸트의 견해'에 양립 불가능해 보이는 내용이 담겨 있음을 의미하는 것이기도 하다. 그렇지만 '자연의 계획'을 실천적으로 구성된 '규범적 이상'으로 이해할 경우, 그러한 우려는 해소될 수 있다.

2. 감각적 욕망과 정욕

칸트는 『인간학』 1부 3권에서, 즉 욕구능력에 관해 서술하는 부분에서, 그가 그것들에 굴종하는 것은 "마음의 병"이라고 일컫고 있는 정동(情動, Affekt)과 정욕(情慾, Liedenschaft)을 주로 다루고 있다. 그는 그것들에 관해 본격적으로 서술하기 전에 우선 욕망(Begierde)을 정의(定義)한다. 그 정의에 따르면 "욕망은 그 결과로서의 '미래의 어떤 것'에 관한 표상을 통해서 '주관의 힘이 자기 자신을 규정함'이다."(ApH, Ⅶ:251) 욕망에 관한 위와 같은 정의에서 일단 분명한 것은 그가 욕망을 '주관의 힘이 자기 자신을 규정함'으로 보고 있으며, 그러한 규정이 이른바 작용인의 관계에서가 아니라 목적인의 관계에서 이루어지는 것으로 보고 있다는 점이다. 다시 말하자면 욕망이란 주관(혹은 주관의 힘)이 현재 존재하지 않는 것에 관해서 표상을 하고, '그 표상을 통해서 스스로를 규정함'이라 할 수 있는데, 이는 주관이 표상하는 것(목적)에 의해서 주관(혹은 주관의 힘)이 자기 자신의 규정함을 의미한다.

위의 인용문만 보면 칸트가 정의하는 욕망이, '표상의 대상'이 의지를 통해서 실제로 현실화되는 것에 국한되는 주관의 자기규정인지 혹은 그렇지 않은 것까지도 포함하는 것인지 명확하지 않다. 그러나 이어지는 문장을 보면, 그가 실현가능성이 없거나 희박한 것을 배제하고 있지는 않다는 사실을 알 수 있다.[5)]

여러 상이한 욕망들에 대해서 언급하고 있기는 하지만, 칸트가 『인간학』 1부 3권에서 핵심적으로 언급하고 있는 욕망은 '집착에 빠진 감각적 욕망'이다. 그는 "습관화된 감각적 욕망"(habituelle sinnliche Begierde)을 경향성(Neigung)이라고 부른다. 그리고 이성을 통해서 제어하기 어려운 경향성을 정욕이라고 일컫고 있다. 다시 말해 정욕은 광적으로 그것에 빠져드는 감각적 욕망을 말한다. 그는 이러한 욕망에 대해서 비교적 상세하게 언급하고 있다. 즉, 그것은 어떤 특성을 지니며, 왜 그것이 문제되며, 또 어떤 것들이 있는가에 대해서 밝히고 있다.

주관의 규칙(습관)으로 기여하는 감각적 본능이 경향성이라면, 정욕은 그러한 경향성 중 특정한 것이 집착하는 것을 의미한다. 다른 모든 것과도 바꿀 수 없다고 여기며, 그것에 집착하는 경향성이 정욕이다. "어떤 선택과 관련하여 모든 경향성의 총합과 그 경향성을 비교하려는 이성을 방해하는 것이 정욕이다."(ApH, Ⅶ:265)

그런데 얼핏 생각하기 쉬운 것과 달리, 정욕은 의지의 준칙과 관련이 있으며, 이성과도 연관되어 있다고 칸트는 말한다. "정욕은

5) 칸트는 "그 대상을 산출할 힘을 발휘하지 않으면서 욕구함"(Begehren)을 "원망"(Wunsch, 願望)이라고 부르고 있다. 그리고 "원망은 주관이 그것을 산출할 능력이 없다고 느끼는 대상들로 향할 수 있고, 그럴 경우 그것은 공허한 원망"이라고 그는 말하고 있다. 또한 칸트는 객체와 관련하여 "비규정적인 욕망"(appetition vega), 즉 자신이 어떤 상태에 들어가기를 원하지도 알지 못한 채, 현재의 상태로부터 벗어나기만을 바라는 욕망은 "막연한 원망"(der launische Wunsch)이라고 부르고 있다. ApH, Ⅶ: 251.

항상 경향성이 주관에 지정해주었던 목적에 따라서 행위한다는 주관의 준칙을 전제로 하고 있다. 따라서 정욕은 주관의 이성과 항상 연결되어 있으며, 단순한 동물에 정욕을 귀속시킬 수 없는 것은 순수한 이성적 존재자에게 그것을 귀속시킬 수 없는 것과 같다."(ApH, Ⅶ:266)[6]

흥미로운 것은 정욕이 늘 주관의 준칙, 주관의 이성과 관련을 맺고 있기 때문에 문제가 심각하다고 칸트가 보고 있다는 점이다. 그는 이 정욕이 얼마나 유해한가에 대해서 신랄하게 언급한다. 그는 욕망이라고 할 수는 없지만, 그것 역시 거기에 얽매일 경우 "마음의 병"이라고 일컬었던 정동과 비교하면서, 정동보다도 정욕이 더 문제된다는 점을 말한다.

"정욕은 가장 냉정한 반성과도 한 쌍이 되고, 따라서 정동처럼 분별이 없지(unbesonnen) 않으며, 그 때문에 격렬하고 일시적인 것이 아니라, 뿌리를 내리고 그 자체 '이치에 맞는 것'(dem Vernünfteln)과도 공존할 수 있기 때문에, 자유에 가장 큰 단절을 가하며, 정동이 도취(Rausch)하면 정욕은 병(Krankheit)이다. 이 병은 모든 약제를 거부하고, 따라서 ... 모든 일시적인 마음의 동요(Gemütsbewegungen)보다도 훨씬 나쁜 것이다. 정욕은 개선조차 거절하는 마법이다."(ApH, Ⅶ:266) 또 다음과 같이 정동과 정욕을 비교해서 말하기도 한다. 전자는 "자유와 자제"(Freiheit unf Herrschaft über sich selbst)에 일시적인 훼손을 가한다. 그러나 후자는 자유는

[6] 칸트에 따르면 동물의 경우에는 가장 강렬한 경향성도 정욕이라고 불리어지지 않는다. 정욕은 인간에게만 귀속될 수 있다. (ApH, Ⅶ: 269) 그는 『인간학』에서 '마음의 능력들'에 대한 고찰을 인간에게만 국한시킨다. 각주 3)에서 언급했듯이 바로 이점이 칸트 인간학과 바움가르텐의 경험심리학간의 결정적 차이 중 하나이다. R. Brandt, 17-18 참조.

자유와 자제를 없애버리고 "노예적인 마음"(Sklavensinn)에서 만족과 쾌를 찾는다.(ApH, Ⅶ:267)

칸트는 정욕에 대해서 위와 같은 정도로 얘기하는 데서 멈추지 않는다. 그는 "정욕은 순수 실천 이성에게는 암(Krebsschaden)이며, 대개는 불치의 병이다."라고 까지 말한다. 그 이유는 "이 병에 걸린 사람은 치료되기를 원치 않으며, 그것에 의해서만 치료될 수 있는 원칙의 지배를 거절"하는 데 있다.(ApH, Ⅶ:267) 이때 "그 원칙이란 좋아하는 하나의 경향성 때문에 나머지 모든 경향성을 그늘지고 구석진 곳에 놓은 것이 아니라, 그것을 나머지 모든 경향성의 총괄과 공존할 수 있게 하는 원칙이다."(ApH, Ⅶ:266) 그런데 정욕에 빠진 사람은 경향성이 유인하는 목적을 맹목적으로 추종한다. 그는 이를 "자신의 목적의 일부를 전체로 만들고자 하는 어리석음"이라고 말한다.(ApH, Ⅶ:266) 그는 명예욕에 사로잡힌 사람의 예를 들면서, 그 사람은 그것을 위해서 나머지 모든 것을 간과해버리는 어리석음을 범하고 있다고 비판한다.(ApH, Ⅶ:266) 그래서 정욕은 예외 없이 나쁘며, 좋은 욕망, 이를 테면 자선(Wohltätigkeit)에 속하는 것과 관계하는 욕망이라고 그것이 정욕에 빠지게 될 경우, 실용적으로 뿐만 아니라, 도덕적으로 해악이 된다고 그는 말한다.(ApH, Ⅶ:267)

정욕에 대한 칸트의 이러한 언급에도 불구하고 그것의 현존 자체가 부정될 수는 없다. 당연한 얘기겠지만 그도 그 사실을 잘 알고 있었다. 칸트 자신이 결코 옹호하려고 하지 않았지만, 정욕은 사실상 삶의 불가피한 한 요소라는 사실을 그는 직시하고 있었다. 다음과 같은 언급은 정욕에 대한 그의 그러한 생각을 잘 드러내준다. "정욕은 감각적 동기로서는 아무리 강렬하다고 하더라도, 이성이 인간에게 지시하는 것에 관하여 말한다면 약점일 뿐이다. 그러므로 다른 사람을 지배하고자 하는 정욕이 크면 클수록, 자신의 목적을 위해서 그 정욕을 사용하는데 영리한 사람의 능력은 상대적으로 작아질 것이다."(ApH, Ⅶ: 272)

칸트는 위와 같은 특성을 지니는 정욕을 기본적으로 자연적(생득적) 경향성의 정욕과 인간의 문화로부터 생겨난(획득된) 경향성의 정욕으로 구분한다. 첫 번째 정욕은 "자유의 경향성"(Freiheitsneigung)과 "성의 경향성"(Geschlechsneigung)이며, 양자 모두 정동과 결부되어 있다. 두 번째 종류의 정욕은 명예욕(Ehrsucht), 지배욕(Herrschsucht), 소유욕(Habsucht)이며, 이것들은 정동의 격렬함과 결합되어 있는 것이 아니라, 어떤 목적을 겨냥하는 준칙의 완고함과 결합되어 있다.(ApH, Ⅶ: 268) 그는 이러한 정욕들 말고도 두 가지를 더 언급하고 있다. '복수욕 혹은 권리욕이라고 그가 일컫는 정욕'과 '망상이라는 정욕'이 그것들이다.[7]

정욕에 대한 이러한 해명을 통해서 칸트는 기본적으로 사회적·문화적으로 생겨난 습관화된 감각적 욕망을 문제 삼고 있다. 그것도 단순히 습관화되는 데 그친 것이 아니라 거기에 사로 잡혀서 그것을 다른 어떤 것과도 바꿀 수 없다고 여기게 되는 '감각적 욕망'을 문제 삼고 있다. 달리 말하자면 그는 인간이 감각적 욕망을 갖고, 그것을 추구하며 살아가는 것은 자연스러운 현상으로 보았다. 적어도 그가 말하는 '실용적 관점에서 본 인간학'의 차원에서 보면 그렇다. 그가 문제 삼고 있는 감각적 욕망은 그것에다 삶의 모든 것을 거는 감각적 욕망이다. 즉, 그는 다른 어떤 것을 주더라도 그

[7] 이러한 정욕들에 대한 좀 더 구체적인 언급은 『인간학』 82절부터 86절(ApH, Ⅶ: 268~275)을 참조할 것.

것만은 양보할 수 없다고 생각하면서 거기에 집착하게 되는 감각적 욕망을 문제 삼고 있다. 그리고 그가 이를 문제 삼고 있는 가장 근본적인 이유는 그것이 이성적 동물로서의 인간이 궁극적으로 추구해야할 모습에서 멀어지게 한다는 데에 있다.

칸트에 따르면 "인간은 스스로 설정하는 목적에 따라서 자기를 완성하는 능력을 갖고 있기 때문에, 스스로 창조한 성격을 갖는다."(ApH, Ⅶ: 321) 그리고 인간의 이러한 본성은 고립된 개인에서가 아니라 사회적 관계 속에서 실현되는 것이라고 그는 밝히고 있다. 즉, "인간은 자신의 이성을 통해서 사람과 교제 속에 놓이고, 그러한 교제에서 예술과 학문을 통해서 자신을 계발하고, 문명화하고 도덕화하도록 그 사명이 정해져 있다."(ApH, Ⅶ: 325) 그런데 정욕은 사람들로 하여금 이러한 인간의 사명에서 멀어지게끔 한다.

그렇다면 우리는 여기서 물을 수 있다. 『인간학』1부 3권에서 서술되고 있는 정욕 이외의 정욕이 칸트의 논의 내에서 더 언급될 수는 없는가? 또 정욕에서 벗어나서 인간의 사명을 향해가는 인간의 모습에 대해서, 그것도 선험적 차원에서가 아니라 경험적 인간학의 수준에서, 아마도 그것은 칸트에게서는 실용적 인간학의 차원이겠지만, 그가 언급하고 있는 내용은 없는가?

논자는 이러한 물음과 관련하여 「계몽이란 무엇인가?」에, 특히나 거기서 등장하고 있는 "감히 알려고 하라"라는 말에 주목하고자 한다. 계몽의 슬로건으로 일컬어지는 "과감히 알려고 하라"라는 말을 통해서 칸트가 말하고자 했던 바가 무엇인지를 살펴보는 가운데, 그 속에 담겨진 욕망에 대한 그의 견해가 『인간학』에서 말하고 있는 욕망과 어떻게 접목될 수 있는지를 살펴보고자 한다.

3. '미성숙으로부터 벗어남'으로서의 계몽의 추구에 담긴 욕망관

칸트의 「계몽이란 무엇인가?」는 계몽의 절정기에 불거진 문제에 대한 그의 답변의 글이다. 계몽주의 일반은 물론이고 독일 계몽주의의 전개과정 속에서 형성된 '인간에 대한 칸트의 독특한 견해'를 담고 있는 그 글은 계몽의 정의·의미 등과 관련하여 오늘날까지도 지속적으로 새롭게 해석되고 있다.

칸트는 그 글에서 계몽의 표어인 "과감히 알려고 하라"의 의미를 새롭게 변화시킨다. 그는 계몽의 표어를 단순히 반복해서 말하고 있지 않다. 그에게, 계몽의 슬로건으로서의 "과감히 알려고 하라"는 단순한 지적 호기심이나 맹목적인 지식의 추구를 의미하지 않는다. 오히려 그것은 오성(Verstand)을 사용할 용기(Mut)를 갖는 것이다.[8)] 단순한 지식의 추구가 아니라 의지가 동반되는 지의 추구

8) I. Kant, "Beantworung der Frage: Was ist Aufklärung?"(이라 WA), Ⅷ:35.; 논자는 『칸트의 역사철학』(이한구 편역, 서광사 1992)에 실린 「계몽이란 무엇인가?에 대한 답변」, 「세계 시민적 관점에서 본 보편사의 이념」, 「헤르더의 인류 역사의 철학에 대한 이념들」, 「추측해 본 보편사의 이념」, 「헤르더의 인류 역사의 철학에 대한 이념들」, 「추측해 본 인유 역사의 기원」 등을 참고하였으며, 그 저작들의 구절들을 인용해야할 때, 필요에 따라 번역문(어)을 윤색·변경하였음을 밝혀둔다.

이다. 그는 이것을 "자초한 미성숙"(selbst verschulete Unmündigkeit, WA, Ⅷ: 35)에서 벗어나는 것이라고 말하면서, 그러한 미성숙에서 벗어나는 것이 개인으로서는 쉽지 않은 일이라고 지적하고 있다. 그것은 사람들에게 거의 천성으로 굳어져서, "스스로 자신의 정신을 단련해서" 그로부터 벗어나 "확실한 발걸음을 내딛을 수 있는 사람은 극히 드물다"(WA, Ⅷ: 36)고 그는 주장한다.

그럼에도 불구하고 "공중"(Publikum, WA, Ⅷ: 36)[9]이 그러한 굴레로부터 벗어나는 일은 가능하며, 그 일은 "인류의 신성한 권리"(die heiligen Rechte der Menschheit)라고 칸트는 말한다.(WA, Ⅷ: 39) 그는 이를 위해서 필요한 것은 "매 시점마다 자신의 이성을 공적으로 사용할 수 있는" "자유"뿐이라고 밝힌다.(WA, Ⅷ: 36) 여기서 이성의 공적 사용이란, "어떤 사람이 한 사람의 학자로서 전체 독자공중 앞에서(vor dem ganzen Publikum der Leserwelt) 이성을 사용하는 것"을 말한다.(WA, Ⅷ:37) 예를 들어보자면, (시민의) "한 사람이 한 사람의 학자로서 과세의 부당함이나 부정에 대해 자신의 생각을 공중 앞에 발표"라는 경우이고, 이는 시민으로서의 그의 의무에 반대하는 행위를 한 것이 아니다. 또는 성직자가 한 사람의 학자로서, "교회의 신조의 결함에 대해서 세심히 검토한 '유호적인 의견과 종교 제도나 교회제도의 개선에 관한 제안'을 공중 앞에서 발표하는 경우" 역시 공적 이성을 사용한 경우이다.(WA, Ⅷ: 37-38) 칸

9) 이때 공중이란 학계(대학)에 속해있던 사람들과 구별되는, 이른바 공론장(public shere, Öffentlishkeit)에 놓인 모든 사람들을 의미한다. 그런데 좀 엄밀하게 말하자면 그들은 당시 새롭게 성장하던 이른바 '부르주아 독서계'(the bourgeoise reading public)에 기반 한 사람들을 의미한다. 당시 그들에게 독서가 갖는 실천적 의미는 대단히 컸다. [John H. Zammito(2002), 17~18, 28~32 참조.] 칸트가 여기서 말하는 '공중'이 '부르주아 독서계에 기반 한 대중'이라는 사실은 "Publikum der Leserwelt"(WA, Ⅷ: 37)과 같은 그의 표현에서도 확인된다.

트는 이처럼 공적 이성을 사용하는 것이 단지 특정한 사람들에게만 국한된 것이 아니라 "모든 시민에게"(jedem der Bürger) 허용될 수 있는 것이며, 미성숙의 상태에 머무는 것은 "인간성에 대한 침해"(ein Verbrechen wider die menschliche Natur)이고, 계몽을 단념하는 것은 "인류의 신성한 권리"를 손상시키고 유린하는 일이라고 언급하고 있다.(WA, Ⅷ: 39)

그런데 명시적으로 확인되는 것은 아니지만, 이러한 칸트의 "과감히 알려고 하라"라는 말 속에는 '욕망에 대한 그의 생각'이 담겨 있다. 이를 테면 '정욕으로서의 미성숙에서 벗어나서, 인간의 사명의 실현으로 나아가는 이성의 요구에 따라야 한다.'는 것이 그것이다. 그렇다면 이같이 말할 수 있는 근거는 무엇인가? 이를 설명하기에 앞서, 먼저 다음의 두 가지 사실을 지적하고자 한다. 그 이유는 「계몽이란 무엇인가?」와 『인간학』에 등장하는 '인간'과 '욕구능력의 활동'이 그 논의 지평이 근본적으로 다르지 않다는 사실을 먼저 분명히 하고자 하는 데 있다. 달리 말해 칸트의 "과감히 알려고 하라"라는 말 속에 숨겨져 있는 '욕망에 대한 칸트의 견해'는 이른바 '실용적 관점에서 본 인간학'의 지평에 놓여 있다는 점을 우선적으로 분명히 하고자 하는 데 그 이유가 있다.

첫째, 칸트에서 "과감히 알려고 하라"라는 말로 특징지어지는 인간, 다시 말해 "자초한 미성숙"에서 벗어나 계몽에 이르고자 하는 인간은 선험적 영역에 위치하고 있는 인간이 아니다. 「계몽이란 무엇인가?」에 등장하고 있는 인간은 자신은 물론 타인과 맺는 사회적 관계 속에서 자유롭게 행위함("자신의 이성을 공적으로 사용할 수 있는 자유를 행함", WA, Ⅷ: 36)으로써, 도야("자초한 미성숙의 상태에서 벗어남", WA, Ⅷ: 35)되고, 바로 거기서 자신의 사명("인간 본성의 근원적 사명은 계몽의 진행에 놓여 있다." WA, Ⅷ: 39)에 이르는 인간으로, 이는 『인간학』에서 등장하고 있는 인간, 즉 자기 자신은 물론이고 타인과 관계 맺으면서, 그 속에서 도야되고 그리하여 마침내 도덕적 상태에 이르는 인간(ApH, Ⅶ: 325)과 사실상 다르지 않다. 다시 말해 현실의 삶 속에서 자기 자신은 물론이고 타인과 관계 맺으며, 자유롭게 행위하면서, '자신이 무엇은 하고 있으며, 무엇을 할 수 있으며, 또 궁극적으로 무엇을 해야 하는가'에 대해서 성찰하는 인간이 「계몽이란 무엇인가?」에서 등장하고 있는 인간이자 『인간학』에서 등장하는 인간이다.[10)]

다음으로, 칸트의 "과감히 알려고 하라"라는 말을 재구성해보자면, "삶의 다양한 영역(학문, 종교, 일상의 영역 등)에서 요구되는 여러 가지 것들에 대해서 그것들이 문제가 없는 지를 꼼꼼히 따져보고, 만약 문제가 있다면 그 문제점을 공적으로 제기하고 이를 통해 그것의 문제 해결에 이를 수 있도록, 우리에게 주어진 능력을 사용하려고 하라."라고 재구성할 수 있다. 그리고 이렇게 재구성했을 경우, "과감히 알려고 하라"라고 했을 때의 앎은, 의지의 활동이 수반된 실천적 앎이라는 점이 분명해진다. 달리 말해 그 앎은 미래에 도달하고자 하는 것(목적)에 대한 표상과 그 표상된 것을 실현하고자 하는 욕구능력의 자기규정이 수반된 앎이다. 따라서 『인간

10) 브란트(R. Brandt)에 따르면 칸트가 일관되게 관심을 가졌던 것은 '인간이란 무엇인가?'(Was)라는 정태적 물음이 아니라, '인간은 무엇을 위해 존재하며, 무엇을 행해야만 하는가?'(Wozu)라는 역동적 물음이다. 이른바 '인간의 사명'에 대한 규명이 칸트 철학 전반에 깔려 있으며, 그의 인간학은 물론이고 그의 철학 전체가 이러한 관점에서 이해되어야 한다고 그는 주장한다.(Reinhard Brandt, *Die Bestimmung des Menschen bei Kant*, Felix Meiner, 2007, 참조) 이를테면 칸트의 인간학적 통찰의 핵심 역시 이와 같은 관점에서 파악되어야 한다는 것이다. Reinhard Brandt(1999), 70 이하 참조.

학』에서 서술되고 있는 욕망에 대한 칸트의 정의에 입각해 봤을 때, "과감히 알려고 하라"라는 말 속에는 어떤 욕망-이를 칸트 내재적인 용어사용에 조응하는 용어로 옮길 경우, '계몽에 이르고자 하는 이성의 요구'정도로 옮길 수 있을 테지만-이 함축되어 있다는 추론이 가능하다. 요컨대 칸트는 『인간학』 1부 3권에서 욕구능력의 활동을 이른바 경험심리학의 수준에서 해명하고 있으며, 2부에서는 인간의 성격, 그것도 사회적 관계 속에서 스스로 목적을 세우고 그 목적의 실현을 위해 행위하는 가운데 도야되고, 그리하여 마침내 도덕화에 이르는 인류의 성격에 관해서 언급하고 있는데, 칸트의 "과감히 알려고 하라"라는 말 속에도 이 두 가지 내용이 다 담겨 있다.

앞서도 언급했듯이 칸트에서 "과감히 알려고 하라"로 요약되는 계몽은 단지 지식이나 기술의 획득만을 의미하지 않는다. 그것은 "자초한 미성숙"의 상태를 벗어나는 것을 의미한다.[11] 그리고 미성숙에서 벗어나기 위해서 요구되는 것은 '자신의 이성을 공적으로 사용하는 자유'이다. 이때 "공적"(öffnetlich)이란 말은 (어떤 소수의 사람들에게 제한되지 않고) 모든 사람들이 참여할 수 있는 '어떤 공적으로 수행된 논의'를 함축한다. 바로 여기에 '계몽이란 "자초한 미성숙"으로부터 벗어나는 것이라는 말'을 통해서 칸트가 전하고자 했던 것의 독창성이 놓여 있다. 즉, 계몽이 사고와 행함, 자유와 책임이 결합된 의미를 지니게 된다.[12] 그리고 이를 통해서 칸트

11) 이 점에서 칸트의 계몽의 의미는 라인홀트나 멘델스존의 계몽과 다르다. 멘델스존에게 계몽은 이론적 지식의 획득을 의미한다. (Katerina Deligiorgi, *Kant and the Culture of Enlightment*, State University of New York Press, 2005, 56) 브란트에 따르면 이점이 '전반기 독일 계몽주의'와 '후반기 독일 계몽주의'를 구분하는 중요한 기준점 중 하나이다. R. Brandt,(2007), 62.

는 계몽의 의미와 함계에 대한 논쟁을 변형시킨다. 무엇보다도 계몽이 소수의 현명한 학자들에게만 제한되어야 한다는 주장이 더 이상 가능하지 않게 되었다.[13] 적어도 원리적으로 이제까지 배제되었던 "공중"에게 계몽이 개방되었다.

칸트는 계몽을 소극적인 방식으로 정의하고 있다. 계몽에 대한 칸트의 생각은 '내용(어떤 특정한 지식의 목록이나 기술들)으로부터 형식으로서의 이동, 즉 사유방식으로의 이동'을 보여준다. 계몽은 이렇게 소극적 의미로 정의하는 가운데, '생각의 자유'와 '공적 이성 개념'이 결합되고, 이렇게 됨으로써 계몽의 개념이 '마음의 능력들의 활동과 사회적 실천들이 결합된 것'으로 그 모습을 드러낸다.[14] 그리고 그러한 주장에는 표면적으로는 드러나지 않는 '욕망에 대한 칸트의 견해'가 담겨 있다.

칸트는 계몽을 '미성숙으로부터 벗어남'으로 정의하는 가운데, 계몽이 한편으로는 이성적 독립을 성취할 수 있는 '마음의 능력들의 활동'에 의존하며, 다른 한편으로는 '사회적 활동'에 의존한다는 사실을 말하고 있다. 먼저 후자의 측면을 보자. 칸트에서 계몽은 '개별적인 독립된 사고 행위들 간의 역동적 관계', 더 정확히 말하자면 계몽의 과정에 참여하는 개별자들의 행위들과 그러한 행위들

---

12) Katerina Deligiorgi, ibid., 56쪽 참조.

13) Ibid., 참조; 초기 독일 계몽주의를 이끌었던 인물은 볼프를 비롯한 강단철학자들이었다. 그러나 후반기를 이끌었던 인물들은 '대중철학'을 지향했으며, 이를 통해 무엇보다도 실제 생활과 결합된 철학을 추구했다. 칸트 역시 멘델스존이나 레싱 들과 더불어 대중철학을 지향하는 흐름에 동참했다. 이때 대중철학을 특징짓는 핵심적인 요소는 '경험과 관찰에 기초한 전통 형이상학의 거부'였다. 그러나 1760년대 후반 이후, 특히나 그의 비판철학이 확립된 이후, 칸트는 그들과는 구별되는 철학을 지향했으며, 그러한 한에서 그의 대중철학 혹은 인간학은 '경험과 관찰에 기초한 전통 형이상학의 거부'라는 말로는 설명하기 어려운 내용, 이를 테면 '인간의 사명과 관련된 실천적 물음'들이 자리 잡게 된다. 이와 관련된 좀 더 자세한 내용은 다음을 참조할 것. John H. Zammito(2002), 137–307 참조.

14) Katerina Deligiorgi, Ibid., 57–58.

의 보편적 지평 간의 역동적 관계 그 자체라고 해도 지나치지 않다. 왜냐하면 계몽은 문제가 되는 것은 해결을 위해 자신의 이성을 "공적"으로 사용하는 것이며, 이는 "모든 시민"에게 허용되는 것이기 때문이다. 그에 따르면 계몽은 가 개별자가 다른 사람들로부터 고립된 채 취하는 개인적 프로젝트일 수 없다. 계몽은 이성적 독립을 주장하는 자신과 똑같은 다른 사람들과 관계하면서 자신의 주장을 피력하여 인정받고, 또 다른 사람들의 주장을 인정하는 과정이다. 요컨대 칸트에게 계몽은 미신・편견・무지에 대한 고립된 투쟁이 아니라, 개방된 사회적 관계 속에서 행하는 공적 과정을 의미한다.[15]

다른 한편 칸트가 계몽은 "자초한 미성숙에서 벗어남"(WA, Ⅷ: 35)이라고 했을 때, 미성숙은 무지・편견・미신의 상태만을 나타내는 것이 아니다. 그것은 오히려 "다른 사람의 지도 없이는 자신의 오성을 사용할 수 없는 무능력"(WA, Ⅷ: 35)을 의미한다. 그리고 이러한 장애는 스스로 자초한 것이다. 왜냐하면 그것은 오성의 결여의 결과가 아니라, 결단과 용기의 결여의 결과이기 때문이다. 달리 말해서 "자초한 미성숙"이라는 말은 '자신의 오성을 사용할 능력이 있음과 그럼에도 그 능력을 사용하는 데 실패하고 있음' 그 둘을 동시에 함축한다. 이렇게 보다면 이러한 미성숙은 우리의 의지가 고질화된 자연적 경향성에 굴복하게 되는 것에 다름 아니다. 즉 이성숙은 일종의 '정욕'이다. 그것은 "의지의 병리적 결정"(pathological determination of the will)이다.[16]

15) Katerina Deligiorgi에 따르면, 이는 계몽의 개념이 칸트에서 취하게 되는 가장 심도 깊은 변화이다. Ibid.

16) Ibid., p.59; (실용적 관점에서 본 인간학의 차원은 아니지만) 이성이 병리적으로 영향 받음과 관련해서

인간의지는 정념으로부터 영향을 받지만, 그것에 의해서 전적으로 제약되지 않는다. 인간 행위자들은 감각적 충동을 통해서 강요되는 것과 독립해서, 자기 자신을 결정할 힘을 갖고 있다. 달리 말해서 인간은 실천적 자유를 누리기 때문에, 감각적 동기들이 강요하는 것에 따라서 행동할 때에도 자신들의 행위들에 대해 비판하고, 그리하여 궁극적으로 그러한 행위를 넘어설 수 있다.[17)]

그런데 감각적 충동에서 행동하는 사람들과 마찬가지로, 미성숙자는 자신의 판단에 따라 움직일 수 있음에도 불구하고 마치 자신들이 보호가 필요한 것처럼 계속 행동한다. 이러한 '자발적으로 보호받고자 함'은 그들에게는 거의 천성이 되어서, 그러한 습관 속에서 성장한다.(WA, Ⅷ: 35 참조) 보호자에 의한 결정과 정욕은 등가가 된다.[18)]

이렇게 볼 때, 칸트의 "과감히 알려고 하라"라는 말 속에는 소극적으로 말하자면 일종의 정욕으로서의 미성숙으로부터 벗어날 것을 스스로에게 요구하는 이성의 요구가 담겨 있다고 말할 수 있다. 적극적인 관점에서 말하자면 그의 그 말은 '인간의 사명'으로 향하려는 이성의 요구를 담고 있다. 아울러 그러한 요구의 실현이 개인의 차원에서 언급되지 않고, 사회적 실천의 차원에서 언급되고 있다. 물론 거기에는 개인의 결단을 불가피하게 동반한다. 그러나 그러한 결단이 유아론적 개인의 차원에서의 결단이 아니라, 사회적 관계 속에 놓인 개인으로서의 결단이다.

는 KrV, A534/B562 참조.

17) Katerina Deligiorgi, ibid., 60 참조.

18) Ibid.

4. 욕망의 추구와 역사의 전개

칸트가 감각적 욕망 전체를 부정적으로 보고 있는 것은 아니다. '실용적 차원'에서 뿐만 아니라, '실용적 관점에서 본 인간학의 차원'에서도,[19] 감각적 욕망을 추구하면서 살아가는 모습은 그에게도 기이한 일이 아니다. 그럼에도 불구하고 인간에게는 그러한 욕망 너머에 놓인 '계몽'으로 향하는 이성의 요구가 있으며, 그러한 요구에 따르는 것이 인간의 사명을 다하는 것이라고 그는 보고 있다. 우리는 추혼을 통해서 「계몽이란 무엇인가?」에 들장하는 "과감하게 알려고 하라"라는 말 속에 스며들어 있는 '욕망에 대한 그의 이

19) 칸트에서 '실용적'이라는 말은 이론적·사변적인 것과 대립되는 의미를 지닌다. [R. Brandt,(1999), 51 참조] 다른 한편 그것은 기술적-실용적-도덕적이라는 '실천적인 것 내에서의 성좌' 속에서 잘 이해될 수 있다. 그런데 칸트가 '실용적 관점에서 본 인간학'을 통해서 말하고자 하는 인간은 위의 성좌 속에 위치하고 있는 '실용적'이라는 말의 의미에 의해 한정되는 인간을 가리키지 않는다. 왜냐하면 앞서 각주 3)에서도 언급했듯이 『인간학』은 경험심리학에서 출발해서, 그로부터 그 내용을 세상에 적용하는 내용을 포함하는 것은 물론이고, 더 나아가 인간의 사명에 대해서 언급하는 내용까지 담고 있으며, 바로 거기서 정점에 이르고 있기 때문이다.(Ibid., 62 참조) 여하튼 칸트는 『인간학』에서 쾌적한 삶과 덕이 하나가 되는 경우에 대해서 긍정적으로 말하고 있다. 그러한 한 예로 "훌륭한 동석자들과 갖는 좋은 식사"(eine gute Mahlzeit in guter Gesellschaft)를 들고 있다. (ApH, Ⅷ:277-8) 달리 말해 칸트는 『인간학』에서 아리스토텔레스적인 행복론의 추구를 긍정적으로 받아들이고 있다. [R. Brandt(1994), 23]. 한편 『인간학』을 '영리의 학'(Klugheitslehre)에 초점을 맞추어 고찰한 국내 문헌으로는 다음을 참조할 것. 김수배, 「칸트의 인간관: 실용적 인간학의 이념과 의의」, 『철학연구』 37집, 철학연구회, 1995.

러한 입장'을 확인할 수 있었다. 이렇게 보자면 '감각적 욕망에 집착하는 것에서 벗어나서 이성의 요구로 향하는 것'이 「계몽이란 무엇인가?」에 함축된 '욕망에 대한 칸트의 견해'의 전부라고 말할 수 있는 것처럼 보인다.

그러나 「계몽이란 무엇인가?」에 함축된 욕망에 대한 그의 견해를 '정욕에 이성이 굴종하는 것으로부터 벗어나서 이성의 요구로 향함'이라는 말로 요약할 수는 없다. 왜냐하면 그는 「계몽이란 무엇인가?」에서 계몽을 위한 실천적 활동의 필요성을 주장하면서, 동시에 계몽은 이루어질 수밖에 없는 것임을 주장하고 있기 때문이다. 그는 미성숙의 상태에 머누는 것은 "인간성에 대한 침해"이고, "인류의 진보를 잠시라도 헛되게 만드는 것"은 "결코 허용될 수 없는 것"이며, 계몽을 단념하는 것은 "인류의 신성한 권리"를 손상시키고・유린하는 것이라고 주장하면서도, 그와 동시에 '미성숙의 상태에 머물게끔 의도하는 것'(계몽의 실현을 저지하는 것)은 "전적으로 불가능하다"고 분명하게 말하고 있다.(WA, Ⅷ:39) 그는 '계몽에 개입해야함'을 역설하면서도, 동시에 '계몽은 성취될 수밖에 없는 것임'을 함께 주장하고 있다.[20] 문제가 되는 것은 후자의 내용이다. '어쨌든 계몽의 진행은 멈춰지지 않는다.'는 주장은 '계몽을 위한 활동'을 불필요한 것으로 만들 수 있기 때문이다.

'계몽을 저지하는 것은 전적으로 불가능하다'는 칸트의 언급은 「계

20) 이런 까닭에 A. Breackman은 「계몽이란 무엇인가?」에는 쉽게 풀리지 않는 주장, 즉 '계몽이 실현되기 위한 구체적 조건에 대한 주장'(구체적 개입)과 '어쨌든 계몽은 이루어질 것이라는 주장'(역사철학적 관점)간의 긴장이 존재한다고 주장한다. 그에 따르면 「계몽이란 무엇인가?」의 세심한 독해를 통해 그러나는 '계몽을 선도하는 자(계몽의 후견인)'와 '공중'(Publikum)간의 긴장, '사상의 자유'와 '사상의 자유의 보장'간의 긴장 등은 근본적으로 위와 같은 긴장에 기인다. Antton Breackman, "the Moral Inevitability of Enlightment and the Precariousness of the Moment: Reading Kant:s What is Enlightment?", in: *The Review of Metaphysics*, Vol.62, No.2, 2008, 참조, 특히 289~301.

몽이란 무엇인가?」를 역사에 대한 그의 견해와 연관 짓게 하며, 그렇기 때문에 "자연의 계획"(ApH, Ⅷ: 322)을 통해서 그가 말하고자 했던 것이 무엇인가를 살펴볼 필요가 있다. 다시 말해 「계몽이란 무엇인가?」에 함축된 욕망에 대한 그의 견해를 총괄적으로 해명하기 위해서는 「계몽이란 무엇인가?」에서는 명시적으로 언급되고 있지 않지만, "자연의 계획"이라는 말을 통해서 그가 전달하고자 했던 내용이 무엇인지 고찰해 볼 필요가 있다. 왜냐하면 그러한 고찰을 통해서 '인류는 궁극적으로 도덕적 상태에 이르도록 그 사명이 규정되어 있다'(ApH, Ⅶ: 325 참조)는 주장의 근거가 적절하게 제시될 수 있으며, 이를 통해 "인간본성의 근원적 사명"으로서의 '계몽'(WA, Ⅷ: 39)이 실현될 수밖에 없는 것임을 보장해 줄 수 있는 근거가 무엇인지가 해명될 수 있기 때문이다. 그리고 그러할 때에 「계몽이란 무엇인가?」에 함축된 '욕망에 대한 칸트의 견해'가 총괄적으로 해명될 수 있을 것이다.

칸트가 무엇보다도 반대하고자 했던 '역사에 대한 견해'는 '인류가 덕으로 향해가다가는 곧바로 다시 악덕과 불행으로 빠지는 일이 반복되는 투쟁 속에 들어가 있다는 견해'이다.[21] 그렇다고 그가 어떤 선험적인 형이상학적 이념에 전적으로 입각해서 역사가 고찰되어야 한다는 견해를 피력하고 있지는 않다.[22] 그는 우리가 역사에 대해서 서술하기 위해서는 형이상학으로 돌아가서도 안 되며, 자연사의 박물관으로 시선을 돌려서도 안 된다고 주장한다.[23]

---

21) I. Kant, "Über den Gemeinspruch". Ⅷ: 308; Kaerina Deligiorgi, Ibid., 102 참조.

22) 물론 칸트가 역사의 서술에 이념이 전적으로 배제되어야 한다고 주장하는 것은 아니다. I. Kant, "Idee zu einer allgemeinen Geshichte in weltürgericher Absicht"(이하 IGA), Ⅷ: 29 참조.

23) I. Kant, "Rezensionen von J. G. Herders Ideen zur Philosophie der Geschichte der

그런데 "자연의 계획"이라는 칸트의 개념은 그의 그런 입장을 의심스러운 시선으로 보게 만든다. 그에 따르면, 자연은 인간의 사명이 실현되게끔 하려는 의도를 갖고 있다.(ApH, Ⅶ: 325 참조) 그리고 이를 위해서 자연이 취한 수단은 "사회 속에서의 인간들 간의 항쟁"이다.(IGA, Ⅷ: 20) 자연은 "시기하며 다투려는 자만심", "만족할 줄 모르는 소유욕 혹은 지배욕"과 같은 인간의 충동들(혹은 욕망들)을 그 수단으로 취한다.(IGA, Ⅷ: 21)[24] 흥미로운 것은 이를 통해 자연은 인간이 자신들의 잠재된 능력들이 일깨워지는 것을 경험하도록 한다는 점이다. 다시 말해 자연은 인간이 서로 상충하는 자신들의 욕망들을 추구하는 가운데, 갈등하게 되고 그 갈등을 통해서 보다 높은 목적에 다다르게끔 한다는 점이다.(IGA, Ⅷ: 21 참조) 즉, 자연은 사람들 간의 이러한 갈등・대립이라는 수단을 통해서 인류가 문화의 단계로 진입하게 되고, 그로부터 더 나아가 법이 지배하는 사회에 이르게 되고(IGA,Ⅷ: 22 이하 참조), 그리하여 인간의 사명이 달성되게끔 한다는 것이다.

이러한 칸트의 주장은 심각한 문제를 안고 있는 것처럼 보인다. 그의 주장은 이성이 성찰할 수 있는 영역을 넘어서 있는 것처럼 보인다. 자신이 비판하고자 했던 형이상학적인 역사 서술의 입장을 칸트 자신이 취한 것처럼 보이기도 한다. 요컨대 칸트의 위와 같은 논의는 동의하기 어려운 목적론에 기대고 있다는 비판이 가능해 보인다.

Menschheit", Ⅷ: 56, 참조.

24) 칸트에 따르면, 이러한 대립・갈등은, 자연의 계획의 관점에서 보자면 "우리에게는 불가해한 최고의 지혜의 수단"이다.(ApH, Ⅶ: 322)

그러나 칸트의 의도는 사실상 그러한 비판으로부터 멀리 떨어진 곳에 놓여 있다. 이와 관련하여 결정적인 개념이 바로 "비사교적 사교성"(ungesellige Geselligkeit) 개념이다.(IGA, Ⅷ: 20)[25] "비사교적 사교성"을 통한 인류의 진보라는 테제는 터무니없는 형이상학적 주장과 거리가 멀다. 그것은 우리의 배후에 놓여 활동하는 비밀스러운 힘에 관한 언급이 아니다. 오히려 그것은 인간의 사회적 행위에 기초한 현실성을 담고 있는 주장으로 해석되어야 마땅하다.[26] 그가 "비사교적 사교성" 개념을 통해서 기본적으로 해명하고자 의도했던 것은, 사회 속에서 서로 갈등하는 욕망들이, 즉 서로 자신의 목적을 실현하려고 함으로써 상충할 수밖에 없는 욕망들이 그 갈등을 넘어서서 공존할 수 있는 사회("보편적으로 법이 지배하는 시민사회", IGA, Ⅷ: 22)[27]에 어떻게 도달할 수 있는가라는 문제였다.

---

25) 브란트에 따르면, 칸트의 "자연의 계획"에 담긴 의미는 스토아주의의 테제, "자연에 맞게 살아라"(naturae conveninter vive)와 다를 바 없으며, 이는 "정동과 정욕"에 빠진 인간과 대립된다. 세상의 지혜에 순응하는 인간은 "자연의 계획"에 맞게 살려는 지혜를 지닌다는 것이다. [R. Brandt, (1994), 23-24] Eh 그는 다음과 같이 말하고 있다. "인간의 사명의 근거를 맹목적인 외적인 것에서 찾는 숙명론과 달리, 칸트는 '그 목적을 우리 스스로 규정하는' 우리들의 이성의 본성에서 찾는다. 자연의 계획은 우리가 우리들의 본성에 따라 자연으로부터 벗어나게끔 한다. 우리들의 이성의 본성은 우리를 '사페레 아우데'(sapere aude)로, 자유로, 그리고 이와 함께 자기입법으로 규정한다."[R. Brandt(2007), 16, 19] 그런데 "자연의 계획"을 이렇게만 이해하고자 할 경우, 어려움에 직면한다. 그럴 경우, "자연의 계획"이라는 것이 과연 현실성을 담고 있는 것인지, 그리고 그것은 칸트가 비판하고자 했던 전통 형이상학의 잔재는 아닌지 하는 의구심에 대한 적절한 해명이 제시되지 않기 때문이다. '우리가 우리들의 본성에 따라 자연으로부터 벗어나게끔'하는 메커니즘이 설명되어야 한다. 그리고 그러한 한에서 칸트의 역사관에 대한 고찰, 특히 "비사교적 사교성"에 대한 고찰을 불가피하다.

26) A. Wood는 인간의 이러한 특성(사회 속에서의 갈등 · 갈등의 해소하는 특성)에 대한 칸트의 통찰이야말로 그의 인간학은 물론이고, 더 나아가 그의 도덕철학의 기초임을 주장한다. 감각적 욕망의 추구와 그러한 욕망들 간의 갈등이 삶의 불가피한 요소이며, 이는 사회적 관계를 통해서만 해소되어갈 수 있다는 사실을 칸트는 잘 간파하고 있었으며, 이 점이야말로 그의 인간학뿐만 아니라 도덕철학의 기초라고 주장하고 있다. Allen Wood, "Unsociability" The Anthropological Casis of Kantian Ethics", in: *Philosophical Topics* 19/1, 1991 참조.

27) 칸트에 따르면 "인류에게 가장 큰 문제는 법을 보편적으로 집행할 수 있는 시민사회에 도달하는 것"이며, 이는 구성원들 간의 "항쟁"속에서만 가능하다. (IGA, Ⅷ: 22) 그리고 그러한 시민하회에 도달하는 것은 "국내적으로"나 "국제적으로"도 "완전한 국가체제"(Ⅷ: 27)에 이르는 것(이는 정의가 견지되는 국가간의 평화의 상태를 전제로 한다, 따라서 이는 인류가 해결해야할 가장 어렵고 까다로운 문제이다 Ⅷ: 23-4 참조)을 의미하며, "보편적 세계 시민적 상태"에 이르는 것에 다름 아니다. (Ⅷ: 28) 다시

칸트에 따르면, 인간들은 다른 동물들과 달리 사회 속에서 행위하는 가운데, 사회 밖에서는 나타내지 못하는 능력들을 발전시킨다.(IGA, Ⅷ: 20-1 참조) 물론 사회 속의 개인들에 의해서 추구되는 목적들은 양립하기 거의 힘들기 때문에, 사회 속에 개인들은 조화로 귀결되기 어렵다. 오히려 다른 사람은 자신의 계획을 실제로 혹은 잠재적으로 방해하는 것으로 경험된다. 다시 말해 "사회 속에서의 인간들 간의 항쟁"(Antagonism)은 불가피하다. 그럼에도 불구하고 경쟁하는 개인들 간의 대립・충돌에 의해서 사회가 파멸에 이르지 않는다. 사회는 개인들 간의 적대적인 관계에서 생겨나는 분화・갈등을 제어하며 존속한다. 그리고 그러한 과정을 통해서 사람들은 자신들이 의식하지 못했던 능력들을 발전시키고, 그것을 통해서 인류는 문화의 단계에 진입하고, 더 나아가 보편적 법에 의해 지배되는 시민 사회에 이르고, 그리하여 인간의 사명이 달성되는 상태에 이르게 된다는 것이다.[28)]

이상의 내용을 토대로 볼 때, 칸트에 따르면 감각적 욕망은 삶에 깊숙이 뿌리 박혀 있으며, 따라서 그러한 욕망들을 추구하는 가운

말해 그것은 "세계시민적 공화제를 통해서 정의가 견지되는 평화"의 사회(정치체제)에 이르는 것이다.(A. Wood, ibid., 345쪽 참조); 한편 이러한 생각("비사교적 사교성")은 당대 계몽주의자인 디드로나 루소의 견해와 비교해보면 그 특징이 잘 드러난다. 디드로는 끊임없는 투쟁의 상태만을 강조한다. 루소는 대립, 투쟁 이전의 자족의 상태였던 '자연의 상태'를 강조한다. 이에 반해 칸트는 인간의 사교적 특성과 비사교적 특성 둘 다를 고려한다. Katerina Deligiorgi, ibid., 111 참조.

28) A. Wood는 「보편사의 이념」에서 칸트가 "정의가 견지되는 평화"의 정치체계를 "인류사의 중간점"(IGA, Ⅷ:26)라고 언급하고 있는 내용과 『판단력비판』에 서술되고 있는 "자연의 최종목적"과 "궁극목적"의 구분을 근거(KU, 388, 433 참조)로 해서, 인류사는 "정의가 견지되는 평화"의 정치체제를 넘어서, 완전하게 도덕적 상태에 이르는 것이 인류의 사명이라고 일컫고 있다. (A. Wood, ibid., 341–3 참조) 이점은 '인간의 사명'과 관련하여 「보편사의 이념」에서는 그 궁극적 모습이 언급되고 있지 않다는 물음을 야기시킬 수 있다. 이에 대한 자세한 논의는 별도의 지면을 요한다. 여하튼 그 둘을 본고에서 상세하게 구분하지 않고 논의를 전개하더라도 큰 문제가 되지 않는다고 논자는 생각한다. 왜냐하면 논자가 "자연의 계획"에 대한 고찰을 통해서 의도하는 바는 칸트에서 역사의 전개 및 그와 결합된 인간 욕망의 발현의 기본 방향을 확인하고자 하는 것이기 때문이다.

데 욕망과 욕망이 충돌하는 것은 불가피하지만, 그러한 충돌 속에서도 파국으로 치닫지 않고 화해의 장이 마련되는 사회적 행위를 통해서, 그것도 그러한 행위의 부단한 과정을 통해서 극복되어질 수 있고, 그 부단한 과정을 통해서 인류는 자신의 사명을 성취하는 상태에 이르게 된다. 그리고 이러한 한에서, 인간의 감각적 욕망의 추구와 그러한 욕망의 추구로부터 야기되는 욕망과 욕망의 충돌・갈등, 그리고 그러한 충돌・갈등의 해소에 대한 칸트의 생각이 함축된 "자연의 계획"은 공허한 형이상학적 사변에 의존하는 것이 아니다. 또 '계몽은 실현될 수밖에 없음'을 함축하는 그의 언급을 이러한 관점에서 이해하고자 할 경우, 그것 역시 우리의 이성의 영역의 넘어서 있는 것이 아님을 알 수 있다.

그렇지만 "자연의 계획"에 대한 이러한 해명만으로는 앞서 제기했던 문제, 즉 '계몽의 개입'과 '계몽의 실현'간의 긴장은 여전히 해소되지 않은 채로 남아 있는 듯이 보인다. 즉, '자연의 계획'과 '개인의 도야에 대한 이성의 요구'가 칸트의 견해 내에서 조화롭게 설명될 수 있는가 하는 물음이 여전히 제기될 수 있다. 개인들 간의 욕망의 충돌과 대립 속에서도 인류 전체가 계몽의 길로 향하고 있다면, 개인의 도덕적 노력, 다시 말해 이성의 요구에 충실하려는 개인의 노력은 여전히 무용한 것처럼 보일 수 있기 때문이다. '칸트는 결코 한 개인의 도야를 "자연의 계획"의 수단으로 간주하지 않았다'[29]는 주장에 주목한다면, 그에게서 '자연의 계획으로 총칭되는 것 속에 담긴 인간의 욕망들 간의 갈등 및 그 갈들의 해소'와

---

29) 브란트(R. Brandt)에 따르면, 칸트는 "자율적인 개성으로서의 나는 역사 계획의 단순한 한 수단으로 나를 만들게끔 허용하는 것에 굴복하지 않는다."는 점을 분명히 하고 있다. R. Brandt(1999), 14.

'인간의 사명의 실현을 위한 실천적 행위를 강조하는 이성의 요구' 간에는 여전히 긴장관계가 형성되고 있는 것처럼 보인다.

그런데 간과해서는 안 될 사실이 있다. 칸트가 말하는 "자연의 계획"은 위와 같은 사실에도 불구하고 그것이 '사실'(fact)에 대한 확정적 진술이 아니라, 일종의 픽션을 포함하는 실천적으로 구성된 "규범적 이상"(a normative ideal)로 해석되어야 한다는 점이 그것이다.[30] 달리 말해 역사의 전개에 대한 칸트의 관점은 역사의 과정에 대한 어떤 확고한 이론적 지식에 의해서 취해진 것(자연적 불가피성)이라기보다는 실천적 입장에서 취해진 것(도덕적 불가피성)으로 해석되어야 한다는 것이다. 그리고 이럴 경우 계몽을 향한 이성의 요구는 계몽의 불가피성이라는 '규범적 호소' 내에 위치지어질 수 있다. 그리고 그러한 한에서 "바로 지금"(right now) 이성의 요구에 따를 것을 주장하는 것(정욕으로서의 미성숙에서 벗어나 계몽으로 향할 것을 주장하는 것)은 여전히 그 의미심장함을 지닐 수 있다.[31]

---

30) Antoon Breackman(2008), 303-5 참조.

31) Antoon Breackman, ibid., 305-6 참조.

5. 맺음말

칸트는 감각적인 욕망에 이성의 요구를 내맡기는 것에 대해서 일관되게 비판하고 있다고 해도 지나치지 않다. 그가 보기에 그것은 인간의 본성에서 멀어지게 하는 짓이다. 그러나 그가 감각적 욕망 일반은 물론이고, 정욕의 현존 자체를 부정한 것은 아니다. 그가 그러한 욕망들을 당장에 현실적으로 막을 수 있다고 본 것도 아니다. 그러한 욕망들이 개인의 어떤 특별한 수련을 통해서 극복될 수 있다고 보고 있는 것도 아니다. 그러한 욕망들은 삶에 깊숙이 뿌리박혀 있으며, 따라서 그러한 욕망들을 추구하는 가운데 욕망과 욕망이 충돌하는 것은 불가피하지만, 그러한 충돌 속에서도 파국으로 치닫지 않고 화해의 장을 마련하는 사회적 행위를 통해서만 그것도 그러한 행위의 부단한 과정을 통해서만 극복되어질 수 있다고 칸트는 보고 있다. 중요한 사실은 그의 그러한 견해가 공허한 사변에 기초한 것이 아니라, 인간의 사회적 행위들이 산출해내는 사태에 대한 실천적 인식에 기초하고 있다는 점이다. 그리고 그러한 한에서 '이성의 요구'(계몽의 실현을 위해 개입해야 한다)와 '자연의 계획'(계몽은 실현되게끔 계획되어 있다)이 양립될 수 없는 긴장 속으로 빠져들지 않고, 전자의 내용이 후자의 내용 내에서 위치지어질 수 있는 것이다. 물론 그럼에도 불구하고 '추정된 사실'로서의 자연의 계획과 '희구적 당위'로서의 자연의 계획 간의 관계에 대한 설명은 여전히 만족스럽지 못할 수 있다. 달리 말해 욕망과 욕망의 갈등 그리고 그 갈등의 해소에 대한 칸트의 논의는 어느 정도까지 추정된 것이며, 또 어느 수준의 당위를 함축하고 있는가 하는 점은 여전히 문제로 남는다. 그리고 그러한 한에서 그의 욕망관의 총괄적 해명을 위해서는 그의 역사철학의 논의에 대한 보다 상세한 고찰은 물론이고 그의 목적론 및 그 목적론과 떼어놓고 생각하기 어려운 반성적 판단력에 대한 그의 견해를 섬세하게 고찰할 필요가 있다. 그러나 이는 본고의 한계를 넘어서는 작업이다.

참고문헌

Brandt, Reinhard, "Ausgewählte Probleme der Kantische Anthropologie", in: Der ganze Mensch : *Anthropologie und Literatur im 18 Jahrhundert : DFG-Symposion 1992*, hrsg. von Schings, Hans-Jürgen, Stuttgart : Metzler, 1994.

Brandt, Reinhard, *Kritischer Kommentar zu Kants Anthropologie in pragmatischer Hinsicht*, Hamburg: Felix Meiner, 1999

Brandt, Reinhard, *Die Bestimmung des Menschen bei Kant*, Hamburg: Felix Meiner, 2007.

Breakman, Antoon, "the Moral Inevitability of Enlightenment and the Precariousness of the Moment:Reading Kant's What is Enlightenment?", in: *The Review of Metaphysics*, Vol.62, No.2, 2008.

Deligiorgi, Katerina, *Kant and the Culture of Enlightment,* State University of New York Press, 2005.

Kant, I., *Kants Gesammelte Schriften,* hrsg. von der koniglich preussischen Akademie der Wissenschaften, Berlin: Gruyter, 1910.

Kant, I., *Grundlegung zur Metaphysik der Sitten*, Hamburg: Felix Meiner, 1999

Kant, I., *Kritik der reinen Vernunft*, Hamburg: Felux Meiner, 2002.

Kant, I., *Kritik der praktischen Vernunft*, Hamburg: Felix Meiner, 2002

Kant, I., *Kritik der Urteilskraft*, Hamburg: Felix Meiner, 2002.

Kant, I., *Ahthropologie in Pragmatischer Hinsicht*, Hamburf: Felix Meiner, 2002.

Kant, I., *Anthripology from a Pragmatic Point of View*, trans. by Robert B. Louden, Cambridge University Press, 2006.

Kant, I., 『실용적 관점에서 본 인간학』(이남원 역), 울산대 출판부, 1998.

Kant, I., 『칸트의 역사철학』(이한구 편역), 서광사, 1992.

Wilson, Holly, L., *Kant's Pragmatic Anthropology Its Origin, Meaning and Critical Significance*, State University of New York, 2006.

Wood, Allen, "Unsociable Sicuability: The Anthropological Casis of Kantian

Ethics", in: *Philosophical Topics* 19/1, 1991

Zammito, John H., *Kant, Herder, and the Birth of Anthropology*, the University of Chicago Press, 2002.

김수배, 「볼프의 경험심리학과 칸트의 인간학」, 『철학』 제50집, 한국철학회, 1994.

김수배, 「칸트의 인간관: 실용적 인간학의 이념과 의의」, 『철학연구』 제37집, 철학연구회, 1995.

‘욕망의 억압’에서 ‘쾌락의 활용’으로

– 미셸 푸코의 『성의 역사』를 중심으로 –

허경

1. 들어가면서 – 권력의 사법적 · 경제적 관념의 비판

미셸 푸코(Michel Foucault, 1926-1984)는 1975년 자신의 가장 논쟁적이면서도 가장 중요한 책들 중 하나인 『감시와 처벌: 감옥의 탄생』(*Surveiller et Punir: La Naissance de la Prison*)[1)]을 발표한다. 이 책에서 푸코는 플라톤 이래 서양 사회에서 권력(pouvoir)에 대한 주도적인 이론을 구성해왔던 **권력의 사법적**(*juridique*) **이론**을 비판한다. 푸코가 말하는 권력의 사법적 이론이란 궁극적으로 권력을 부정적인 것, 즉 "~을 하지마라"라는 **금지**(*interdiction*)의 기제로서 바라보는 관점을 말한다. 이러한 관점에서 이해된 권력은 근본적으로 소유 · 양도 · 쟁취 · 박탈 가능한 무엇, 즉 하나의 **재산**(le bien) 혹은 **소유물**(*propriété*)로 이해된다. 이런 점에서 권력의 사법적 관점은 또한 **경제적**(*économique*) 관점과도 겹친다. 푸코가 보기에 권력에 대한 이러한 사법적 · 경제적 관점은 권력의 전반적 모습을 그려내

1) Michel Foucault, *Surveiller et punir*, Gallimard, 1975; 『감시와 처벌: 감옥의 탄생』, 오생근 옮김, 나남출판, 2003.

기에 '부적절한 것' 혹은 '불충분한 것'인데, 그 이유는 권력의 이러한 부정적 관점이 권력의 **생산적**(*productive*) 측면, 즉 진리 혹은 진리의 담론을 생산해내는 그것의 적극적 측면을 포착하지 못하게 만들기 때문이다.

한편 푸코가 보기에 권력은, 단순히 금지, 부정 혹은 억압을 수행하는 것에 그치지 않으며, 이를 넘어 지식(savoir)과 결합되어 진리(vérité)를 생산하는 적극적 기능을 수행하는 무엇이다. 이를 요약한 것이 푸코의 조어인 **권력-지식**(pouvoir-savoir) 개념이다. 푸코에 따르면, 권력은 플라톤 이래 서양의 주도적인 인식 이론에서 말하는 것처럼 지식 혹은 진리와 동떨어져 지식을 지배·이용하거나 혹은 지식에 무관심할 수 있는 것이 아니다. 이를 지식의 측면에서 다시 풀어본다면, 지식은 권력과 결탁 혹은 아첨하거나 권력에 초연할 수 있는 어떤 중립적인 것이 아니라고 말할 수 있다. 푸코의 권력-지식 개념에 의하면 권력과 지식은 서로서로 얽히면서 서로서로를 구성하는 두 개의 요소들을 이르는 이름이다. 권력과 지식은 서로서로를 생산한다. 그리고 이렇게 이해된 권력-지식은 다름 아닌 욕망의 문제와 맞물리면서 **근대적 주체**(*le sujet moderne*) 곧 복종하는 개인, 순종하는 개인을 탄생시킨다.

푸코가 『감시와 처벌』 출간 바로 이듬해인 1976년 발표한 『성의 역사 1: 앎의 의지』(*L'Histoire de la Sexualité 1: La Volonté du Savoir*)의 주된 관심은 바로 이러한 관점에서 기존의 **욕망**(*désir*) 및 **주체**(*sujet*) 이론이 암묵적으로 전제하고 있는 근본적 **문제틀**(*problématique*)을 전복하려는 것이다. 그리고 이러한 모든 논의의 중심에는 20세기 초에 프로이트(Sigmund Freud, 1859~1939)에 의해 결정적인 방식으로 설정된 '욕망의 **억압**(*répression*) 및 그것의 **해방**(*libération*)'이라는 전통적 문제틀을 비판적으로 검토하려는 푸코의 의지가 놓여 있다.[2] 푸코의 『앎의 의지』에 나타난 '욕망'의 문제는 근대적 '주체'의 문제를 둘러싼 하나의 **철학적** 문제이자, 억압과 해방의 순환 궤도를 돌고 있는 하나의 **정치적인** 문제이다.

---

2) 프로이트는 자신의 말년에 기술한 「정신분석 운동의 역사」에서 정신분석 이론의 모든 구조적 초석(礎石)은 바로 억압 이론이라고 선언한 바가 있다. 프로이트는 「억압에 관하여 Die Verdrängung」(1915)를 비롯한 많은 논문에서 억압의 문제를 다룬다. 프로이트는 이 논문에서 다음과 같이 억압 발생의 조건을 규정한다. "본능 충동은 여러 변화 과정을 거치는 가운데 그 활동을 제지하는 갖가지 저항에 부딪힐 수 있다. 우리는 이제 본능 충동이 어떤 조건에서 그와 같은 〈**억압**〉의 상태로 빠져 드는지, 그것을 더욱 면밀하게 살펴보기로 하겠다. 이 경우, 만일 외부의 자극이 문제가 되는 조건으로 작용한다면 그 자극에서 〈도피〉하는 것이 자아가 선택할 수 있는 적절한 방법이 된다. 그러나 본능의 경우엔 자아가 그 자신으로부터 도피한다는 것이 어불성설이기 때문에 그런 도피가 아무 소용이 없다. 일정 시간이 흐른 뒤에는 판단에 따른 거부(견책)가 본능 충동에 대처하는 효과적인 방법이라는 사실이 밝혀질 것이다. 억압은 바로 도피와 판단에 따른 거부의 중간 단계에 있는, 말하자면 판단에 따른 거부의 예비 단계라 할 수 있다. 그리고 이 억압이란 개념은 정신분석 연구가 이루어지기 전 시대에는 전혀 설명되지 않은 개념이기도 하다. 본능 충동이 겪을 수 있는 그런 변화의 과정을 억압이라는 말로 이끌어 내 설명하는 것이 이론적으로 그리 쉬운 일은 아니다. 왜 어떤 본능 충동은 그런 변화를 겪어야 하는가? 억압 과정이 일어나는 필요조건은 분명 본능의 목표 달성이 쾌락이 아닌 불쾌를 만들어 내는 경우일 것이다. 그러나 그런 경우를 우리는 상상할 수가 없다. 왜냐하면 본능의 만족이란 늘 쾌락을 안겨다 주는 것이어서 불쾌의 결과를 낳는 본능이란 있을 수가 없기 때문이다. 따라서 우리는 어떤 특수한 상황을 상정하지 않을 수 없게 된다. 다시 말해, 본능의 만족으로 얻은 쾌락이 분명 어떤 과정에 의해 불쾌로 바뀔 수가 있다는 가정을 하지 않을 수가 없는 것이다"(프로이트, 『정신분석학의 근본개념』, 열린책들, 2003년 신판, p.137~p.138). 한편 『프로이트 전집 표준판』의 편집자에 따르면 프로이트에 있어서의 억압 개념은 다음과 같은 계보를 갖는다. "역사적으로 볼 때 〈억압 *Verdrängung*〉 개념의 도입은 정신분석 운동의 초기까지 거슬러 올라간다. 1893년에 프로이트가 브로이어와 함께 발표한 「히스테리 현상의 심리적 메커니즘에 관하여: 예비적 보고서」란 글에서 〈억압〉이란 개념이 처음 지면(紙面)에 모습을 드러냈다. 이보다 앞서서 〈억압〉이란 용어를 사용한 사람은 19세기 초의 심리학자였던 헤르바르트 J. F. Herbart 였다. 프로이트는 당시 헤르바르트의 추종자였던 그의 스승 마이네르트 T. Meynert 를 통해 아마 이 〈억압〉이란 개념을 알게 되었을 것으로 추정된다. 그러나 프로이트 자신은 「정신분석 운동의 역사」에서 자신의 억압 이론은 어느 누구의 도움이나 영향도 받지 않은 독자적인 작품이라고 주장한다. 또 「나의 이력서」에서는 〈억압〉개념은 아주 새로운 개념으로, 당시 자신이 그 이론을 내세울 때까지만 하더라도 정신적 삶의 한 과정으로 전혀 인식되지 않았던 개념이라고 말한다. 그리고 『히스테리 연구』나 앞에서 언급한 「정신분석 운동의 역사」의 여러 부분에서 프로이트는 그 개념을 어떻게 도입하게 되었는지 설명하기도 했다. 사실 프로이트의 그런 설명들은, 〈억압〉개념이 저항이라는 임상적 현상을 설명하다 보면 불가피하게 제시될 수밖에 없는 개념인데, 그것이 카타르시스를 통한 히스테리의 치료에서 최면을 활용하지 않는 기술적인 혁신을 통해 빛을 보게 되었다는 점을 강조하는 설명들이다"(같은 책, p.133~p.135).

2. 『성의 역사 1: 앎의 의지』 - 권력 · 섹슈얼리티 · 진리

이미 지적한 것처럼 『감시와 처벌』은 권력 이해의 전통적 사법적 · 경제적 관점을 비판하는 책이다. 이러한 기존의 권력 관념에 대하여 푸코가 제시하는 새로운 권력 이해의 틀은 **권력 관계**(*relations de pouvoirs*) 혹은 **세력 관계**(*relations de forces*)의 인식틀이다. 존재하는 것은, 어떤 플라톤적인 실체로서의 대문자 '권력' 혹은 '권력 자체'(le Pouvoir)가 아니라, 오직 미세하고 촘촘한 권력 관계들뿐이다. 이러한 관점에서 실상 우리가 일상적으로 '권력'이라 부르는 거시 권력(macro-pouvoir)은 그러한 미시적 권력관계의 **효과** 혹은 **결과**(effet), 그러나 가장 가시적인 하나의 파생물, 결과물에 지나지 않는다. 푸코는 권력-지식의 복합체를 구성하는 이 미시 권력(micro-pouvoir)의 분석을 위해 새로운 **권력의 미시물리학**(*micro-physique du pouvour*)이 필요하다고 주장한다.

기본적으로 『성의 역사 1: 앎의 의지』[3]는 이러한 관점을 **주체**와

[3] 『성의 역사』는 원래 모두 6권으로 기획되어 있었으나 푸코의 갑작스런 죽음으로 3권까지만 발간되었다. 발간된 3권의 제명은 각기 '앎의 의지', '쾌락의 활용' 및 '자아의 배려'이며, 푸코는 4권 '살의 고백'을

성의 문제에로 확장한 것이라 볼 수 있다. 푸코가 자신의 공격 목표로 삼는 것은 성에 관한 **억압의 가설**이다. 억압의 가설은 단적으로 말해 성이 '억압'되어 있으며, 따라서 우리는 그로부터 '해방'되어야 한다는 관점이며, 이 때 성으로 대표되는 '욕망' 일반을 억압 및 해방이 가능한 어떤 것으로 본다는 점에서 이러한 관점은 금지에 기초한 사법적 권력관에, 또한 소유 가능한 하나의 실체로 본다는 점에서 성에 대한 경제적 기능주의적 권력관에 기초한 것이다. 푸코가 문제를 제기하는(problématiser) 것은 바로 성으로 대변되는 이러한 욕망의 전통적 이해 모델, 성과 욕망의 사법적·경제적 관점이다. 푸코는 이러한 자신의 문제의식을 다음과 같이 표현한다.

> 요컨대 100여 년 전부터 요란스럽게 스스로의 위선을 비난하고, 자체의 침묵에 대해 장황하게 이야기하고, 말해지지 않는 것을 상세히 논하는 데 열중하고, 스스로가 집행하는 권력을 규탄하고, 자체의 기능이 원활하도록 해주는 법으로부터의 해방을 약속하는 한 사례에 의문을 제기하는 것이 문제이다. 나는 그 담론들뿐만 아니라, 그것들을 낳는 의지와 그것들을 옹호하는 전략적 의도까지 검토해 보려고 한다. 내가 제기하려고 하는 문제는 **왜 우리들이 억압받고 있는가**가 아니라, **왜 우리는 그토록 대단한 열정, 그리고 우리들의 가장 가까운 과거와 우리들의 현재와 우리들 자신에 대해 그토록 강렬한 원한을 지닌 상태에서, 우리들이 억압받고 있다고 말하는가**이다. [...] 왜 그토록 오랜 세월 동안 성과 죄가 결합되어 왔는가를 자문하는 것은 의심할 여지 없이 정당한 일이다.—이러한 결합이 어떻게 성립되었는가를 알아야 할 것이고, 성이 〈단죄되어〉 있었다고 일괄적으로 성급하게 말하는 것을 삼가하지 않으면 안 될 것이다—하지만 이와 동시에 예전에 성을 죄악시했다는 것에 대해 오늘날 우리들이 그토록 강한 죄책감을 느끼고 있는 것은 무엇 때문인가 하는 점도 자문해 보아야 할 것이다.[4]

일부만을 남긴 채 1984년 사망했다. 한편 1976년 제1권 『앎의 의지』가 발간될 당시 알려진—이후 푸코가 포기했던—원 기획의 제명은 각기 제2권 '어린이의 십자군', 제3권 '여성, 모성적인 것과 히스테리적인 것', 제4권 '도착자들', 제5권 '인종과 인구' 등이다.

4) VS, 16; 『앎의 의지』, 29. 인용자 강조.

위의 인용문에서 잘 나타난 것처럼, 푸코의 분석은 이처럼 **억압** 자체에 대한 것이기도 하지만, 그보다는 더욱 더 억압의 **담론** 자체에로 명확히 지향되어 있다. 푸코는 성과 욕망의 억압 담론에 대한 자신의 기본적 회의를 다음과 같이 세 가지로 정리한다.

> 1) 첫 번째 의문: 성의 억압이 정말로 자명한 역사적 사실인가? 맨 처음의 시선에 드러나는 것－따라서 출발점의 가설을 제기하도록 하는 것－이것은 정말로 17세기 이래 성에 작용해온 억압체제의 두드러짐인가 또는 어쩌면 그것의 성립일 것인가? 이것은 본질적으로 **역사적인** 물음이다. 2) 두 번째 의문: 권력의 역학, 그리고 특히 우리의 사회와 같은 사회 안에서 작용하는 역학은 매우 본질적으로 억압적 차원의 것인가? 금지, 검열, 부인(dénégation)은 아마 모든 사회에서 그리고 확실히 우리의 사회에서 일반적으로 권력이 행사되는 형식들임에 틀림없는가? 이것은 **역사적**이고 **이론적** 물음이다. 3) 마지막으로 세 번째 의문: 억압을 비판하는 담론은 그때까지 이의 없이 기능해 온 권력의 기제를 가로질러 그것의 통로를 차단할 것인가? 또는 〈억압〉이라고 부르면서 비난하는 (그리고 틀림없이 왜곡하는) 것과 똑 같은 역사적 문맥에 그 담론이 속하는 것은 아닌가? 억압의 시대와 억압에 대한 비판적 분석 사이에는 정말로 역사적 단절이 존재하는가? 이것은 **역사적**이고 **정치적인** 물음이다.[5]

푸코의 이러한 **문제제기**(*problématisation*)는 우리를 성과 욕망의 억압 가설 혹은 담론에 대한 이론적·역사적·정치적 분석에로, 또한 그러한 담론의 결과물들에 대한 버팀목이자 도구의 역할을 하는 '앎의 의지'에 대한 분석에로 이끈다. 한편 위의 마지막 질문에서 잘 드러나는 것처럼, 푸코의 기본적 문제의식들 중 하나는 억압의 시대와 그에 대한 비판적 분석의 시대가 명확히 구분되는가, 다시 말해 **하나의 담론과 그것에 대한 비판적 담론이 동일한 인식론적 에피스테메 혹은 지식고고학적 지층에 속하는 것은 아닌가**,[6]

---

5) VS, 18; 『앎의 의지』, 30~31. 인용자 강조. 일련번호는 인용자의 것.

즉 단적으로 말해 **그러한 비판적 담론 자체가 그러한 담론을 구성하고 유지하는 담론적 장치의 일부가 아닌가**라는 물음이다. 물론 이에 대한 푸코의 답변은 긍정적이다. 성과 욕망의 억압 및 해방의 담론 자체가 그것을 확대 · 재생하는 보다 큰 **자기의 테크놀로지**(*technologies de soi*),[7] **주체화 과정**(*subjectivation*)의 일부를 구성한다.[8] 이러한 성과 욕망의 '억압과 해방'의 가설 · 담론, '장치'가 갖는 가장 큰 아이러니는 "우리들로 하여금 그것에 우리들 자신의 <해방>이 달려 있다고 믿게 한다."는 점에 있다.[9]

이제 푸코에게 있어, 성에 관련된 욕망의 문제 곧 **섹슈얼리티**(*sexualité*)의 문제는 이론적 · 철학적 · 역사적인 동시에 윤리적 · 정치적인 문제이다. 이렇게 명확한 문제의식 아래 작성된 『앎의 의지』의 목표는 푸코가 말하는 '우리사회' 곧 즉 서구 사회가 '17세기 이

---

6) 에피스테메는 '자신의 합리적 가치 혹은 객관적 형식을 스스로 지시하는 모든 기준을 벗어나 고찰되는 인식이 자신의 실증성을 강화하며, 그러한 방식으로 하나의 역사-자신의 점증하는 완전성의 역사가 아니라, 오히려 자신의 가능성의 조건들의 역사-를 드러내는 인식론적 장(場)'이다(MC, 13; 『말과 사물』, 19), 혹은 '한 주어진 역사적 시기와 사회에 있어 다양한 유형의 담론들을 연결시켜주는 관계들의 집합 전체'(Judith Revel, *Le vocabulaire de Foucault*, ellipses, 2002, p. 25)이다. 에피스테메의 개념을 중점적으로 상세히 다룬 논문은 다음을 보라. 허경, 「푸코의 에피스테메 개념」, 『에피스테메』, 제1호, 고려대학교 응용문화연구소, 2007, p.209~p.232.

7) 자기의 테크놀로지 혹은 자기의 테크놀로지의 해석학은 '개인들로 하여금, 자기 스스로의 힘으로 혹은 다른 이들의 도움을 받아, 행복 · 순결 · 지혜 · 완전함 · 혹은 불사(不死) 등의 상태에 도달하기 위하여 자신을 스스로 변형시키거나 혹은 자신의 신체 · 영혼 · 사고 · 행위에 대한 일련의 조작(操作) 행위를 수행하도록 허용하는 것'으로 정의되며, 1982년 버몬트 대학에서 열린 동명의 세미나에서 낭독된 원고이다. Michel Foucault, *Technologies of the Self. A Seminar with Michel Foucault*, ed. Luther H. Martin, Huck Gutman and Patrick H. Hutton, The University of Massachusetts Press, 1988, p.18; 미셸 푸코, 『자기의 테크놀로지』, 이희원 옮김, 동문선, 1997, 36쪽. 우리말 번역을 수정했다.

8) 이러한 주체화 과정 혹은 자기의 테크놀로지의 해석학을 다룬 것이 푸코의 콜레주 드 프랑스 1981~1982년 강의록인 『주체의 해석학』이다. Michel Foucault, *L'Herméneutique du sujet. Cours au Collège de France 1981-1982*, édition établie sous la direction de François Ewald et Alessandro Fontana, par Frédéric Gros, 'Hautes Etudes', Gallimard/Seuil, 2001; 미셸 푸코, 『주체의 해석학. 1981-1982, 콜레주 드 프랑스에서의 강의』, 심세광 옮김, 동문선, 2007. 우리말 번역을 수정했다. 본 논문의 주된 분석 대상들 인 『쾌락의 활용』과 『자기에의 배려』는 이 강의의 성과와 불가결한 연속선상에 있다고 해야 할 것이다.

9) VS, 211; 『앎의 의지』, 170.

래 **근대** 사회의 내부에서 성에 관해 말해져 온 담론들의 전반적 구조 속에 그 가설을 다시 정위치 시키는 것'이다. 그 구체적인 물음들은 다음과 같은 것들이다. "왜 섹슈얼리티가 이야기되어 왔으며, 그것에 대해 무엇이 말해졌는가? 섹슈얼리티에 대해 말해지는 것을 통해 유도된 권력의 작용은 무엇이었는가? 그 담론들, 그 권력의 작용, 그리고 그것들에 의해 둘러싸인 쾌락 사이의 관계는 어떠했는가? 거기로부터 어떤 지식이 형성되었는가? 요컨대, 우리에게 인간의 섹슈얼리티에 관한 담론을 뒷받침하는 **권력-지식-쾌락 체제**(le régime de pouvoir-savoir-plaisir)의 기능과 존재이유를 결정하는 것이 문제된다."[10] 푸코는 이에 따라 자신이 책에서 수행할 과제들을 다음처럼 세 가지로 요약한다.

> 1) 따라서 중요한 점은 [...] 성(le sexe)에 대해 말한다는 사실, 그것에 대해 말하는 사람들, 그것에 대해 말하는 장소와 관점, 그것에 대해 말하기를 부추기고 그것에 대해 말해진 내용을 수집하고 유포시키는 여러 제도들, 요컨대 **성의 〈담론화〉, 전반적인 〈담론적 사실〉**(le "fait discursif" global, la "mise en discours" du sexe)을 고려하는 것이다. 2) 두 번째로 중요한 점은 어떤 형식 아래, 어떤 수로를 통해, 어떤 담론을 따라 권력은 가장 미묘하고 가장 개인적인 행동에까지 미끄러지듯이 스며드는가, 어떤 도정이 권력으로 하여금 희귀하거나 거의 감지할 수 없는 욕망의 형식들에 영향을 미치게 하는가, 어떻게 권력이 일상적 쾌락에 침투하여 그것을 통제하는가를 아는 일일 것이다 - 그리고 이 모든 것은 거부 · 폐색 · 자격박탈뿐만 아니라 선동과 강화의 효과까지도 불러일으키는, 요컨대 〈**권력의 다형적 테크닉들**〉(techniques polymorphes du pouvoir)이다. 3) 마지막으로 중요한 것은 [...] 그러한 담론의 산물들에서 버팀목인 동시에 도구의 역할을 하는 〈**앎의 의지**〉(volonté de savoir)를 끄집어내는 일일 것이다.[11]

---

10) VS, 19; 『앎의 의지』, 31~32. 인용자 강조.

11) VS, 19~20; 『앎의 의지』, 32. 인용자 강조. 번역을 약간 수정했다.

여기서 유의하여야 할 점은 푸코가 결코 섹슈얼리티의 억압 자체를 전면적으로 부정하는 것은 아니라는 점이다. 푸코가 경계하는 것은 그러한 억압 자체의 부정이 아니라, 그러한 억압을 전면적이고 궁극적인 것으로 간주하는 담론이 가져오는 부정적 효과들을 보지 못하는 것이다. 푸코의 말을 따르자면, 함정은 '성에 대한 금기 자체'가 아니라, 그러한 금기를 근본적인 구성요소로 만듦으로써 그러한 금기와 억압담론이 필연적으로 발생시키는 여타의 부정적 효과들을 보지 못하는 것에 놓여 있다. 보다 중요한 것은 성과 섹슈얼리티에 대한 억압과 해방의 담론이 **암묵적으로 전제하고 있는** 성 자체의 담론화, 권력의 테크닉들, 앎의 의지에 대한 분석이다. '성과 욕망의 억압과 해방'이라는 가시적 담론은 이러한 요소들이 빚어내는 부수적 생산물, 효과에 불과하다. 푸코가 『성의 역사』라 스스로 이름붙인 저작을 통해 분석하고자 하는 것은 이러한 요소들을 탄생시키고 설정・설립시킨 결정적 **역사적 심급들 및 변형들**이다.

이제 이러한 새로운 가설을 통해 바라본 근대 서구 성 담론의 역사는 푸코에 의해 다음과 같은 모습으로 나타난다. 1) 16세기 이래 성의 <담론화>는 제한의 과정을 겪기는커녕 반대로 증대하는 선동의 기제에 종속되어왔다. 2) 성에 대해 행사되는 권력의 테크닉들은 엄격한 선별의 원칙이 아니라 반대로 다형적 섹슈얼리티의 확산과 정착이라는 원칙을 따라왔다. 3) 그리고 앎의 의지는 제거할 수 없는 금기들 앞에서 중단된 적이 없으며 - 틀림없이 많은 오류들을 가로질러 - 섹슈얼리티의 과학을 정립하는 일에 몰두해왔다. 이제 푸코는 이러한 관점에 입각하여 16세기 이래 서구 성 담론의 역사에서 **담론-권력-지식의 복합체들을 생산해낸 결정적인 역사적 심급들과 요소들**을 검토한다.[12)]

12) VS, 20~21; 『앎의 의지』, 32~33.

3. 성과 진리, 혹은 섹슈얼리티와 진리놀이

이처럼 16세기 애래 서구 근대의 성은 담론화 되면서 진리와 연결된다. 성의 이 같은 담론화는 진리 이외에도 도덕・합리성・법률・과학・의학 그리고 결정적으로는 공안(公安, la police) 등의 요소들과 결합되면서 더욱 다양한 역사적 변형들을 탄생시킨다. 이중 우리의 논의와 연관하여 중요한 점은 성이 담론 혹은 진리와 결합되면서 근대적 **주체**, 즉 개인을 탄생시키는 결정적 요소의 역할을 수행한다는 점이다. 푸코에 따르면, 근대 서구에서 개인의 정체성을 결정짓는 가장 중요한 요소는 다름 아닌 그 사람의 성적 취향 혹은 **성적 정체성**이다. 푸코는 정체성 일반 혹은 보다 구체적으로는 성적 정체성의 문제를 철저히 **정치적**인 관점에서 바라본다. 그리고 이런 근대적 주체의 정체성, 성과 욕망, 권력을 가로지르는 요인은 다름 아닌 **진리**이다. 중요한 것은 **성과 진리의 놀이**, 그 역사적인 상호 생성의 과정을 분석하는 것이다.[13) 『도덕의 계보학』을

13) VS, 75~76; 『앎의 의지』, 73.

저술한 니체(Friedrich Nietzsche, 1844~1900)를 따르는 푸코에게 있어, 진리는・성이 정치적인 것만큼이나・철저히 정치적인 것이다. 이러한 언명은 진리의 **구성방식** 뿐 아니라, 그것의 **존재 양태・양식**에 대해서도 공히 해당되는 말이다. 개인의 성적 정체성의 문제가 철저히 정치적인 문제인 것과 마찬가지로 진리 역시 정치적이다. 절대적, 객관적, 보편적 진리란 존재하지 않으며, 오직 역사적 진리, **정치적 진리**만이 있을 뿐이다. 그리고 개인의 내적 정체성, 보다 구체적으로는 성적 정체성을 구성하는 가장 기본적인 요인은 바로 이러한 **진리 및 합리성의 조건과 한계**라는 문제이다.[14)]

이처럼 성과 진리는 밀접히 연결되어 있다. 푸코는 이러한 '성의 진리'가 생산되는 두 가지 대표적인 방식을 제시한다. 1) 우선 **성애의 기술**(*ars erotica*)이 있다. 이는 인도, 중국, 일본, 로마, 아랍-무슬림 사회 등에 행해진 것으로, 성애의 기술에서 진리는 실천으로 간주되고 경험으로부터 축적되는 쾌락 자체에서 나온다. 이러한 실천 혹은 경험은 결코 객관적인 형태로 가르쳐질 수 없는 것으로 이러한 성애의 기술은 스승과 제자 사이의 비전(秘傳)이라는 관념을 탄생시킨다. 2) 다음으로 서양 사회의 **성 과학**(*scientia sexualis*)이 있다.

14) 존 라이크만은 푸코의 이러한 문제의식을 다음처럼 명쾌히 정리한다. "푸코의 질문은 다음과 같은 것이었다. 우리의 선(善)에 관한 관념론의 외부에서, 우리는 정신분석의 그것과는 다른 우리 자신에 관한 또 다른 진리들, 진리를 향한 또 다른 정열, '진리 놀이'를 발명해 낼 수 있는가? 푸코는 우리가 그러할 수 있으며, 어떤 의미에서는 우리가 이미 그렇게 하고 있다는 것에 내기를 건다. 아마도 우리는 이미 '분석가의 욕망'과 그 해석이라는 기묘하고도 드라마틱한 세계라는 속박으로부터 벗어나고 있었을 것이다. 아마도 우리는 사실 더 이상 우리 자신을 '욕망의 주체'로 바라보는 데 만족하지 않고 있었을 것이다. 아마도 우리는 실제로는 우리들의 에로스 안에서 더 이상 그리스인도, 기독교인도, 프로이트주의자도 아니며, 그와는 또 다른 무엇인가였을 것이다. 그렇다면 이러한 새로운 에로스적 상황 안에서 어떤 종류의 진리 말하기(truth-saying)가 드러나게 될 것인가? 이것이 바로 푸코가 '나의 문제'라고 불렀던 것, 즉, 더 이상 욕망의 문제가 아닌, '진리, *Wahrsagen* [진리를 말하기], 그리고 그것과 하나의 반성 형식, 자기가 자기에 대하여 스스로 반성하는 형식 사이의 관계'에 대한 문제이다"(John Rajchman, *Truth and Eros. Foucault, Lacan, and the Question of Ethics*, Routledge, 1991, pp.87~88. 나의 번역).

서양은 성의 진실을 나타내기 위해 본질적으로 권력-지식의 형식에 맞물리는 절차들을 수세기에 걸쳐 개발시켜온 유일한 문명이다. 적어도 중세 이래 서양 사회들에서 나타나는 이 성 과학의 담론에서 본질적인 것은 **고백의 테크놀로지**이다.

이 고백의 테크놀로지는 근대 이후 본격화 된 **개인화**(*individualisation*)의 형성에 지대한 역할을 한다. 이전까지의 사회에서 한 개인이 자신의 정체성을 보장받는 방법은 자신이 속한 공동체 및 그가 그것과 맺는 다양한 사회적 관계들에 의한 것이었다. 근대에 들어 한 개인은 **자기 자신**에 대해 말할 수 있거나 말하는 진리의 담론을 통해 자기 존재의 정당성을 보장받게 된다. 진실 혹은 진리의 고백이 권력과 연관되는 개체화 절차의 핵심에 자리 잡은 것이다.[15] "서양에서 인간은 고백하는 동물이 되었다."(L'homme, en Occident, est devenu une bête d'aveu)[16] 한편 이미 알고 있었던 것을 상기하는 철학이 아니라, 의심을 통한 자기 자신에 대한 이성적 인식, 확실성을 통한 철학의 새로운 방식, 진리와 관계 맺는 방식이 탄생한 것 역시 바로 이러한 개인화의 과정을 통해서이다. 이러한 근대적 확실성, 이성적 인식의 체제 아래 태어나고 자란 '우리들'에게 이러한 고백과 자기 검토의 의무와 우리는 이제 너무도 '당연한' 하나의 일체를 이루고 있어 우리는 더 이상 그것을 권력의 억압적 작용으로 느끼지 못할 정도이다. 그러기는커녕 "오히려 우리에게는 진리가 우리 내부의 가장 비밀스러운 곳에서 밖으로 드러나기만을 '요구하고' 있는 것 같으며, 만일 진리가 드러나지 않는다면 그것은 어떤 속박

15) VS, 78~79; 『앎의 의지』, 75~76.

16) VS, 80; 『앎의 의지』, 76.

이 진리를 붙잡고 있기 때문이고 권력의 폭력이 진리를 짓누르기 때문이며 일종의 해방에 의해서만 마침내 진리가 점점 분명해질 수 있기 때문인 것으로 생각된다."[17] 이 모든 것들은 권력-지식의 복합체에 의한 생산된 효과이며, **진리의 정치사**(*histoire politique de la vérité*)에 대한 분석을 통해 새롭게 조명되어야 한다. 이 진리의 정치사는 '진리가 본래 자유롭지 않으며 예속도 오류도 아니라는 것, 그리고 진리의 생산에는 권력 관계가 온통 스며들어 있음'을 보여줄 것이다.[18] 이렇게 섹슈얼리티의 역사는 무엇보다도 담론의 역사라는 관점 아래 탐구되어야 한다.

한편 19세기 이래, 약 150 년 전부터 서양에는 성과 진리의 새로운 담론이 탄생한다. 이는 성에 관한 담론을 특정한 종류의 새로운 진리의 담론, 즉 과학의 담론에 연결시키는 것으로, **장치**(*dispositif*)로서의 성, 즉 **섹슈얼리티**의 개념을 발명한다. **성 장치**(*le dispositif de sexualité*)는 아닌 성에 대한 담론 및 진리의 **생산**에 연결된다. 즉 성이라는 구체적 사례에 입각한 **'앎에의 의지'의 정치경제학**을 구성해야만 한다. 이러한 관점에 입각하여, 푸코는 따라, 시간과 공간을 초월하는 '성-자연'(sexe-nature)을 가정하는 일종의 '자연학'(*Physique*)으로서 가정되는 '성의 논리학'(*Logique du sexe*)이 아닌, **성-역사**(sexe-histoire) · **성-의미작용**(sexe-signifiaction) · **성-담론**(sexe-discours)에 대한 분석을 제안한다. 한편 이러한 성 담론의 중시는 단순히 성을 합리성의 장 안으로 끌어들였을 뿐만 아니라, 성을 우리 존재의 거의 모든 것을 포괄하는 하나의 포괄적 범주로서 격상시키기

17) VS, 80–81; 『앎의 의지』, 77.

18) *Ibid.* 인용자 강조.

에 이른다. 성은 "우리가 누구인가를 아는 것이 문제가 되자마자, 우리에게 하나의 **보편적인** 열쇠로서 드러난다. [...] **성, 모든 것의 이유**(le sexe, raison de tout)."[19] 이러한 담론의 핵심을 제공한 것은 **정신분석**의 이념이며, 정신분석이 기반하고 있는 것이 다름 아닌 억압과 금지, 금기의 모델이다. 정신분석의 격률은 다음과 같은 것이다. "성은 법에 종속되어야 한다."

푸코에 따르면, 성에 대한 사법적 소유권적 억압-해방적 관념을 벗어난 권력-지식의 복합체의 구성물로서 이해되는 **섹슈얼리티**는 이제 새로운 인식의 체제 아래 새롭게 구성되어야 한다. 푸코는 이를 다음처럼 상징적인 언명으로 정리한다. **"법 없는 성과 왕 없는 권력**을 동시에 생각해야 한다"(Penser à la fois *le sexe sans la loi, et le pouvoir sans le roi*).[20] 우리는 권력의 부정적 금지의 기능에만 초점을 맞춘 낡은 권력 및 성의 이론을 폐기하고, 더 이상 법을 표본이나 준칙으로 간주하지 않는 새로운 **권력 분석학**(*analytique du pouvoir*)의 체계를 설립해야만 한다. 우리에게 필요한 것은 더 이상 법을 모델로 삼지 않는 새로운 권력의 모델, 즉 **전략의 모델**(*le modèle stratégique*)이다. 하지만 푸코는 이러한 '전략, 전쟁의 모델'을 대략

19) VS, 102~103; 『앎의 의지』, 92~93. 인용자 강조. 18세기 말 이래 서구의 성 장치는 다음과 같은 4가지 영역에서 자신의 전략을 실천해 왔다: 1) 여성육체의 히스테리화, 히스테리적 여성. 2) 어린이의 성에 대한 교육화, 수음하는 어린이. 3) 생식행위의 사회화, 맬더스주의적인 부부, 즉 산아제한을 실천하는 부부. 4) 도착적 쾌락의 정신병의학에의 편입, 변태적 성인. 그들은 자신의 영혼을 성에 종속시킴으로써 자신들의 '성적 육체'를 탄생시켰다. 한편 이제는 잘 알려진 것처럼, 이렇게 성적 육체를 탄생시키고 관리하는 서양의 성 과학은, 우선, 규율의 개념에 입각한 신체의 해부정치학(신체의 조절), 다음으로, 규칙적 통제의 개념에 입각한 인구의 생명-정치학(인구의 조절)이 된다. 이제 권력은, 사람을 죽일 수 있는 권리(droit de mort)보다는, 개인의 신체와 집단으로서의 인구를 다루는 생명에 대한 권력(pouvoir sur la vie)의 기술이다. 이것이 생명의 의료화, 보건화, 인구 통계학으로 대변되며, 궁극적으로 한 사회의 총체적 **규범화·정상화·획일화**(*normalisation*)를 꿈꾸는 **생명-권력**(bio-pouvoir), **생명-정치학**(bio-politique)을 낳는다.

20) VS, 120; 『앎의 의지』, 105.

1976~1978년의 짧은 시기 동안만 유지하며, 이후에는 **통치**(gouvernement) 및 **통치성**(gouvernementalité)의 개념을 주축으로 하여 **자기에의 배려**, **자기의 테크닉**, **주체화**, **문제화**의 개념으로 이동해 나아간다.[21] 통치 혹은 통치성의 개념을 극히 도식적으로 설명하자면, 이는 '타인들의 통치'와 '자기에의 통치'를 이어주는 개념으로 이후 '스스로를 통치하는 기술' 혹은 '자기에의 배려'로 이어지면서, 대략 1980년 이후 푸코의 사망 시기인 1984년까지의 이른바 '말기 푸코'의 주요 개념틀인 주체화 및 문제화로 이행하는 결정적 준거점이 된다. 이제 '법이 없는 성, 왕이 없는 권력'은 보다 넓은 '자기를 구성하는 메커니즘으로서의 섹슈얼리티, 자기를 구성하는 테크닉으로서의 윤리'에 종속된다. 그리고 푸코에 따르면 서구 사회가 이를 실행하는 주된 방식은 다름 아닌 **진리놀이**(jeux de vérité)의 변환을 통한 스스로의 **변형**(transformation)을 통해서이다. 금지와 억압을 수행하는 법에 종속되어 있는 '욕망'이 아닌 자기를 구성하는 테크닉, 즉 자기의 테크닉의 주요 지점으로 작동하는 요소로서의 '쾌락'이 등장하는 것은 바로 이러한 '욕망' 개념의 부정적 분석에 대항하는 최종적 준거점으로서이다.

---

21) 물론 이러한 이행 과정에 대한 세밀한 분석은 독자적인 여러 편의 논문을 필요로 할 것이다.

4. 진리놀이, 주체화, 실존의 미학

1980년대에 들어서면서 후천성면역결핍증에 걸린 것을 알게 된 푸코는 자신의 마지막 철학적 작업을 시도한다. 푸코가 1984년 6월 25일 사망하기 전까지 혼신이 힘을 쏟은 것은 다름 아닌 『성의 역사』 제2권 및 제3권에 해당하는 『쾌락의 활용』(*L'Usage des Plaisirs* [이하 UP])과 『자기에의 배려』(*Le Souci de Soi* [이하 SS])를 출간하는 일이었다. 제2권은 1984년 5월에, 제3권은 푸코의 사망 닷새 전인 6월 20일에 발간된다. 이 두 권의 책은 푸코의 '백조의 노래'였다. 제1권인 『앎에의 의지』가 발간된 지 무려 8년만의 일이었다. 제2권의 맨 앞부분에는 이전의 계획과는 전혀 다른 주제와 내용으로 8년이나 늦게 발간된 제2권 및 제3권의 의미를 가늠케 하는 푸코 자신의 「서문」(Introduction)이 붙어있다. 이 「서문」의 첫 단락은 <변형들>(modifications)이란 제명을 갖고 있다.

'성의 역사'를 쓰겠다는 것은, 푸코에 따르면, "욕망, 욕정 혹은 리비도라고 하는, 역사를 관통하는 어떤 연속적이고 일관적인 개념의 역사를 쓰겠다는 것이 아니라, 개인들로 하여금 자신의 욕망 속에서 자신의 존재가 갖는 진리를 발견하도록 해주는 관계망들을 작동시키면서 자기 자신들에게 주의를 기울이게 하며, 자기를 해석하고, 자기를 인식하며, 자기들 스스로를 욕망의 주체라고 고백하게 만드는 실천들의 역사적 형성 과정을 분석"하는 것이며, 요컨대 "이러한 계보학이 의도하는 바는 개인들이 어떻게 자기 자신과 타인들에 대한 **욕망의 해석학**을 수행하게 되었는가"를 이해하는 것이고, 이는 "결국 근대의 개인들이 어떻게 해서 '성'의 주체로서 자신을 경험할 수 있게 되었는가를 이해하기 위해서는 그전에 먼저 수세기 동안 서구인이 스스로를 욕망의 주체로서 인식하게 된 방식을 도출해내는 것이 필수적"[22]임을 의미한다. 이제 푸코는 '욕망'이 아닌, **욕망 혹은 욕망인의 계보학**을 탐구한다.

그런데 이는 물론 『앎의 의지』와는 전혀 다른 작업임에 틀림없다. 이에 대해 푸코는 자신의 **담론분석**이 '과학과 이데올로기의 딜레마에서 벗어나 지식의 형성을 추적할 수 있게 해주었으며,' **권력관계 및 그 테크닉의 분석**이 '권력을 지배로서 인식하거나 아니면 환상이라 폭로해야만 하는 양자택일에서 벗어나 그것을 개방된 전략으로 간주할 수 있게끔 해주었던데' 반해, **개인들이 스스로를 성적 주체로 인식하게 되는 방식들의 연구**가 상대적인 난관에 봉착했음을 고백한다. 푸코는 이러한 과정에서 **욕망과 욕망하는 주체에 대한 역사적·비판적 작업** 없이는 서구 18세기 이래 성-경험의 형성과 발전을 이해할 수 없음을 깨달았다고 말한다. 푸코는 1976년 『앎의 의지』를 출간한 이후 자신이 양자택일에 직면했음을 고백한

22) UP, 11; 『쾌락의 활용』, 19~20. 인용자 강조.

다. "욕망의 테마에 대한 간략한 역사적 연구를 덧붙이면서 기존의 계획을 유지할 것인가, 아니면 연구 전체를 고대로부터 이어지는 오랜 기간 동안에 걸친 자기 해석학의 형성을 중심으로 재편성해야만 했다."[23] 물론 푸코가 택한 것은 후자이다. 이제 성의 역사는 **윤리적 문제로서의 욕망의 계보학**이 된다. 그러나 우리는 이에서 언급되는 욕망의 개념이 어디까지나 문제화와 연관된 주체의 문제를 해결하기 위해 도입된 **부정적** 분석의 대상, 즉 **도구적**이며 **수단적**인 것임을 기억해야 한다.

이러한 **윤리의 계보학**은 욕망인의 역사라 불리어질 수 있을 어떤 것을 자신의 참조와 탐구의 영역으로 삼아 '자기 자신에 대한 관계' 및 '자아가 자신을 주체로서 구성하는 과정'을 탐구한다. 즉 "개인이 그것을 통해 스스로를 주체로 구성하고 자신을 주체로 인식하게 되는 자기 자신과의 관계 형식들, 양식들은 어떤 것들인가?"[24] 따라서 문제는 오히려 욕망인의 역사를 계보학적 탐구의 대상으로 삼는 **윤리적 행위의 주체로서의 주체의 계보학**을 수립하는 것이다. 이러한 작업은 또한 욕망의 개념과 연관하여 **주체화 과정**에 **진리 놀이들**이 뒤섞이는 과정, 즉 욕망의 개념과 연관된 진리놀이들의 변화 과정에 대한 탐구이기도 하다. 인간은 어떤 진리놀이들을 통해서 자신의 진정한 존재에 대해 사유하게 되는 것일까? 어떤 진리놀이들을 통해 인간이란 존재는 자신을 **욕망하는 인간**으로 인식하게 되는가? 즉, "어째서 성적 행위 혹은 성적 쾌락이 도덕적 관심의 대상이 되는가? [...] 어떻게 해서, 무슨 이유로, 그리고 어떤 형식으로 성행

23) UP, 12; 『쾌락의 활용』, 20.

24) *Ibid.*; 같은 곳.

위가 도덕의 영역에 속하게 되었는가? [...] 혹은 그 형식과 강도의 다양한 차이들에도 불구하고, 성 행위에 대한 이렇게 오랫동안 지속되고 있는 도덕적 관심은 어디에서 기인하는가?"[25] 한마디로 **성행위의 도덕적 관심에로의 문제화**는 언제, 어떻게 이루어졌는가?

한편 이러한 관심의 이행은 푸코에 따르면 주체화・대상화・인식론화를 아우르는 보다 포괄적인 개념인 **문제화** 과정의 일부로서 이해된다. 푸코에 따르면 이러한 문제화는 기존의 행동의 역사 혹은 표상의 역사에 대립하는 하나의 역사, 즉 '인간 존재가 자신의 존재, 자신이 하는 것, 그리고 그가 살고 있는 순간을 문제화하는 상황을 정의하는'[26] **사고의 역사**가 다루어야만 할 과제이다. 푸코는 이러한 실천을 그리스・로마 이래 서양사회를 기본적으로 규정지었던 실천의 문제, 즉 '인간이 그것을 통해 스스로 행동규칙을 정할 뿐만 아니라 스스로를 변화시키고 그들의 특이한 존재 안에서 스스로를 변형시키며, 그들의 삶을 어떤 미학적 가치를 지닌, 그리고 어떤 양식의 기준에 부합하는 하나의 작품으로 만들고자 하는 신중하고도 자발적인 실천'으로서 이해되는 **실존의 기술**(les arts de l'existence) 혹은 **자기의 테크닉**(les techniques de soi)이라는 이름 아래 위치시킨다.[27] 이는 고대 서양의 성적 활동과 쾌락이 어떤 **실존의 미학**(l'esthétique de l'existence)이라는 기준을 작동시키며, 어떻게 **자기의 실천**(les pratiques de soi)이라는 작업을 통해 문제화 되었는지를 보여주는 작업이다.

---

25) UP, 15~16; 『쾌락의 활용』, 24.

26) UP, 16; 『쾌락의 활용』, 24~25.

27) UP, 16~17; 『쾌락의 활용』, 25.

5. 쾌락의 활용 1 – 아프로디지아

이러한 실천에서 중요한 것은 스스로를 도덕적 주체로서 인식하는 개인이 스스로에 대하여 금지하는 **욕망의 억압**이 아니다. 그것은 보다 광범위한 자기 형성적 실천, 즉 주체화의 실천에 관련된 **쾌락의 활용**(*chrēsis aphrodision*)에 속하는 것이며, 스스로를 도덕적 실천이 주체로서 인식하고 행동하는 주체의 자기 형성 즉 **주체화**에 속하는 것이다. 고대 그리스에 있어 이러한 쾌락의 활용은 자기 존재 양식화의 한 단면으로서 오직 그리스인의 자유인들에게만 적용되는 일종의 '사치' 혹은 '특권'으로서 이해되는 자기에 대한 반성 및 극기 등의 개념을 포괄한다. 고대 그리스에 있어 이러한 쾌락의 활용은 자신의 육체에 대한 **양생술**(dietica), 자신의 아내와 관련된 **가정 관리술**(oeconomia), 그리고 자신의 소년 연인과 관련된 **소년애**(erotica) 및 **진리와의 관계**라는 네 개의 주도적 영역을 중심으로 펼쳐진다. 소크라테스가 **자기 인식**(gnothi seauton)과 **자기에의 배려**(epimeleia heautou)를 아우르는 **자기 지배**(maîtrise de soi)의 거장으로서 스스로를 드러내는 것 역시 바로 이러한 실천의 과정을 통해서이다.

'쾌락의 활용'(*chrēsis aphrodision*)의 분석을 위해 푸코는 우선 보통 불어의 'Chose'(그거), 'plaisirs de l'amour'(사랑의 쾌락), 'rapports sexuels'(성관계), 'actes de la chair'(살의 행위), 'volupté'(욕정) 등으로 번역되었으며 로마인들이 일반적으로 *venerea*라 번역했던 것, 즉 **타 아프로디지아**(*ta aphrodisia*) 개념과 관련된 다양한 분석을 수행한다.[28] 고대 그리스의 타 아프로디지아 개념과 관련하여 중요한 것은 당시 그것이 어떻게 억압되었으며 당시의 그리스인들이 이러한 쾌락의 억압에 대해 어떻게 말을 했고 담론화 작업을 수행했는가가 아니다. 중요한 것은 '그들이 아프로디지아와 관련하여 스스로에게 제기했던 도덕적 질문의 일반적 형태를 밝히는 일'이며, '그것들에 공통된 문제화의 장을 복원하는 일'이며, 결국 '일반적으로 보아 아프로디지아가 어떻게 도덕적 배려의 영역으로서 구성되었는가', 즉 **아프로디지아 혹은 성적 쾌락이 하나의 도덕적 경험으로서 구조화되어간 윤곽**을 파악하는 일이다.[29]

푸코에 따르면 고대 그리스에 있어 아프로디지아 개념의 도덕화 과정은 대략 다음과 같은 논리를 따른다.

아프로디지아는 어떤 형태의 쾌락을 제공해주는 행위, 몸짓, 접촉이다. 제기되는 윤리적 질문은 어떤 욕망, 어떤 행위, 어떤 쾌락인가가 아니며, 오직 그가 그러한 쾌락과 욕망에 얼마나, 즉 능동적 혹

28) 물론 말할 것도 없이 용어가 갖는 함축의 다양함과 상이함으로 말미암아 그리스어 '타 아프로디지아'에 정확히 상응하는 불어, 영어 혹은 우리말 번역을 확정하는 것은 불가능하지만, 우리는 이를 용어의 편리를 위해 **(성적) 쾌락**(plaisir (sexuel))이라 부르도록 하자.

29) UP, 45; 『쾌락의 활용』, 49.

은 수동적으로, 끌리고 있는가이다. 물론 전자는 긍정적 가치이며 후자는 수치스러운 가치이다. 플라톤의 『법률』에서도 잘 나타나는 것처럼 근본적인 것은 어떤 욕망과 쾌락인가가 아니라, 절제와 무절제, 즉 그가 자신의 욕망과 쾌락의 주인인가 아닌가라는 근본적 관심이다. 이는 아프로디지아가 단순한 부정적 억압과 금지의 대상을 넘어서는 적극적 자기 형성, 주체화의 주요한 축으로 이해되었음을 의미한다. 또한 아프로디지아는 일차적으로, 어떤 윤리적 경험이라기보다는, 하나의 자연스럽고 필요불가결한 현상으로 간주되지만 또 그럼에도 불구하고 도덕적 배려의 대상으로 이해된다. 이는 이러한 관심이 결국 아프로디지아가 갖는 힘 혹은 그것의 과도함을 어떻게 잘 조절할 수 있는가의 문제로 귀착된다는 점에서 그러하다. 결국 고대 그리스인들에게 아프로디지아 즉 성적 **쾌락**은 그것을 어떻게 잘 **활용**(chrēsthai)할 수 있는가라는 문제로 귀결된다.

고대그리스인들에게 있어 이러한 아프로디지아의 활용은 '규칙에 맞는 성행위의 형태들을 정하고 이에 따라 금기의 경계선을 그으며 분할선의 이편과 저편으로 행위들을 나누는 어떤 체계적 규약을 세우기보다는, 활용의 조건 및 양태, 즉 그리스인들이 **크레시스 아프로디지온**(*chrēsis aphrodision*), **쾌락의 활용**이라 불렀던 양식의 완성'을 지향한다.[30] 절도의 양식으로서의 '쾌락의 활용'에서 중요한 것은 개인이 바라고 행동하는 욕망과 행위 중에서 무엇이 금지되어 있는가를 아는 것이 아니라, 그가 자신의 욕망과 행위를 배분하고 조절하는 방식에 있어 얼마나 신중하고 계산적인가 하는 점이며, 이는 다시금 자연적 필요(besoin)의 부분, 시간 및 상황의 적

30) UP, 63; 『쾌락의 활용』, 67.

절함, 개인 자신의 위상이라는 세 가지 요소로 세분된다. 요점은 **그가 자기 성적 욕망의 주인**(maître de ses désirs amoureux)**인가 아닌가**의 여부이며, 이는 다름 아닌 **극기**(maîtrise de soi)의 모델을 따르는 하나의 **주체화 양식**이다. 이러한 극기는 그 부정적 계기로서 금욕의 관념을 자신의 부분집합으로 포괄한다. 이것이 자기 자신과의 투쟁 및 승리를 함축하는 **엔크라테이아**(enkrateia)의 관념이다. 이러한 금욕의 모델은 당연히 **아스케시스**(askēsis)즉 훈련의 관념을 동반한다.

한편 이러한 금욕과 훈련의 관념은 **자기에 대한 인식 및 배려**의 관념에 연결된다. **자기 자신에 대한 배려**를 의미하는 **에피멜레이아 헤아우투**(epimeleia heautou)는 바로 이러한 필요성들, 즉 자신의 무지를 깨달아야 할 필요성, 자신이 무지함을 알아야 할 필요성, 자신이 무엇인지를 알아야 할 필요성, 그리하여 실제로 자기 자신에 전념하고 자신을 훈련시키며 스스로 변화되어야 할 필요성을 포괄한다.[31] 수많은 고대 그리스의 문헌들을 통해 소크라테스는 바로 이러한 **자기 인식 및 배려의 거장**으로서 드러나게 된다. 크세노폰의 『가정관리술』은 이러한 자기 지배가 자기 자신의 지배, 아내 및 가정의 지배, 그리하여 폴리스의 지배에로 연결되면서 이들 사이의 계속성·연속성·지속성을 보여준다.[32] 결국 **아프로디지아**는 고대 그리스인들에게 있어 그가 자신의 성적 욕망과 쾌락을 어떻게 적

31) UP, 85; 『쾌락의 활용』, 90.

32) UP, 88; 『쾌락의 활용』, 93. 이를 푸코는 **성관계와 사회적 관계 사이의 동형성의 원칙**(principe d'isomorphisme entre relation sexuelle et rapport social)이라 부른다(UP, 237; 『쾌락의 활용』, 234). 한편 이러한 표현을 보면서 비서구인이자 유교의 세례를 받은 우리는 자연스럽게 '수신제가치국평천하'(修身齊家治國平天下)의 관념을 떠올리게 된다. 고대 그리스와 유교의 이러한 관념들 사이에 존재하는 유사성과 차이점에 대한 연구는 흥미로운 주제를 구성할 것이다. 이상 '아프로디지아의 도덕화 과정'에 대한 구체적 세목은 아래를 참조. UP, 49~90; 『쾌락의 활용』, 52~95.

절히 다루는가라는 **자기의 테크놀로지**(technologie de soi)와 연관되면서 스스로를 알고 지배하고 그리하여 다른 이들을 지배할 수 있는 **존재론적 · 윤리적 · 정치적** 덕성과 연결되는 **주체화**의 한 요소 · 양식으로서 문제화된다.

6. 쾌락의 활용 2 – 자유와 진리, 실존의 미학

사람들이 자제력 훈련과 쾌락의 실천에서 자제 및 극기에 의해 도달하고자 하는 이상적 상태를 지칭하는 **소프로수네**(*sōphrosunē*)는 **자유**(liberté)로서 특징지어진다. 고대 그리스인들에게 있어 자유란 무엇보다도 노예가 아닌 것, 자신의 욕망과 쾌락의 노예가 아닌 것이며, 단적으로 **자기에 대해 자신이 노예가 아닌 것**이다. 하지만 자유란 이런 소극적인 상태 이상의 것인데, 그것은 다름 아닌 충만한 자유로서의 자유, 즉 '사람이 타인들에게 행사하는 권력의 틀 속에서 자기 자신에게 행사하는 권력'이다.[33] "가장 왕다운 자는 자기 자신의 왕인 자이다."(basilikos, basileuōn heautou)[34]

한편 이러한 자유와 지배의 문제는 **진리와의 적절한 관계**가 없이는 존립 불가능하다. 자유와 진리의 상징인 소크라테스는 '무절제한 자들이란 무지한 자들'이라고 단언하는데, 푸코는 이를 "스스로를 인식의 주체로 세우지 않고는 쾌락의 활용에 있어 스스로를 도덕적

33) UP, 91~93; 『쾌락의 활용』, 96~98.

34) UP, 94; 『쾌락의 활용』, 99.

주체로 세울 수 없다."고 정리한다.[35] 자기 인식은 자기 실천, 즉 자기에의 배려와 분리불가능하며, 그 역도 마찬가지이다. 자신의 쾌락을 지배하는 것과 자신의 쾌락을 로고스에 복종시키는 것은 하나의 일이다. 소프로수네는 다름 아닌 '욕망에 대한 이성의 우월성'이다. 이러한 로고스에 대한 인식은 구체적으로 '자기에 의한 자기의 존재론적 인식'이라는 형식 아래 나타난다. 소크라테스의 테마는 다름 아닌 "미덕을 신천하고 욕망을 지배하기 위해서는 자기 자신을 알아야 한다."는 것이다.[36] 이 모든 과정을 통해 진리와의 관계는 주도적인 역할을 수행한다. "진리와의 관계는 개인을 절제가 있고, 절제 있는 삶을 영위해가는 주체로 세우는 **구조적 · 도구적 · 존재론적** 조건이다. 그것은 개인이 스스로를 욕망하는 주체로서의 특이성 속에서 인식하고 그렇게 해서 밝혀진 욕망으로부터 스스로를 정화시킬 수 있도록 하기 위한 **인식론적** 조건이 아니다."[37]

그리고 이러한 관점은 우리를 **욕망의 인식론 혹은 해석학**이 아닌 **실존의 존재론 혹은 미학**에로 이끈다. 결국, 쾌락의 활용 혹은 성적 절제는 '자기의 지배라는 형식을 갖는 자유의 수행'이며, 또 이러한 자기 지배는 '주체가 자신의 남성적 행동을 행함에 있어 조심하고 자제하는 방식, 그가 타인들과 맺는 관계 속에서 자신과 맺는 방식 안에서' 나타난다. 이러한 진리와 자유에 관계되는 자기 및 타인의 지배는 그것이 다루는 대상이 필연적으로 개인적 · 가정적 · 정치적 삶을 모두 포괄하는 **삶 전체**임을 가정하므로 고대 그

35) UP, 99; 『쾌락의 활용』, 105.

36) UP, 101; 『쾌락의 활용』, 106~107.

37) UP, 103; 『쾌락의 활용』, 108. 인용자 강조.

리스인들에게 진리와 도덕 및 아름다움, 즉 **진·선·미** 모두에 동시에 관계되는 하나의 **전체적** 가치로서 인식되었으며, 학문적 관점에서는 **실존의 미학**으로서, 구체적으로는 자신의 욕망 혹은 쾌락, 아내 및 가정의 관리, 소년애에 있어서의 처신에 관련되는 **태도의 양식화**에로 귀결된다.

한편 이러한 자기에의 인식 및 배려를 통한 지배는, 특히 앞으로 시민으로 성장하여 폴리스를 이끌게 될 소년애아 연관되면서, 필연적으로 **철학 행위**(philosophia)에 관련된다. 왜냐하면 철학은 그 자체로 '지배의 원칙'이며, '사고를 이끌어 갈 수 있는 유일한 것'이기 때문이다.[38] 자기 인식과 배려는 진리와 자유에 연관되는 유일한 행위 즉 철학에 의해 인도되어야만 한다. "**철학적 연애술** 혹은 어쨌든 사랑에 대한 소크라테스-플라톤적 성찰이 그 출발점을 찾게 되는 것은 이러한 문제 제기의 영역, 즉 '**어떻게 쾌락의 대상을 훌륭한 자기 쾌락의 주체로 만들 것인가**?'에서이다."[39] 이러한 철학적 연애술은 - 이후 기독교 도덕이 주체화 양식에서 나타나는 바와 같이 '자기 포기'에 기반한 '욕망의 해석학'이 아닌 - 자기 자신에 대한 인식과 배려를 통한 자기 지배를 준거점으로 삼는 **자기 절제의 기술**이자 **쾌락의 윤리**이다.[40]

이러한 소년애에 있어서의 쾌락의 활용이라는 문제는 '사랑받는 소년의 미덕으로부터 지배자의 사랑과 지혜로의 이행'을 요청한다. 이는 다음과 같은 존재론적인 문제들을 포함한다. 그 자신의 존재

38) UP, 233; 『쾌락의 활용』, 230.

39) UP, 248; 『쾌락의 활용』, 244. 인용자 강조.

40) UP, 252; 『쾌락의 활용』, 246.

안에서 사랑이란 무엇인가? 사랑 그 자체는 무엇이며, 사랑의 본성과 작용은 어떤 것인가?[41] "에로스가 진리와 관련되는 순간, 상대방을 가장 잘 인도하여 그가 모든 저속한 쾌락에 빠져 타락하지 않도록 도울 수 있는 사람은 바로 이 사랑의 길에서 가장 앞서 있는 자, 가장 진실되게 진리를 사랑하는 자가 된다. 사랑에서 가장 현명한 자는 또한 진리의 지배자일 것이며, 그의 역할은 사랑받는 자에게 어떻게 자신의 욕망을 극복하고 '그 자신보다 더 강하게' 될 수 있는지를 가르쳐주는 것이 된다."[42] **필로소피아**(philosophia)가 바로 **에로소피아**(Erosophia)이며, 이를 상징하는 자가 바로 **'사랑에 정통한 이로서의' 소크라테스**이며, 그가 연애술에 도입한 것은 '진실한 지배자에 의해 행사되고 자기 자신에게 행사되는 정대 권력에 의해 규정되는 지배력', '상대방의 자유와 환심으로 사려는 행위를 모델로부터 만들어진 연애술로부터 주체의 금욕과 진리를 향한 동시적 접근이 관심의 초점이 되는 연애술로의 이행', '상대를 진정한 실재의 상태로 인정하면서 그것의 진정한 대상 즉 진리에로 이끌어가는 욕망'과 관련된 관심, '연애 관계에서의 균형과 상호성의 요구, 힘겹고 오랜 기간을 필요로 하는 자기 자신과의 투쟁의 필요성, 진실한 존재 그 자체에만 관여하는 사랑의 점진적 정화, 그리고 욕망의 주체로서의 자기 자신에 대한 성찰'이다.[43]

이제 이 모든 성찰을 거친 푸코의 결론은 다음이다.

---

41) UP, 255, 259; 『쾌락의 활용』, 250, 253.

42) UP, 264-269; 『쾌락의 활용』, 258~263.

43) *Ibid.*; 『쾌락의 활용』, 같은 곳. 이 모든 관심에서 중요한 것은 금욕주의가 소년애를 평가절하하기 위해 도입된 것이 아니라는 점이다. "그것은 반대로 소년애를 양식화하고 이에 형식과 형태를 부여함으로써 그것을 가치화하는 방식이었다."(UP, 269; 『쾌락의 활용』, 263.)

그리스 철학에 의해 일찍부터 권장된 성적 엄격함은 역사적으로 계속해서 다양한 억압의 형식을 취해온 법률의 초시간성에 뿌리박고 있는 것이 아니다. 성적 엄격함은, 우리가 도덕적 체험의 변형들을 이해한다면, 어떤 법전의 역사보다도 더욱 결정적인 하나의 역사에 귀속된다. 그 역사는 다름 아닌 개인을 도덕적 행위의 주체로서 구성하는 자기 자신과의 관계 양식의 완성으로서 이해되는 '윤리'의 역사이다.[44]

44) UP, 275; 『쾌락의 활용』, 267.

7. 나가면서 – ‘욕망의 억압’에서 ‘쾌락의 활용’으로

쾌락의 활용은 존재의 부정에 기초한 법의 금지와 억압의 메커니즘이 아닌, 스스로를 형성하고 변형시키는 실존의 미학 혹은 주체화에 종속되는 적극적 · 긍정적인 **자기의 테크놀로지**이다. 쾌락의 활용은 고대 그리스에 있어 욕망에 대한 이성의 우위를 증명해야 할 헬라적 · 남성적 · 시민적 미덕으로 이해된다. 결국 푸코의 **쾌락의 활용**은 자기 지배와 절도의 문제, 즉 능동적 절제와 수동적 무절제의 문제로서 이해됨으로써, 부정적 · 억압적 측면에만 집중하는 욕망 담론의 일면성을 부정하고 그것을 포괄하고 넘어서서, **지식 · 권력 · 윤리를 아우르는 존재론적 · 정치적 · 윤리적 주체화 혹은 자기의 테크놀로지의 긍정적 · 생산적 관점**을 드러내기 위해 선택된 하나의 **개념 장치**이다.

참고문헌

I. 푸코의 저술(약어 알파벳 순)

DE: *Dits et écrits 1954~1988*, Collection 'Bibliothèque des sciences humaines', Gallimard, 4 vol., 1994.

DEQ: *Dits et écrits 1954~1988*, Collection 'Quarto', Gallimard, 2 vol., 2001.

HF: *Histoire de la folie à l'âge classique*, Plon, 1961, puis Gallimard, 1972 ; 『광기의 역사』(영어 축약본의 중역), 김부용 옮김, 인간사랑, 1991 ; 『광기의 역사』, 이규현 옮김, 오생근 감수, 나남출판, 2003.

HS: *L'Herméneutique du sujet. Cours au Collège de France 1981~1982*, édition établie sous la direction de François Ewald et Alessandro Fontana, par Frédéric Gros, 'Hautes Etudes', Gallimard/Seuil, 2001; 미셸 푸코, 『주체의 해석학. 1981~1982, 콜레주 드 프랑스에서의 강의』, 심세광 옮김, 동문선, 2007

MC: *Les mots et les choses*, Gallimard, 1966 ; 『말과 사물』, 이광래 옮김, 민음사, 1986.

SP: *Surveiller et punir*, Gallimard, 1975; 『감시와 처벌 : 감옥의 탄생』, 오생근 옮김, 나남출판, 2003.

SS: *Le souci de soi* (Histoire de la sexualité III), Gallimard, 1984; 『성의 역사 3: 자기에의 배려』, 문경자/신은영 옮김, 나남출판, 2004.

TS: *Technologies of the self. A seminar with Michel Foucault*, ed. Luther H. Martin, Huck Gutman and Patrick H. Hutton, The University of Massachusetts Press, 1988; 미셸 푸코, 『자기의 테크놀로지』, 이희원 옮김, 동문선, 1997.

UP: *L'usage des plaisirs* (Histoire de la sexualité II), Gallimard, 1984; 『성의 역사 2: 쾌락의 활용』, 이영목 옮김, 나남출판, 2004.

VS: *La volonté de savoir* (Histoire de la sexualité I), Gallimard, 1976; 『성의 역사 1: 앎의 의지』, 이규현 옮김, 나남출판, 2004.

II. 기타

Deleuze, Gilles, *Foucault*, Les Editions de Minuit, 1986; 질 들뢰즈, 『푸코』, 허경 옮김, 동문선, 2003.

Rajchman, John, *Truth and Eros. Foucault, Lacan, and the Question of Ethics*, Routledge, 1991.

Revel, Judith, *Le vocabulaire de Foucault*, ellipses, 2002.

지그문트 프로이트, 「억압에 관하여」, 『정신분석학의 근본개념』, 열린책들, 2003.

허경, 「푸코의 에피스테메 개념」, 『에피스테메』, 제1호, 고려대학교 응용문화연구소, 2007.

양지(良知)에 의한 욕망의 검열과 극복
-주자 욕망론에 대한 왕양명의 실천철학적 변용-

홍성민

1. 문제 제기

王陽明(1472~1529, 이름은 守仁)은, 朱子學의 외재적 천리 관념을 해체하고 천리를 현실 주체의 내부로 환원하는 사상적 혁신을 통해 확고한 '도덕 주체의 철학'을 건립한 인물로 평가된다. 그러나 다른 한 편, 현상 주체에게 순선한 도덕 가치를 부여했다는 점에서 그의 사상은 보편타당한 객관적 도덕률을 주체의 주관적 판단에 내맡긴 '도덕적 주관주의'라고 비판받기도 하였고, 더욱 심각하게는 현실 주체의 의식 활동을 천리의 현현으로 간주한 욕망 긍정론으로 비난받기도 하였다. 특히 주자학 계열, 즉 순선한 도덕성을 객관 세계의 定理와 주체의 본래적 본성으로만 허락했던 주자학자들에게 있어, 왕양명의 철학은 도덕 주체의 자율성 확립이라는 미명으로 이루어지는 도덕률의 이탈로 비춰질 뿐이었다.

그러나, 왕양명의 사상이 도덕적 주관주의인가의 문제는 일단 차치해두고, 주자학자들이 우려하는 것처럼 왕양명의 철학에 정말 욕망을 함부로 긍정하는 위험성이 있는가에 대해서는 신중히 검토해 볼 필요가 있다. 왜냐하면 왕양명은 결코 주자의 욕망 극복론에 대해 회의한 적이 없었기 때문이다. 왕양명은 비록 주자의 수양방법론에 대해 새로운 변혁을 시도하긴 하였지만, 주자가 기획한 이상적 가치 세계에 대해서는 회의한 적이 없었다. 왕양명은 정주학적 天理觀의 내재적 실질을 개조하려고 시도한 적이 없었고, '存天理遏人欲'이라는 모토를 변경하려고 하지도 않았다. 그도 역시 천리와 인욕, 도덕과 욕망이 팽팽한 길항 관계에 놓여 있다고 보았으며, 욕망을 극복하고 도덕 법칙을 따르는 것이 지상 과제라고 여겼다.

그렇다면 욕망의 문제에 있어 왕양명의 입장은 주자학과 어떻게 다른 것인가? 왕양명은 욕망의 실질적 의미를 어떻게 규정하고 욕망의 극복 방법을 무엇이라 제시하고 있는가? 이른바 '性卽理'에서 '心卽理'로의 전환으로 요약되는 왕양명의 철학적 변혁은 욕망의 문제에 대해 어떤 새로운 관점을 보여주는 것인가? 본 연구에서는 주자와 왕양명의 욕망론을 집중적으로 비교함으로써, 이 문제에 해답을 구하고자 한다.

주자학에서 인간 심연의 본래성으로 간주되었던 도덕 본성을 현상 주체의 의식 표층으로 끌어올렸다는 점에서, 왕양명의 사상은 현실 긍정의 철학으로 평가될 수 있다. 하지만 이러한 왕양명의 철학적 변혁이 주체의 의식 현상에 도덕성을 부여하고 나아가 욕망을 긍정하게 만든 것이었다고 단언하기는 어렵다. 그에게서 '현실의 긍정'이란 오히려 욕망을 극복해가는 현실 주체의 실천적 역량을 강조하기 위한 것이었기 때문이다. 천리와 욕망에 대한 주자학의 기본적 가치관은 왕양명에 이르러 변화된 것이 아니라 도리어 실천적이고 실용적인 면에서 더욱 강화된 것이라고 판단된다.

본 연구에서는 왕양명의 철학을 실천주의의 도덕철학으로 가정하고 그의 욕망론을 풀어갈 것이다. 이를 위해 본 연구는 주자와 왕양명의 욕망론 사이에 나타나는 연속과 단절의 지점에 주목할 것이다. 왕양명은 주자의 철학을 어떻게 계승하고 또 어떻게 변용하였는가를 추적하면서, 왕양명 욕망론의 특징을 수양의 실용성과 실천성의 강화라는 측면으로 조명해보고자 한다.

2. 氣質과 私意: 주자의 실체적 욕망론

清儒 戴東原은 정주학의 욕망론을 음식남녀의 생존에 필요한 기본적인 욕구마저 철저히 부정하는 비정한 금욕주의라고 비판한 바 있다.[1] 실제로 정주학에서 역설하는 "天理가 아니면 人欲이고, 인욕이 아니면 천리"[2]라는 兩斷의 대립 명제와 '천리를 보존하고 인욕을 없애라'(存天理, 滅人欲)는 단호한 실천 지침은, 그 사상에 담긴 철저한 욕망 부정론과 순수한 도덕 원칙주의의 면모를 잘 보여주고 있다. 즉 욕망이란 본질적으로 도덕률과 이질적이거나 혹은 背馳되는 악의 요인이기 때문에, 도덕을 실현하기 위해서는 반드시 극복되고 제거되어야 할 대상으로 인식한 것이다. 하지만 음식남녀의 생리적 기본 욕구마저도 도덕의 실현이라는 목적으로 제거하려는 이 근본주의적 태도에서, 대동원이 비판하는 것처럼 '도덕률로 사람을 죽인다'(以理殺人)는 비정함을 느끼게 되는 것도 무리

1) 戴震, 『孟子字義疏證』「權」, 宋儒程子・朱子 …… 謂'不出於理則出於欲, 不出於欲則出於理', 雖視人之饑寒號呼, 男女哀怨, 以至垂死冀生, 無非人欲, 空指一絕情欲之感者爲天理之本然, 存之於心.

2) 『二程遺書』 卷15, 不是天理, 便是私欲……無人欲卽皆天理.

는 아니다.

그러나 정주학은 과연 이렇게 맹목적인 금욕주의일까? 주자는 과연 飢寒과 男女 같은 생리적 욕구마저 다 제거해야 한다고 주장했을까? 주자가 사용하는 '欲'이라는 말에는 몇 가지의 상이한 의미가 있다. 欲은 음식남녀와 같은 생리적 욕구를 가리키기도 하고 도덕률에 합당하거나 합당하지 않은 욕망을 가리키기도 한다. 주자는 생리적 욕구나 도덕적으로 타당한 욕망에 대해서는 그 필수성을 적극 긍정하지만, 도덕적으로 합당하지 않은 욕망은 반드시 제거해야 할 대상으로 규정한다. '欲'이라는 글자의 다양한 의미 층차를 간과한 채, 모든 욕망을 부정하는 극단적 금욕주의자로 간주하는 것은 온당치 못한 것이다. 주자는 오히려 욕구의 필수적 측면을 적극 긍정하면서 과도한 무차별적 금욕주의를 강력히 비판하였다.

주자의 욕망 개념을 정확하게 이해하기 위해서는, 그와 관련된 개념들, 즉 人心과 氣質, 그리고 私意 등의 의미에 대해 면밀히 살펴볼 필요가 있다. 우선 주자는 우선 인심으로 분류될 수 있는 욕망(욕구)에 대해서 다음과 같이 긍정한다.

> 人心은 신체에서 나오는 것인데, 어떻게 없앨 수 있는가? ...... 인심이란 이 신체에 지각이 있고 기호와 욕구가 있는 것이다. 예를 들어 『논어』의 "내가 어질어지려고 한다면"(我欲仁), "마음이 욕망하는 대로 따라도"(從心所欲)라는 말이나 『예기』의 "본성의 욕망은 외물에 감하여 움직인다."라는 말이 바로 그것인데, 어떻게 이런 욕망들을 없앨 수 있단 말인가? ...... 저 석가모니는 공허함을 주장하는 우두머리이다. 그는 배가 고플 때 먹기를 바라지 않을 수 있단 말인가? 추울 때 옷 입을 필요가 없단 말인가? 살아있는 사람이 욕망하는 것을 없애게 할 수 있단 말인가? 욕망은 없애려고 해도 끝내 없애지 못하는 것이다.[3)]

3) 『朱子語類』 卷62, 人心出於形氣, 如何去得! ...... 若只守道心, 而欲屛去人心, 則是判性命爲二物,

人心은 신체로부터 발현되는 자연적인 욕망의 활동으로, 일체의 기호와 욕구 그리고 그것에 대한 지각활동 전체를 가리킨다. 위 인용문에 따르면, 이 인심(욕망)은 신체가 존재함과 동시에 있게 되는 생리적인 욕구들이기 때문에, 결코 인위적으로 없앨 수 없는 것이다. 욕망이란 필연적이고 자연적인 생명 활동의 토대인 것이다. 그래서 주자는 聖人에게도 인심이 없을 수 없다고 역설한다.[4] 이러한 점에서 주자는 불교의 涅槃論을 허무맹랑한 것이라고 비판하고 있다. 불교에서는 열반을 이루기 위해 모든 욕망을 멸절시켜야 한다고 주장하는데, 이는 신체를 제거하는 것 즉 현실의 존재를 無化시켜야만 가능한 것이다. 현존재-신체-욕망에는 필연적인 연관성이 있기 때문에, 살아있는 사람의 욕망을 없앤다는 것은 애당초 불가능한 일이다.

그런데 여기서 한 가지 주목해야 할 점은, 주자가 음식남녀의 생리적 욕구뿐 아니라 도덕 가치를 추구하는 의욕까지도 욕망에 포함시키고 있다는 점이다. 즉 주자는 '어질어지고자 하는 도덕적 의욕'(我欲仁) 역시 일반적인 욕망의 하나로 보고 있다. 천리를 보존하고 인욕을 극복하고자 하는 도덕적 욕구 역시 신체로부터 나오는 욕망의 하나인 것이다. 욕망이 없다면 도덕률과 덕성 역시 실현될 수 없다. 욕망은 도덕의 실현을 방해하는 악의 요인이 아니라 오히려 도덕을 실현시키는 긍정적 기제인 것이다.

而所謂道心者, 空虛無有, 將流於釋老之學, 而非虞書之所指者. ...... 人心是此身有知覺, 有嗜欲者, 如所謂'我欲仁', '從心所欲', '性之欲也, 感於物而動', 此豈能無! ...... 彼釋迦是空虛之魁, 饑能不欲食乎? 寒能不假衣乎? 能令無生人之所欲者乎? 雖欲滅之, 終不可得而滅也.

4) 『中庸章句』「序」, 心之虛靈知覺, 一而已矣, 而以爲有人心 道心之異者, 則以其或生於形氣之私, 或原於性命之正, 而所以爲知覺者不同, 是以或危殆而不安, 或微妙而難見耳. 然人莫不有是形, 故雖上智不能無人心.

이러한 점에 비추어볼 때, 주자의 '존천리, 멸인욕' 역시 '이성 대 정욕' 혹은 '윤리 준칙 대 생리 욕망'으로 간단화할 수 있는 게 아니다. 주자에게 있어 정신과 육체는 대립적이지 않고 도덕률과 욕망은 拮抗的이기 않다. 요컨대 주자에게 있어 욕망은 그 자체로 필연성이 인정될 뿐 아니라 도덕 가치의 실현을 위해 필수적인 요소로 긍정된다고 할 수 있다.

주자는 욕망의 자연성과 필연성을 氣와 氣質의 문제로 환원하여, 본체론적 심성론적 차원에서 그것의 정당성을 확립한다. 주자에 따르면, 신체(形)란 하늘이 음양오행의 기를 부여하여 만든 것으로[5] 우주 발생론적 정당성을 가지고 있을 뿐 아니라, 氣質은 순선한 도덕 본체를 이 세계에 존재할 수 있게 하는 존재 기반이라 할 수 있다.[6] 그래서 그것으로부터 발생하는 욕망 역시 정당성을 가지게 되는 것이다.

그러나 기질은 현실적으로 偏重性을 띠고 있다. 天命之性이 단일하고 순수한 것과 달리 기질은 淸濁粹駁의 질적 차이를 띠고 있다. 이러한 기질의 편중은 한 개체의 성품과 능력을 결정짓는 선천적 요소이기도 하지만,[7] 천리의 중정함을 障蔽하여 인욕을 만들어내는 원인이 되기도 한다.

> 사람과 사물이 생겨날 때 그 성명의 바름(性命之正)은 정말로 천리의 실질 아닌 것이 없다. 하지만 기질의 치우침 때문에 육체의 기호가 그것을 가려서 사욕이

---

5) 『中庸章句』, 天以陰陽五行化生萬物, 氣以成形.

6) 『朱子語類』 卷4, 才有天命, 便有氣質, 不能相離. 若闕一, 便生物不得. 旣有天命, 須是有此氣, 方能承當得此理. 若無此氣, 則此理如何頓放!

7) 이러한 점에서 '氣質'이라는 말은 신체를 구성하는 질료로서의 의미 뿐 아니라 성품, 성향, 능력 등을 의미하기도 한다.

생겨나게 되는 것이다. …… 오직 성인만은 기질이 淸純하여 천리와 혼연히 하나되어 애초부터 인욕의 사사로움이 없다.[8]

인간과 사물은 그 본성에 있어서는 똑같이 순선한 본성, 천리의 실질을 가지고 있다. 그러나 일반인의 경우 품수 받은 기질에 치우침이 있기 때문에 순선한 性命이 엄폐되고 만다. 그 결과 도덕 본질이 치우친 기질에 가려져서 발현되지 못한 채, 인간의 마음에 인욕이 발생하게 되는 것이다. 반면 성인은 기질이 청순하여 천리와 혼연하게 부합할 수 있어서, 선천적 도덕 본질이 막힘없이 발현될 수 있다. 애당초 인욕이 없는 것이다. 이로 미루어볼 때 인욕이 발생하게 되는 원인은 기질의 '치우침'에 있다고 할 수 있다. 기질의 치우침이 심할수록 천리는 더욱 두텁게 가려지고 사욕은 더욱 성대해지는 것이다.[9] 이러한 점에서 주자는 "사람이 선하기도 하고 악하기도 한 것은 품수 받은 기질에 저마다 淸濁의 차이가 있기 때문이다."[10]라고 말하기도 한다.

그런데 인욕이란 구체적으로 어떤 것일까? 기질의 치우침으로 비롯되는 인욕은 현실에서 어떤 현상으로 나타나는가? 주자는 '먹고 마시는 것은 천리이고, 좋은 맛을 추구하는 것은 인욕'[11]이라고 간단히 설명한다. 그러나 인간에게 미각이 자연스러운 기능인 이상, 우리가 좋은 맛과 나쁜 맛을 구별하고 또 좋은 맛을 추구하는

8) 『中庸或問』, 若夫人物之生, 性命之正, 固亦莫非天理之實. 但以氣質之偏, 口鼻耳目四肢之好, 得以蔽之, 而私欲生焉……惟聖人氣質淸純, 渾然天理, 初無人欲之私.

9) 『朱子語類』 卷4, 性只是理. 然無那天氣地質, 則此理沒安頓處. 但得氣之淸明則不蔽錮, 此理順發出來. 蔽錮少者, 發出來天理勝; 蔽錮多者, 則私欲勝.

10) 『朱子語類』 卷4, 人之所以有善有不善, 只緣氣質之稟各有淸濁.

11) 『朱子語類』 卷13, 問: "飮食之間, 孰爲天理, 孰爲人欲?" 曰: "飮食者, 天理也; 要求美味, 人欲也."

것은 자연스럽고 당연한 일이다. 만일 이것을 인욕이라고 규정하여 부정해 버린다면, 이는 대동원이 비판한 바와 같이 사람 사는 실정에 맞지 않는 것이다.

주자에게 있어 좋은 맛을 추구하는 인욕이란 단순히 미각의 만족을 추구한다는 의미가 아니다. 좋은 맛을 추구한다는 것은 정해진 구분선을 넘어 필요 이상으로 욕망하는 것을 의미한다. 즉 먹고 마시는 것으로 충분히 욕망이 만족되는 상황임에도, 그것 이상으로 좋은 맛을 추구하는 것이 인욕이라는 것이다. 여기에서 주목해야 할 점은 '필요한 몫'과 '정해진 구분선'이라는 말이다.

그 필요한 몫과 정해진 구분이란 무엇인가? 이것은 天理라고 할 수 있겠는데, 그것의 구체적 함의는 사회윤리학적 맥락에서 이해해야 한다. 정주학에 있어 천리와 인욕의 실질적인 의미는 公과 私이다. 公과 私, 理와 欲의 대비는 어느 학파를 막론하고 빈번히 등장하는 것이지만, 그 의미는 정주학의 그것과 매우 다르다. 유가에서 천리란 현상 세계를 초월한 궁극적 실체나 세속을 넘어선 자연 세계의 이치가 아니라, 사회 구성원이 추구해야 하는 공동체의 가치관이다. 또한 公은 自然 세계의 무차별적 평등을 형용하는 말이 아니라 상하·존비·친소의 복잡한 사회관계망 속에서 그 질서가 원활히 운영되는 것을 의미한다. 반면 인욕은 사회공동체의 합리적 질서와 조화를 위반하면서 定分 이상의 몫을 추구하는 자기중심적 욕망, 즉 私欲인 것이다. 따라서 存天理와 奉公은 사회공동체의 합리적 인륜 질서를 준수하는 것이며, 遏人欲과 滅私는 개체의 이기적 욕망을 제거하여 인륜 질서에 귀속하는 것이다. 이러한 점에서 주자는 "옳은 것은 天理라는 公이며 틀린 것은 人欲이라는 私이다."[12]라고 강조하여 말하고 있다.

이 때문에 정주학에서는 사욕에 주목하였고, 보다 근본적으로 '개체의 자기중심적 의식'(私意)에 집중하였다. 왜냐하면 사욕이란 실질적으로 자기중심적 의식(私意)으로부터 시작되는 것이기 때문이다. 그래서 二程은 개체의 자기중심적 의식지향만 있어도 곧 인욕이라고 하였고,[13] 주자는 개체의 자기중심적 지략(自私用知) 안에 이미 인욕이 성대하다고 말하였다.[14] 그리고 사의를 제거하는 것을 수양의 제1과제로 삼았다.

> 사람에게는 단지 私意가 있기 때문에, 성현께서는 수많은 말씀을 남기시어 사람들의 사의를 싹 쓸어버리려 하셨던 것이다. 그리하여 사람마다 모두 측은지심과 수오지심을 온전히 보존하게 하려고 하셨다. 사실 六經은 짓지 않아도 되는 것이었다. 그러니 내면에 한 점 사의도 있어서는 안 된다.[15]

주자는 사의의 제거가 유학의 전부인 것처럼 강조하고 있다. 성현이 가르침을 남긴 절실한 목적 역시 사람들의 사의를 제거하는 일이라는 것이다. 사의를 제거하는 것은, 사욕의 원천을 실질적으로 차단하는 것이 된다. 의식이 자기중심적으로 지향되지 않도록 바로잡으면 욕망도 이기적 방향으로 나아가지 않을 것이며, 마음은 본래의 덕성, 즉 仁을 그대로 발현할 수 있게 된다.[16] 그래서 사의를 제거하는 것만으로 천리와 혼연하게 하나 되는 성인의 즐거움

12) 『朱子語類』 卷13, 是底卽天理之公, 非底卽人欲之私.

13) 『二程遺書』 卷15, 養心莫善於寡欲, 不欲則不惑, 所欲不必沈溺, 只有所向便是欲.

14) 『朱文公文集』 卷67, 「定性說」, 衆人之喜怒, 自私而用知, 人欲之盛也.

15) 『朱子語類』 卷11, 人惟有私意, 聖賢所以留千言萬語, 以掃滌人私意, 使人人全得惻隱・羞惡之心. 六經不作可也, 裏面著一點私意不得.

16) 『朱子語類』 卷117, 仁自是元有, 只被私意隔了, 纔克去己私, 做底便是仁.

(樂)을 누릴 수 있다고 주자는 역설한다.[17]

이점에서 주자는 誠意 공부의 중요성을 강조한다. 의식의 발동할 때 그것이 이기적 방향으로 전개되지 않도록 바로잡는다면 천리를 보존할 수 있기 때문이다. 하지만 주자는 의식의 표층에서 그 자기중심성을 바로잡는 공부만으로는 인욕 극복의 근본적 처방이 될 수 없다고 여겼다. 왜냐하면 사의의 발동은 뿌리 깊은 존재론적 근거, 즉 편중된 기질로부터 나오기 때문이다. 사욕은 그 편중된 기질에서 발생하는 하나의 현상일 뿐이다.[18] 따라서 사욕의 극복과 사의의 제거에 대한 근본적인 처방은 기질을 변화시키는 공부라고 할 수 있다. 이러한 점에서 주자는 학문이란 자기의 기질을 변화시키는 것일 뿐이라고 단정한다.[19] 기질을 변화시킬 때라야 사의와 사욕의 발생을 뿌리부터 바로잡을 수 있기 때문이다.

그러나 기질을 변화시킨다는 것은 아주 어려운 일[20]이어서, 끊임없이 꾸준한 노력을 거쳐야만 비로소 조금씩 이루어져갈 수 있는 것이다.[21] 그것은 氣라는 실재적 실체(realistic substance)를 바꿔가는 일이기 때문에 단번에 쉽게 이루어질 수 있는 게 아니다. 그래서 기질변화의 공부는 居敬과 格物의 양대 공부가 총체적으로 집중될 때라야 가능해진다.[22]

---

17) 『朱子語類』 卷31, 問: "周子令程子尋顔子所樂何事, 而周子程子終不言. 不審先生以爲所樂何事." 曰: "人之所以不樂者, 有私意耳. 克己之私, 則樂矣."

18) 『朱子語類』 卷78, "有人生下來便自少物欲者, 看來私欲是氣質中一事."

19) 『朱子語類』 卷4, 人之性皆善. 然而有生下來善底, 有生下來便惡底, 此是氣稟不同. 且如天地之運, 萬端而無窮, 其可見者, 日月淸明氣候和正之時, 人生而稟此氣, 則爲淸明渾厚之氣, 須做箇好人; 若是日月昏暗, 寒暑反常, 皆是天地之戾氣, 人若稟此氣, 則爲不好底人, 何疑! 人之爲學, 卻是要變化氣稟.

20) 『朱子語類』 卷4, 人之爲學, 卻是要變化氣稟, 然極難變化.

21) 『朱子語類』 卷117, 始謂氣習物欲之蔽, 不能頓革, 當以漸銷鑠之而已. 不知病根未盡除, 則爲善去惡之際固已爲之繫累, 不能勇決.

이상의 논의를 통해 인간 욕망에 대한 주자의 관점을 총괄해보자. 주자에 따르면, 인간은 본래적으로 순선한 본질(性命)을 가지고 있지만 현실적 측면에서는 기질과 욕망을 타고 난다. 기질과 욕망 자체는 악하다고 할 수 없으나 기질은 현실적으로 치우침을 가지고 있기 때문에 본래적인 순선함에서 이반될 수 있다. 이러한 인간의 현존 특성을 주자는 '위태로움'(危)이라고 표현한다.[23] 인간의 현존은 악으로 흐를 위험이 농후하기 때문이다. 따라서 현실에서 '은미하게'(微) 가려져 있는 인간의 도덕적 본래성을 회복하기 위해서는 현실의 기질을 바꿔나가는 것이 매우 중요하다. 현실의 기질을 바꾸지 않고서 도덕적 본질을 회복하는 것은 불가능한 일이기 때문이다. 그래서 주자 철학의 실천론은 일상 세계에서 꾸준히 자기의 기질을 변화시켜가는 점진적 수양으로 귀결되는 것이다.[24]

---

22) 주자철학에서 기질변화의 의의와 방법에 대해 논한 글로는, 홍성민, 「주자 수양론에서 기질변화설의 의미」『동양철학』제30집, 2008.을 참조하시오.

23) 『朱子語類』 卷78, 人心亦不是全不好底, 故不言凶咎, 只言危. 蓋從形體上去, 泛泛無定向, 或是或非不可知, 故言其危.

24) 이러한 점에서 주자는 일상의 기질변화를 도외시하고 본성의 직접적 발현에만 몰두하는 사람에게 다음과 같이 말한다.(『朱文公文集』 卷43, 「答李伯諫」2: 承喻及從事心性之本以求變化氣質之功之說, 此意甚善. 然愚意此理初無內外本末之間, 凡日用間涵泳本源・酬酢事變, 以至講說辨論・考究尋繹, 一動一靜, 無非存心養性・變化氣質之實事. …… 但於此顯然處, 嚴立規程, 力加持守, 日就月將, 不令退轉, 則便是孟子所謂深造以道者. 蓋其所謂深者, 乃功夫積累之深, 而所謂道者則不外乎日用顯然之事也.)

3. 私意와 執着: 왕양명의 현상적 욕망론

주자가 인간의 본성을 천리로 간주하였던 데(性卽理) 반해 왕양명이 현상 주체의 지각 활동을 천리로 간주하였다(心卽理)고 해서, 왕양명이 욕망을 주자보다 더 긍정하였다거나 덜 경계했다고 속단하는 것은 잘못된 일이다. 오히려 왕양명은 철저하게 욕망을 제거해야 한다고 주장했던 실천적 사상가이다. 왕양명에게서 천리와 인욕은 여전히 팽팽한 대립적 긴장 관계에 놓여 있었고, 존천리 멸인욕은 至上의 실천과제였다.[25] 왕양명의 철학은 주자학의 과제를 더욱 변용하고 심화하는 가운데 성립된 것이라고 말할 수 있다.

왕양명의 욕망론에서 먼저 주목하여야 할 점은, 그가 주자의 私意 욕망론을 충실히 계승하고 있다는 점이다. 즉 사의를 사욕의 실질적 원인으로 간주하고 사의를 제거하고자 하였던 주자의 생각은 왕양명에게 그대로 이어지고 있다.

25) 『傳習錄』 28조, 只要去人欲, 存天理, 方是功夫. 靜時念念去人欲, 存天理. 動時念念去人欲, 存天理.

'욕망'(欲)이란 聲色·재물 같은 외부의 유혹만을 가리키는 게 아니다. 무엇엔가 '마음을 두는 이기성'(有心之私)이 있으면 모두 '욕망'이다.[26]

왕양명은 욕망을 성색과 재물 같은 물욕만이 아니라, 어떤 대상에 '마음을 두는 이기성'이라고 규정한다. 여기에서 '마음을 둔다'는 것은 '집착한다'(著)는 말과 같은 의미로, 자연스러운 의식의 흐름을 자기중심적으로 억류하는 것을 뜻한다. 마음을 두거나 집착하는 것에 이미 자기중심적 의식 경향이 내포되어 있으므로 이것을 '私意'라고 할 수 있으며, 사욕이 발동하는 뿌리가 되는 것이다. 위의 인용문에서 '욕망'(欲)이라는 말은 주자의 '人心'과 같은 의미가 아니라, 사의에 의해서 변질된 욕망, 즉 사욕을 가리킨다.

위의 인용문대로라면, 왕양명은 사욕의 존재론적 근거를 따지는 대신 사욕의 현상적 원인, 즉 의식 차원의 원인을 설명하고 있다. 이것은 그가 사욕이 어떤 실재적 실체로부터 생겨나는 것인가의 문제보다, 사욕의 현상에 주목하여 그 원인을 밝히는 데 초점을 두고 있다는 것이다. 왕양명이 사욕의 문제를 의식 현상의 차원에서 고찰한다는 점에 주의를 기울여볼 필요가 있다.

왕양명은 기질을 사욕의 근거로 간주하지 않는가? 왕양명은 기질의 문제에 대해 주자와 확연하게 다른 입장을 보인다. 주자에게서 기질은 상충적인 두 가지 의미, 즉 '없어서는 안 되는' 생존의 기반이자 '본체를 엄폐하는' 장애물로 규정되었던 점을 앞서 살펴본 바 있다. 이점은 왕양명에게 어떻게 변용되었는가? 우선 생존 기반으로서의 기질과 욕망에 대한 왕양명의 입장을 고찰해보자.

---

26) 『王陽明全書』 卷5 「答倫彦式」, 欲也者, 非必聲色貨利外誘也, 有心之私皆欲也.

> 性善의 단서는 氣를 통해서만 볼 수 있다. 氣가 없으면 볼 길이 없다. 惻隱·羞惡·辭讓·是非의 감정은 氣이다. ...... 만일 自性에 대해 명백하게 알 수 있으면 氣가 곧 性이고 性이 곧 氣일 테니, 원래 性과 氣로 구분될 수 없는 것이다.[27]

왕양명은 氣에 대해 적극적 의의를 부여한다. 기란 도덕 본체(性)를 드러내주는 필수불가결한 요소로, 본체의 현현을 가능하게 하는 현실적 기제이다. 기가 없다면 도덕 본체는 형이상의 영역에 정지해 있을 뿐 이 현상계로는 자신을 전혀 내비칠 수가 없다. 왕양명은 본체의 현현을 가능하게 하는 현실적 기제로 氣를 적극 긍정하면서 도덕 본체와 氣의 일원성을 주장한다.[28] 기의 긍정적 측면이 주자보다 한층 더 강조되고 있는 것이다. 주자에게 있어 도덕 본체와 기질은 不相離의 관계로 강하게 밀착되어 있기는 하지만, 존재론적으로는 엄연히 다른 두 실체이다. 그러나 왕양명은 '원래는 성과 기가 분리될 수 없는 것'이라고 하면서 性·氣를 일원화시키고 있다.

그러나 성과 기의 일원화는 불교의 '作用是性'을 연상시킬 위험이 있다. 왕양명은 氣로써 성을 융해한 것인가? 만일 그렇다면 일체의 생리 욕망을 도덕 가치화하는 '욕망 긍정론'으로 간주되고 말 것이다. '성이 곧 기이고 기가 곧 성'이라는 왕양명의 말을 온전히 이해하기 위해서는, '만일 自性에 대해 명백하게 알 수 있으면'이라는 말에 주목해보아야 한다. 自性에 대해 명백하게 안다는 것은 그 도덕 본성에 맞게 행위할 수 있는 상태가 되는 것이며, 기가 도덕 본성을 온전히 발현시키는 상태가 되는 것이라고 할 수 있다.

---

27) 『傳習錄』 150조, 生之謂性, 性善之端, 須在氣上始見得, 若無氣亦無可見矣. 惻隱·羞惡·辭讓·是非卽是氣. ...... 若見得自性明白時, 氣卽是性, 性卽是氣, 原無性氣之可分也.

28) 陳來, 전병욱 역, 『양명철학』, 예문서원, 2005. 155쪽.

이때 본성과 기질은 구분 없이 하나가 된다는 것이다. 주자의 경우 기질이 본성에 완전히 부합하여 움직인다 해도 본성과 기질을 하나라고 말하지는 않는다. 그것은 존재론적으로 엄연히 다른 실체이기 때문이다. 그러나 왕양명은 기가 성에 완전히 부합하여 움직일 때라면, 그것은 분리될 수 없는 하나라고 말하고 있다. 氣는 性이 현실로 드러나는 '현상'일 뿐이기 때문에 실체적으로는 양자가 하나인 것이다. 이렇게 볼 때 왕양명은 본체가 현현할 때 그것의 현상으로만 氣를 긍정할 뿐이다. 보다 정확히 말하자면, 왕양명은 본체의 현현에 관심이 있었을 뿐, 氣 자체의 지위에 대해서는 고려한 바가 없었던 것이다.

> '生之謂性'이라고 한 告子의 말도 옳은 것일 텐데, 맹자는 왜 비판했던 것입니까?"
> "물론 生도 性이다. 하지만 고자는 한쪽만 알았을 뿐 핵심(頭腦)를 이해하지 못했다. 핵심을 이해했으면 그렇게 말해도 괜찮다. ...... 사람들은 입에서 나오는 대로 지껄이고 제 맘대로 행동하면서 모두들 나의 본마음과 본성에 따라 한 것이며 이른바 '생지위성'이라고 말하지만 확실히 잘못된 점이 있다. 핵심을 이해하여 양지에 따라 말하고 행동해야만 타당한 것이다. 하지만 양지는 또한 이 입이 말하는 것이고 이 몸이 행하는 것이니, 어찌 氣 밖에서 따로 말하고 행동하는 것이 있겠는가?[29]

여기에서 生이란 食色과 같은 생리적 욕구를 의미한다. 왕양명은 식색과 같은 생리적 욕망도 性이라고 주장한 고자의 말을 인정해주고 있다. 정주학에서도 '生之謂性'의 명제를 긍정하는데, 이때 性이란 기질과 욕망의 선천적 특성, 즉 氣質之性을 가리키는 것으

---

29) 『傳習錄』 242조, 問：生之謂性, 告子亦說得是, 孟子如何非之? 先生曰：固是性, 但告子認得一邊去了, 不曉得頭腦, 若曉得頭腦, 如此說亦是. ...... 凡人信口說, 任意行, 皆說此是依我心性出來, 此是所謂生之謂性, 然卻要有過差. 若曉得頭腦, 依吾良知上說出來, 行將去, 便自是停當. 然良知亦只是這口說, 這身行, 若能外得氣, 別有箇去行去說?

로 도덕 본체인 本然之性과는 다르다.[30] 그러나 이렇게 되면 고자의 말도 틀린 것이 아니기 때문에, 맹자가 고자를 비판했던 의의가 살아나지 못한다.[31]

이점에 대해 왕양명은 '生도 당연히 性이다'라고 말하면서, 기질과 욕망의 선천성을 긍정하고 있는 듯하다. 하지만 실제로는 그것의 의미를 부정하고 있다. 왕양명에 따르면, 기질과 욕망은 오직 '핵심을 이해하는 한'에서만 가치가 인정될 수 있고 성이라고 불릴 수 있는 것이다. 여기서 핵심을 이해한다는 것은 앞서 '自性에 대해 명백하게 안다'는 것과 같은 의미로, 良知에 따라 착오 없이 행위 해가는 것을 말한다. 이렇게 핵심으로서의 양지가 온전히 실현되는 한에서만, 생리적 욕구가 본성의 현현으로 이야기될 수 있다. 양명에게 있어 "生之謂性"의 '性'은 氣質之性이 아니라 本然之性이며, '生'은 가치중립적 생리 욕구가 아니라 양지가 온전히 발현된 현상인 것이다. 만일 고자처럼 양지를 알지 못한 채 생지위성이라고 한다면, 이는 '運水搬柴가 모두 道'라는 것과 같이 도덕 가치를 무화시키는 말이 되는 것이다. 왕양명은 이런 견해에 대해 '확실히 잘못된 점이 있다'고 말한다. 왕양명에게는 양지에 입각한 욕망만이 인정될 수 있는 것이다. 이때 욕망은 양지의 발현태인 것이다. 이러한 점에서 볼 때 왕양명은 욕망에 도덕적 정당성을 부여하는 것이 아니라, 도덕 본성이 현실에 구체적으로 실현되는 상황을 강조한 것이다.

---

30) 陳來, 『양명철학』, 154~155쪽.

31) 이러한 점에서 정이천은 맹자가 도덕 본성과는 이질적인 기질의 선천적 측면을 언급하지 않았다고 지적하면서, 성과 기를 모두 언급해야 한다고 말한다. (『孟子集注』 「告子」上 제6절 '性無善無不善'장의 주석 참조)

여기에서 주목해야 할 것은, 왕양명은 주자와 달리 도덕적 판단을 내리기 이전 기질과 욕망의 본래적 자연성과 필수성에 대해서는 언급하지 않는다는 점이다. 양지가 음식남녀의 욕망으로 실현되는 상황이라면 그 욕망을 인정하지만, 현존하는 개체의 필수적 욕구로서의 음식남녀의 중요성에 대해서는 관심을 두지 않는 것이다. 이점은 왕양명이 주자와 확실히 다른 입장을 취하고 있는 부분이다. 왕양명이 욕망을 긍정적으로 언급하는 것은 오직 양지의 실현이라는 점에서 그러할 뿐, 욕망 자체의 필연성과 정당성에 대해서는 주자와 전혀 다른 입장을 취하고 있다. 요컨대 왕양명은 양지가 현실적으로 실현되는 현상을 기질과 욕망이라는 용어를 동원하여 설명했던 것일 뿐, 기질과 욕망의 실체를 인정했던 것도 아니고 그것의 실재성을 긍정했던 것도 아니었다.

그렇다면 기질과 욕망의 부정적 현상, 즉 기질의 편중이 본성을 엄폐하는 것에 대해 왕양명은 어떻게 설명할 수 있는가? 어떤 욕망은 양지에서 나오지 않을 뿐 아니라 양지를 가리기도 하는데, 이것은 양지와 다른 또 하나의 실체가 있다는 것이 아닐까? 이렇게 되면 왕양명 역시 욕망의 두 근원, 즉 자연스럽고 타당한 욕망의 근원(양지)과 그렇지 못한 욕망의 근원을 인정한 꼴이 되고, 앞서 말한 주자의 이원론에서 달라지는 점이 없게 된다.[32] 양지와는 다른 욕망은 분명 존재하며 그것은 엄격한 통제의 대상이다. 이제 왕양명은 그 이질적인 욕망의 근원에 대해 설명해야 할 부담을 떠안게 된다.[33] 이점에 대해 왕양명의 말을 들어보자.

---

32) 陳來, 『양명철학』, 158쪽.

33) 蒙培元은 왕양명이 잘못된 욕망(私慾)의 근원을 客氣로 귀속시켰으며 客氣는 '마음이 본래 가지고 있

> 편지에서 말하길 “사람의 心體는 본래 밝지 않은 것이 없지만 기질에 구속되고 물욕에 가려져서 어둡지 않은 이가 드뭅니다. 그러니 學問思辨의 공부로 세계의 객관적 理法을 밝히지 않는다면 善惡의 기미와 眞妄의 변별을 자각할 수가 없어서 멋대로 감정에 내맡기고 맘대로 제 뜻에 맡겨둘 테니(任情恣意), 그 폐해를 이루 다 말할 수 없습니다.”라고 하였다. …… 지금 고명(顧東橋)은 기필코 ‘천하의 이치를 궁구해야 한다’고 말하면서 자기 마음으로 돌이켜 구할 줄은 모르고 있다. 그렇다면 이른바 善惡의 기미와 眞妄의 변별에 대해 내 마음의 양지를 버리고 어디에서 體察할 수 있겠는가? 그대가 말하는 ‘기질에 구속되고 물욕에 가려진다’는 것은 단지 ‘이 양지가 구속되고 이 양지가 가려진 것’일 뿐이다. 멋대로 감정에 내맡기고 맘대로 제 뜻에 맡겨두는 것 역시 단지 이 마음의 양지에서 천리를 體察하지 않았기 때문이다.[34]

질문자 顧東橋는, 도덕 본성이 선천적으로 기질과 물욕에 가려지기 때문에 사람은 任情恣意하는 도덕적 주관주의에 빠질 수 있다고 우려한다. 그래서 반드시 학문사변의 공부를 통해 객관적이 이법을 탐구함으로써 자기의 기질을 바로잡고 보편타당한 본성을 실현시켜야 하는 것이 어떻겠느냐고 묻고 있다. 이는 주자가 주장하는 기질변화 수양론의 핵심적 내용이다. 고동교가 우려한 문제의 핵심은, 기질이라는 실체에 의해 본성이 완전히 가려져 있는 현재 상황이다.

이에 대한 왕양명의 대답, 즉 ‘단지 이 양지가 구속되고 이 양지가 가려진 것’(拘此蔽此而已)이라는 말에 주의할 필요가 있다. 고동교가 ‘기질과 물욕이 구속하고 가린다’(氣拘物蔽)고 이야기했던

지 않은 기’를 의미한다고 말했는데.(蒙培元, 「理學範疇系統』, 人民出版社. 308쪽) 『전습록』에 나타나는 客氣란 그런 의미가 아니라 激情, 虛勢 등의 의미로 이해해야 좋을 것이다. 그렇지 않다면 왕양명은 心體 이외에 또 다른 실체를 인정하는 것이 되기 때문이다.

34) 『傳習錄』 136조. 書云: 人之心體, 本無不明. 而氣拘物蔽, 鮮有不昏. 非學問思辨, 以明天下之理, 則善惡之機, 眞妄之辨, 不能自覺, 任情恣意. 其害有不可勝言者矣. …… 今必曰窮天下之理, 而不知反求諸其心, 則凡所謂善惡之機, 眞妄之辨者, 舍吾心之良知, 亦將何所致其體察乎? 吾子所謂氣拘物蔽者, 拘此蔽此而已. …… 情恣意之害, 亦以不能精察天理於此心之良知而已.

것을 왕양명은 '오직 양지가 엄폐된 현상일 뿐'[35]이라고 중점을 바꾼다. 즉 '拘此蔽此'라는 표현에서 고동교가 拘의 주어에 중점을 두었다면 왕양명은 주어를 생략한 채 拘의 목적어인 '此'에 중점을 두고 있다. 즉 '양지가' 가려졌다는 것이 중심이다. 여기에서 왕양명은 양지를 엄폐하는 실체에 대한 관심보다 양지가 엄폐된 현상, 달리 말해 양지가 발현되지 못하는 현상에 주목하고 있다. 엄폐하는 실체가 무엇이건, 속히 그 엄폐를 제거하고 양지를 발현시키는 것이 왕양명의 관심사였다고 할 수 있다.

그러나 '양지의 엄폐'라는 현상이 있는 것은 분명하다. 그런 현상이 있다면, 그런 현상을 만드는 주어는 무엇인가? 그것을 설명하기 위해 주자와 고동교는 편중된 기질이라는 실체를 거론했던 것이 아닌가? 이점에 대해 왕양명은 어떻게 설명하고 있는가?

> 양지는 해에 비유되고 욕망은 구름에 비유됩니다. 구름은 비록 해를 가릴 수도 있지만 하늘의 一氣에서 볼 때 당연히 존재해야 하는 것입니다. 욕망도 사람 마음에 당연히 존재하는 것입니까?
> 기쁨・노여움・슬픔・두려움・좋아함・싫어함・욕망(欲)을 七情이라고 한다. 이 일곱 가지는 모두 사람의 마음에 당연히 존재하는 것이다. 하지만 양지를 명백하게 알아야 한다. ...... 집착하는 바가 있어서는 안 된다. 칠정이 어느 하나에 집착하게 되면 이를 (부정적) 욕망이라 한다. 이것들은 모두 양지를 가리는 것이다.[36]

양지를 엄폐하는 기제는 의식의 집착이라고 왕양명은 설명한다. 양지의 엄폐란 양지가 칠정으로 자연스럽게 발현되는 것을 정체시

---

35) 한정길 정인재 역, 『전습록』제1권(청계, 2001), 「제136조」에 대한 역자의 해설을 참조하였다.

36) 『전습록』 290조, 問: 知譬日, 欲譬雲, 雲雖能蔽日, 亦是天之一氣合有的, 欲亦莫非人心合有否? 先生曰: 喜怒哀懼愛惡欲謂之七情. 七者俱是人心合有的. 但要認得良知明白. ...... 不可有所著. 七情有著, 俱謂之欲, 俱爲良知之蔽.

키는 의식의 집착 현상에 다름 아니라는 것이다. 칠정 중 어느 하나에 집착하여 그 자연스러운 흐름을 막는다면, 그것은 私欲이 되고 곧 양지를 가리는 현상으로 나타난다는 것이다. 여기에서 왕양명은 양지의 엄폐를 '기질이라는 실체'의 작용이 아니라 私意라는 '심리적 현상'으로 해석하고 있다. 이것은 왕양명에게 있어 사욕이 의식의 자기중심적 집착으로 정의된다는 점을 다시 한 번 확인시켜주는 지점이다.

여기에서 다음의 몇 가지 중요한 사실을 발견할 수 있다. 첫째, 왕양명에게서 기질은 유명론적인 것(nominalistic thing)일 뿐이라는 점이다. 왕양명에게 있어 기질은 실재론적 실체(realistic substance)가 아니라 '양지가 엄폐된 현상'을 의미할 뿐이다. 기질은 실재적으로 존재하는 실체라고 말해야 할 필요성이 없다. 그것은 유일한 실체인 양지가 발현되지 않은 현상이라고 해도 그 설명이 충분하기 때문이다.[37)]

둘째, 그렇다면 왕양명은 본성과 기질의 관계에 있어 철저하게 본성 일원론적 입장을 취하고 있다고 할 수 있다. 왕양명에게 있어 유일한 실체가 있다면 그것은 오직 마음의 본체, 즉 양지일 뿐이다. 도덕성에 부합하는 기질과 욕망은 단지 양지가 발현되는 현상일 뿐이고, 도덕성에 부합하지 않은 기질과 욕망은 단지 양지가 엄폐된 현상일 뿐이다. 선하지 않은 기질의 실체를 어떻게 설명할 것인지를 왕양명에게 추궁할 필요는 없다.[38)]

---

37) 기질은 유명론적인 것일 뿐 실체가 아니라는 말은, 양지를 가리는 실체로서의 기질에 초점이 맞추어진 것이다. 앞서 언급한 바와 같이, 주자에게 있어 기질은 존재자들의 다양한 차이를 만들어내는 요인이기도 한데, 이점에 대해서는 왕양명도 언급하고 있다.(『傳習錄』 99조 참조)

38) 陳來는 왕양명의 '氣卽性'이 가치 긍정적인 면에만 적용될 뿐 불선한 면에는 적용되지 못하므로 명제

셋째, 왕양명이 기질을 유명론적으로 파악한 까닭은 그의 관심이 양지의 엄폐에 대한 이론적 분석보다 욕망의 극복이라는 실질적 실천에 더 집중되어 있었기 때문이다. 다른 방식으로 말해, 왕양명이 양지를 유일한 실체로 간주한 까닭은 그의 관심이 오직 양지를 현실에서 실천해가는 것에만 집중되어 있었기 때문이기도 하다. 이런 점에서 그의 기본 입장은 실천적이고 실용적인 차원이라고 할 수 있다. 즉 양지의 발현이라는 실천의 취지에서 기질의 엄폐를 실용적으로 바라보고 있는 것이다.

왕양명의 관점대로라면, 가치중립적 욕망은 존재하지 않는다. 오직 양지의 활동과 정체 두 가지의 사태만 있을 뿐이다. 달리 말해 양지가 현현된 현상으로서 도덕성을 갖춘 욕망과 私意에 의해 조장된 私欲만이 있다는 것이다. 욕망에 대한 모든 규정은 도덕성의 여부로 결정된다.

> 내가(陸澄)이 물었다. "여색을 좋아하고 이익을 좋아하며 명예를 좋아하는 등의 마음은 정말로 사욕입니다. 그런데 閒思雜慮는 어째서 사욕이라고 부르는 것입니까?"
> 선생께서 말씀하셨다. "閒思雜慮는 반드시 여색을 좋아하고 이익을 좋아하며 명예를 좋아하는 뿌리에서 일어나니, 스스로 그 뿌리를 찾아보기만 하면 곧 알게 된다. 예를 들어 네 마음에는 강도질할 생각이 전혀 없음을 분명 아는 것은 무엇 때문이겠는가? 바로 네가 원래 그런 마음을 가지고 있지 않기 때문이다. 만일 네가 재화와 여색, 명예와 이익을 좋아하는 마음에 대해서도 마치 강도질하는 마음이 일어나지 않는 것처럼 모두 없애버린다면, 다만 마음의 본체만 남을 것이다. 거기서 무슨 閒思雜慮가 있는 것을 보겠는가?"[39]

의 형식이 엄격하지 못하다고 비판하면서, 결국 왕양명 역시 불선한 기질을 인정하게 됨으로써 주자와 같은 이원론적 입장이 된다고 지적하였다.(陳來, 앞의 책, 157-158쪽) 이러한 관점은 우선 기질을 실체로 상정하고, 그 안에서 기질의 도덕적/비도덕적 차원을 구분하고 있는 것이다. 그러나 이는 왕양명의 관점에 부합하지 않는 설명이다.

閒思雜慮는 선악으로 판가름하기 곤란한 점이 있다. 그것은 선한 생각을 하는 것은 아니지만 그렇다고 악한 생각을 하는 것도 아니기 때문이다. 물론 이기성에서 근원하는 것이라고 규정할 수도 없다. 그러나 이에 대한 왕양명의 생각은 달랐다. 閒思雜慮는 분명 마음의 본체에서 발현되는 것이 아니기 때문이다. 마음의 본체, 즉 양지에서 발현되는 것이라면, 그것은 필연적으로 선일 뿐이지 다른 것일 수 없다. 이러한 점에서 한사잡려는 마음의 본체와 상반되는 것, 즉 사욕이라고 규정되는 것이다. 왕양명에게 도덕적 판단이 애매모호한 중간지대는 없다.

이러한 점에서 왕양명은 道心과 人心에 대해 주자의 설명을 거절하고 다시 정이천의 구분으로 되돌아간다. 즉 도심은 천리이고 인심은 인욕이라는 것이다. 그래서 인심은 '성인이라도 없을 수 없는' 필수적인 생존 활동이 아니라 단지 악일 뿐이라는 것이다.[40] 인심은 양지에 따르지 않고 자기중심적으로 집착하는 마음을 가리킬 뿐이다.[41] 이렇게 하여 왕양명은 의식의 상태를 도덕적인 것과 그렇지 않은 것으로 확연하게 양분함으로써 주체의 도덕 결단력과 실천력을 강화시키고 있다.

---

39) 『傳習錄』 72조, 澄曰: "好色, 好利, 好名等心, 固是私欲. 如閒思雜慮, 如何亦謂之私欲?" 先生曰: 畢竟從好色, 好利, 好名等根上起. 自尋其根便見. 如汝心中決知是無有做劫盜的思慮. 何也? 以汝元無是心也. 汝若於貨色名利等心, 一切皆如不做劫盜之心一般, 都消滅了. 光光只是心之本體. 看有甚閒思慮?

40) 『傳習錄』 10조, 程了謂人心卽人欲, 道心卽天理. 語若分析, 而意實得之. 今曰: 道心爲生, 而人心聽命, 是二心也. 天理人欲不竝立. 安有天理爲主, 人欲又從而聽命者?

41) 『傳習錄』 250조, 問道心人心. 先生曰: 率性之爲道, 便是道心. 但著些人的意思在, 便是人心. 道心本是無聲無臭, 故曰微. 依著人心行去, 便有許多不安穩處, 故曰惟危.

4. 良知와 致良知: 욕망의 검열과 자발적 극복

주자와 왕양명의 설명 방식이 다르더라도, 이들의 욕망론은 개체의 사욕을 철저히 극복하고 공동체의 합리적 질서로 귀환하기 위한 실천적 목적에서 제기되었던 것이다. 그래서 이들의 욕망론은 필연적으로 사욕을 극복하고 도덕 본체를 발양하는 수양론의 문제와 직결된다. 어떻게 사욕을 극복하고 도덕 본체를 발현할 것인가? 이를 고찰하기 전에 도덕 본체에 대한 두 사람의 입장을 살펴볼 필요가 있다. 왜냐하면 도덕 본체에 대한 이해의 차이는 수양론의 차이를 수반하기 때문이다. 여기에서는 양지를 키워드로 삼아 양자의 수양론을 살펴보고자 한다.

주자에 따르면 인간은 선천적으로 明德이라는 도덕 본체를 품수받고 태어난다. 이 명덕이 본연의 性을 가리키는 것인지 본래의 心을 가리키는지에 대한 주자의 설명은 다소 엇갈리고 있다.[42] 그러나 적어도 주자는 도덕적 본질이 왜곡 없이 의식 현상에 드러나기

42) 陳來, 『朱子哲學硏究』, 華東師範大學出版社, 2000, 290~293쪽 참조.

도 한다는 점을 언급하고 있다. 이것이 良知이다. 주자는 도덕적 본질이 현상으로 드러나는 것에 대해 다음과 같이 말하고 있다.

> 明德이란 본래부터 가지고 있는 이 밝은 덕을 일컫는다. 『맹자』에서는 "어린 아이 중에 그 부모를 사랑할 줄 모르는 이가 없고, 커서는 그 형을 공경할 줄 모르는 이가 없다."고 했다. 이 良知와 良能은 본래 스스로 가진 것인데 다만 사욕에 가려져서 어두운 채 밝지 못한 것이다.[43]

위 인용문은 주자가 『大學章句』의 經 1章 注[44]를 풀어서 설명한 것이다. 주자에 따르면 인간은 밝은 덕성(明德)을 선천적으로 품수 받았고 그것은 良知良能으로 드러나게 되어 있다. 그러나 기질과 사욕이라는 현실에 엄폐되어 양지양능은 제대로 발현되지 못한다. 현실은 기질이 좌우하는 반면, 본연의 양지는 현실에서의 적용능력이 매우 미약하기 때문이다. 그러므로 현실에서 양지를 실현시키려면 현실에 주어져있는 구체적 도덕규범들(當然之則)을 파악하는 格物致知의 공부가 요청된다. 양지는 그것에 의거하여야 현실적 역량을 갖게 되는 것이다.

그러나 이 도덕규범들(當然之則)이란 타율적 당위의 원칙들이 아니다. 그것은 四端과 같이 '너무도 당연하여 그만둘 수 없고'(所當然而不容已)[45] 양지양능과 같이 '막을 수 없는'(住不得)[46] 도덕

---

43) 『朱子語類』 卷4, 明德, 謂本有此明德也. "孩提之童, 無不知愛其親; 及其長也, 無不知敬其兄." 其良知・良能, 本自有之, 只爲私欲所蔽, 故暗而不明.

44) 『大學章句』, 明德者, 人之所得乎天, 而虛靈不昧, 以具衆理而應萬事者也. 但爲氣稟所拘, 人欲所蔽, 則有時而昏; 然其本體之明, 則有未嘗息者. 故學者當因其所發而遂明之, 以復其初也.

45) 『朱子語類』 卷18, 如人見赤子入井, 皆有怵惕・惻隱之心, 此其事'所當然而不容已'者也.

46) 『朱子語類』 卷18: 或問: "理之不容已者如何?" 曰: "理之所當爲者, 自不容已. 孟子最發明此處. 如曰: '孩提之童, 無不知愛其親; 及其長也, 無不知敬其兄.' 自是有住不得處."

본능에 준하여 만들어진 규범들[47]이다. 다시 말해 당연지칙은 양지와 동질적인 도덕 본능에 의거한 자율적 행위 규범인 것이다.[48] 이 때문에 구체적 도덕규범들을 익혀갈수록 양지는 현실에서 더욱 활성화될 수 있고 확장될 수 있는 것이다. 주자는 이것을 격물궁리[49] 이자 致知[50]라고 규정했다. 만일 격물치지를 하지 않는다면 본연의 양지는 현실에서 확충될 수가 없고 도덕 실천은 계속 실패하고 말 것이다.[51]

주자의 격물치지론은 양지의 선천성에서 시작하여 양지의 현실적 확장으로 마무리된다. 주자는 시종 선험적 도덕 지각을 어떻게 현실화시킬 수 있는가에 주목하고 있다. 그러나 여기에서 관건이 되는 일은, 반드시 현실의 當然之則을 탐구하여야 한다는 데에 있다. 구체적인 당위 규범들을 일일이 습득하여야 양지를 계발할 수 있고, 비로소 기질을 변화시키고 욕망을 극복해가는 공부가 이루어질 수 있는 것이다.

주자의 양지론에서 특히 주목할 것은, 앎에 있어 덕성지와 견문지가 따로 구분되지 않는다는 점이다. 양지란 본래 선험적인 도덕

47) 『論語或問』 卷8, 理之所當然者, 所謂民之秉彛, 百姓所日用者也. 聖人之爲禮樂刑政, 皆所以使民由之也.

48) 『中庸章句』, 人物各循其性之自然, 則其日用事物之間, 莫不各有當行之路, 是則所謂道也. …… 聖人因人物之所當行者而品節之, 以爲法於天下, 則謂之敎, 若禮樂刑政之屬是也.

49) 『朱子語類』 卷18, 窮理者, 因其所已知而及其所未知, 因其所已達而及其所未達. 人之良知, 本所固有. 然不能窮理者, 只是足於已知已達, 而不能窮其未知未達, 故見得一截, 不曾又見得一截, 此其所以於理未精也. 然仍須工夫日日增加. 今日旣格得一物, 明日又格得一物, 工夫更不住地做. 如左脚進得一步, 右脚又進一步; 右脚進得一步, 左脚又進, 接續不已, 自然貫通.

50) 『朱子語類』 卷14, "人心莫不有知, 所以不知者, 但氣稟有偏, 故知之有不能盡. 所謂致知者, 只是敎他展開使盡." 이러한 점에서 볼때 주자의 致知란 외계 사물의 이법에 대한 지식을 축적하고 확장하는 것이 아니라 도덕적 앎을 확충하는 것이며, 보다 근본적으로는 선천적 덕성지를 확충하는 것(致良知)라 할 수 있다.

51) 『朱子語類』 卷14, 人本有此理, 但爲氣稟物欲所蔽. 若不格物・致知, 事至物來, 七顚八倒.

지각이지만 도덕 지각에 대한 경험적 습득을 통해야 그 능력이 완전해질 수 있다. 이는 선험적 덕성지와 경험적 견문지를 가르지 않고 하나의 도덕 지식으로 간주하였다는 것을 의미한다.[52] 그래서 덕성지는 직각적 성격이 줄어들고 대신 경험적 성격이 첨가되는데, 이는 덕성지가 현상 세계의 구체적 사태들에 대한 세밀한 앎으로 발전하게 됨을 의미하는 동시에, 경험적 지식이 주체 내면의 덕성으로 체화된다는 점을 의미한다.[53] 결국 앎은 도덕에 대한 선천적 지각력과 실천력을 보유하고 있으면서도 그 범위가 세계 속으로 넓게 확장되는 것이다. 그리하여 치지가 완성되었을 때 주체는 세계 전체를 포괄하는 방대한 실천지를 얻을 수 있게 된다.[54] 이러한 실천지를 통해 기질을 교정하고 사욕을 극복하는 길이 열리게 되는 것이다.

이러한 주자 양지론은 왕양명에게로 이어지고 있다. 그러나 실체로서의 기질을 인정하지 않는 왕양명의 철학적 구획 안에서 양지의 의미는 달라진다. 앞서 살펴본 바와 같이, 왕양명은 양지를 가리는 실체로서의 기질을 인정하지 않기 때문에 양지는 보다 활발하게 현실에 자신을 드러낼 수 있다고 본다.

> 양지는 見聞으로 말미암아 있게 된 것이 아니지만, 견문에 양지의 활동(用) 아닌 것이 없다. 그래서 양지는 견문에 얽매이지 않지만 견문을 떠나지도 않는 것이다. 일상 세계에서 보고 듣고 행위하는 것은 그 단서가 천만가지로 다르지만 양지의

52) 이러한 점에서 주자는 덕성지와 견문지를 나눈 張橫渠의 태도를 다음과 같이 비판한다.(『朱子語類』 卷99: 問橫渠"耳目知, 德性知". 曰: "便是差了. 雖在聞見, 亦同此理. 不知他資質如此, 何故如此差?")

53) 이찬, 「지행문제의 도덕심리학적 이해」 『철학』제99집, 한국철학회, 2009. 21쪽.

54) 주자 격물치지론에 담긴 실천철학적 의의를 조명한 글로, 홍성민, 「궁극적 이치와 실천적 앎」 『동양철학연구』 제58호, 2009.를 참조하시오.

> 발용과 유행 아닌 것이 없다. 보고 들으며 행위하는 것을 제외한다면 양지를 확충할 방법도 없는 것이다.[55]

왕양명은 양지가 언제든 견문으로 현현할 수 있다고 간주하면서 양지와 견문의 긴밀성을 강조하고 있다. 주자에게 있어 덕성지와 견문지가 쌍방향적으로 융화되면서 확충되어가는 것과 달리, 왕양명에게서 덕성지는 견문에 일방적으로 현현되는 양상을 보인다. 이는 양지의 현재화에 대한 믿음이 주자보다 훨씬 크다는 점을 시사한다. 왕양명에게 있어 양지는 외재적 도덕 이법의 도움을 받아야 확충되는 것이 아니라, 그 자체로 이미 현재 상황에서 도덕의 준칙을 열어갈 수 있는 충분한 능력을 가지고 있는 것이다.

그렇다면 양지가 발현되는 것만으로 현실 세계에서 도덕적으로 합당한 행위를 할 수 있을까? 왕양명은 양지가 본래 현실의 모든 도덕 준칙을 다 알고 있기 때문에 도덕규범들을 따로 탐구할 필요가 없다고 말한다.[56] 마치 외부 세계의 도덕적 定理를 양지가 선천적으로 다 알고 있다는 것처럼 들린다. 그러나 이점에 대해서는 회의가 없을 수 없다. 어떻게 인간의 선천적 지각이 후천적 사태의 법칙들을 다 알 수 있단 말인가? 양지의 능력이란 대체 무엇인가?

이점에 대해 이해하기 위해서는, 왕양명이 대상으로 삼고 있는 도덕 수양의 범주가 무엇인지 먼저 고려해볼 필요가 있다. 왕양명의 관심은, 많은 현실 사물들 앞에서 주체의 의식 활동에 나타나는 私意를 점검하고 그것을 극복하는 데 초점이 놓여 있다. 왕양명은 양

55) 『傳習錄』 168조, 知不由見聞而有, 而見聞莫非良知之用, 故良知不滯於見聞, 而亦不離於見聞, 蓋日用之間, 見聞酬酌, 雖千頭萬緖, 莫非良知之發用流行, 除卻見聞酬酌, 亦無良知可致矣. 故只是一事.

56) 『傳習錄』 136조, 夫萬事萬物之理, 不外於吾心. 而必日窮天下之理. 是殆以吾心之良知爲未足, 而必外求於天下之廣, 以裨補增益之. 是猶析心與理而爲二也.

지가 후천적 도덕규범들(定理)을 다 알고 있다고 주장한 것이 아니었다. 그는 주체의 순수한 도덕의식이 세계를 도덕화하는 근원이라고 생각하였고, 그래서 주체의 의식 활동을 순선한 도덕성으로 충만하게 해야 한다고 강조하였던 것이다. 양지론의 의미는 여기에 있다.

주체의 의식이 순수한 도덕성으로 충만해지는 것이 가장 중요한 일이라고 생각하였고, 그것이 세계를 도덕적으로 만드는 근원이라고 생각하였다.

> 모든 것이 다만 이 마음에 달려 있을 뿐이니, 마음이 곧 理인 것이다. 이 마음이 사욕에 가려지지 않은 것이 바로 천리이니, 밖에서는 조금도 보탤 것이 없다. 이 순수한 천리의 마음을 부모 섬기는 데 드러내면 바로 孝이고, 임금 섬기는 데 드러내면 바로 忠이며, 벗과 사귀고 백성들을 다스리는 데 드러내면 신의와 어짊인 것이다. 다만 이 마음에서 인욕을 제거하고 천리를 보존하는 데 힘쓰기만 하면 된다.[57]

왕양명에게 있어 도덕규범을 습득하는 일은 어렵지 않은 일이어서 그것에 정력을 낭비할 필요는 없다.[58] 진정 절박한 부분은 주체의 마음 상태를 살피고 판단하는 일이다. 현실에서의 도덕 실천은 행위 규범을 적절히 수행하는 것으로 나타나야 하지만, 그것의 필수 전제는 우선 주체의 의식 상태가 천리인지 인욕인지 감별하고 교정한다는 것이다. 수양의 초점은 주체에 의식 상태를 순선한 동기로 가득 채우는 일에 놓여 있다.

이러한 왕양명의 생각에는 그의 독특한 세계관이 담겨 있다. 왕

57) 『傳習錄』 3조, 都只在此心. 心卽理也. 此心無私欲之蔽, 卽是天理. 不頂外面添一分. 以此純乎天理之心, 發之事父便是孝. 發之事君便是忠. 發之交友治民便是信與仁. 只在此心去人欲存天理上用功便是.

58) 『傳習錄』 4조, 若只是溫淸之節, 奉養之宜, 可一日二日講之而盡. 用得甚學問思辨?

양명에 따르면, 주체의 의식이란 '~에 관한 의식'으로 반드시 어떤 대상을 지향하고 있다.[59] 그리고 대상 역시 주체의 의식에서 초월해있지 않고 내재해있다.[60] 물론 이것은 주체의 의식이 없으면 객관 세계가 존재하지 않는다는 버클리식 유심주의를 의미하는 게 아니다. 이것은 의식의 지향성에 의해 세계에 의미를 부여한다는 뜻이다. 그래서 주체의 의식이 어떻게 지향되느냐에 따라 세계의 도덕성 여부가 결정된다. 주자의 경우라면, 유의미한 세계는 주체로부터 객관적으로 독립되어 존재하는 당연지칙의 세계이며 주체와 당연지칙은 대응 관계를 이루고 있다고 말할 것이다. 그러나 양명은 유의미한 세계란 주체의 의식지향에 의해 구성되고 결정되는 세계라고 말한다. 이것은 주체 의식의 도덕성이 세계의 도덕성을 결정한다는 의미를 함축하고 있다. 이러한 점에서 왕양명의 사상을 현상학적이라고 말하기도 한다.[61]

이러한 점에서 양지의 기본 기능은 의식의 도덕성 여부, 즉 私意의 발동 여부를 검열하는 일이 된다.

> 良知란 맹자가 말한 是非之心으로 사람들이 저마다 가지고 있는 것이다. …… 이는 天命之性이며 내 마음의 본체 自然인 良知로서 明覺者이다. 모든 의념의 발동에 대해 내 마음의 양지는 스스로 알지 못하는 것이 없다. 선한 의념도 오직 내 마음의 양지가 스스로 알고 선하지 못한 것도 오직 내 마음의 양지가 스스로 안다.[62]

---

59) 『傳習錄』 201조, 指意之涉著處謂之物, 只是一件. 意未有懸空的, 必著事物.

60) 『傳習錄』 275조, 先生遊南鎭, 一友指巖中花樹問曰: 天下無心外之物, 如此花樹, 在深山中自開自落, 於我心亦何相關? 先生曰: 你未看此花時, 此花與汝心同歸於寂, 你來看此花時, 則此花顔色一時明白起來, 便知此花不在你的心外.

61) 왕양명의 사상은 후설(E. Husserl) 현상학과 종종 비교되곤 한다. 이에 대해서는 陳來, 『양명철학』과 정인재, 「현상학적 윤리학 정립을 위한 양명 철학적 시론」(『철학과 현상학 연구』, 한국현상학회, 2004.)을 참조할 것.

이 양지는 현실의 도덕 판단에 기준이자 직접 살피는 작용을 한다. 마음의 선험적 도덕률은 언제든지 구체적인 의식 정서 활동으로 발현될 수 있다는 것이다. 그래서 양지는 주체의 의식 활동에 잠복된 사의를 찾아내고 도덕적 是非를 즉각적으로 판단해낼 수 있다. 이러한 점에서 왕양명은 양지를 天理의 昭明靈覺處라고 한다. 양지는 도덕 준칙에 입각한 정확한 도덕 판단을 즉각적으로 해낼 수 있다는 말이다.

그러나 양지가 사의를 검열하고 시비를 판단한다고 해서, 그것이 사의를 다 극복해낼 수도 있는 것일까? 양지의 知가 냉철한 도덕 판단력만 의미하는 것이라면, 거기에는 실제로 사의를 극복하고 사욕을 제거하는 실천의 의의가 약할 수밖에 없다. 만일 양지의 판단이 끝난 다음 따로 실천을 시작해야 하는 것이라면, 그 실천의 힘은 어디로부터 끌어와야 하는가? 양지는 실천지가 아닌가?

> 양지는 단지 是非之心일 뿐이다. 그런데 시비를 가리는 마음은 단지 하나의 好惡일 뿐이다. 단지 호오하기만 하면 시비는 그 안에 다 포함되고, 단지 시비를 가리기만 하면 온갖 변화되는 상황이 다 포함된다.[63]

시비지심으로서의 양지는 도덕적 이성 원칙인데, 거기에는 好惡라는 도덕적 선호까지 함께 포함되어 있다. 즉 양지는 옳은 것을 좋아하고 그른 것을 싫어하는 감성적 요소까지 함께 발휘한다는

---

62) 『大學問』, 良知者, 孟子所謂是非之心人皆有之者也, 是故謂之良知, 是乃天命之性, 吾心之本體自然良知明覺者也. 凡意念之發, 吾心之良知無有不自知者, 其善歟惟吾心之良知自知之, 其不善歟亦惟吾心之良知自知之.

63) 『傳習錄』 288조, 良知只是箇是非之心. 是非只是箇好惡, 只好惡就盡了是非, 只是非就盡了萬事萬變.

것이다. 따라서 양지가 사의를 발견하게 되면 그로부터 저절로 사의를 싫어하여 극복하고 싶어지는 의욕까지 한꺼번에 생겨난다는 것이다. 사의가 조금이라도 끼어 있으면 양지는 정서적으로 스스로 불안해한다는 것이다.[64]

그래서 양지는 私意에 대한 克治를 의욕의 형식으로 추동시킨다. 이 克治의 과정은 도덕 명령을 충실히 이행해가는 의무실행의 과정이 아니다. 그것은 好色을 좋아하고 惡臭를 싫어하는 듯이 하는 일종의 의욕적 행위이자 도덕적 쾌락(自謙)을 수반하는 자율적 실천이다. 이러한 점에서 왕양명의 양지는 주자가 생각했던 致知의 완성태와 同質的이다. 모두 완전한 실천지를 의미하기 때문이다. 다만 주자가 현실 세계의 다양한 사태들에 대한 구체적 실천지를 추구했던 반면, 왕양명은 실천 주체의 도덕의식을 투철하게 하는 주체 중심의 실천지를 추구했다는 차이점만 있을 뿐이다. 두 사람이 추구했던 앎의 완성태가 양적인 차이는 있지만 질적인 면에서는 동일하다고 해야 할 것이다.[65]

64) 『王陽明全書』 卷6, 「與王公弼」, 稍有私意, 於良知便自不安.

65) 이러한 맥락에서 왕양명은 성인됨의 조건이란 질적 純度에 있는 것이지 양적 程度에 있는 것은 아니라고 말한다.(『傳習錄』, 99조, 聖人之才力, 亦有大小不同. 猶金之分兩有輕重, 堯舜猶萬鎰. 文王孔子猶九千鎰. 禹湯武王猶七八千鎰. 伯夷伊尹猶四五千鎰. 才力不同, 而純乎天理則同. 皆可謂之聖人. …… 所以爲聖者, 在純乎天理, 而不在才力也.)

5. 未發과 事上磨鍊: 활동처에서의 욕망 극복

어떻게 하면 이 일상 세계에서 양지를 발현시켜 사의와 사욕을 극복할 수 있을까? 사실 욕망을 다스리는 사람에게 靜寂의 수양은 언제나 매우 효과적인 방법으로 여겨져 왔다. 일체의 감정과 사려 활동이 정지된 고요한 때에는 욕망이 따로 발동하지 않아서 천리를 보존하기가 쉽기 때문이다.

주자에 따르면, 사욕은 늘 감정과 사려가 활동하는 가운데 존재하기 때문에, 감정과 사려가 없을 때에는 사욕도 존재하지 않는다.[66] 그래서 감정과 사려가 일어나지 않는 때(未發) 마음은 천리와 합치된 본연의 상태(中)라고 말한다.[67] 거울 앞에 사물이 있지 않을 때 거울은 텅 빈 본래 상태로 있듯, 마음은 사물과 접하지 않는 때에 그 본연의 상태(本體)를 유지하고 있는데,[68] 주자는 이 텅

66) 주자 수양론에서 '思慮未萌'의 도덕심리학적 의미를 연구한 글로는, 이승환, 「주자수양론에서 미발의 의미」(『퇴계학보』제119집, 2005)가 있다.

67) 『朱文公文集』 卷32, 「答張欽夫」49, 方其靜也, 事物未至, 思慮未萌, 而一性渾然, 道義全具, 其所謂中, 是乃心之所以爲體而寂然不動者也.

68) 『朱子語類』 卷16, 人心如一箇鏡, 先未有一箇影象, 有事物來, 方始照見妍醜. 若先有一箇影象在裏, 如何照得! 人心本是湛然虛明, 事物之來, 隨感而應, 自然見得高下輕重. 事過便當依前恁地虛, 方得.

비고 밝은 상태(虛明) 안에 이미 천리가 구족되어 있다고 말한다.[69] 즉 주자에게 있어 미발이란 단지 마음의 활동이 멈춰진 시간대를 의미할 뿐 아니라 천리로 충만한 마음의 본연 상태를 의미하기도 하다는 것이다. 즉 미발은 動靜의 靜뿐 아니라 體用의 體를 뜻하기도 한다는 것이다. 이러한 점에서 주자는 우선 미발 때에 순선한 마음의 본체를 보존하고 길러내는 未發 涵養을 자기 수양론의 본령 공부로 설정하였다. 미발 때의 순선한 본심 상태를 잘 길러두면 이발 때에는 감정이 반드시 절도에 맞을 것이기 때문이다.[70]

그런데 미발에 대한 주자의 생각은 다소 복잡한 측면이 있다. 中和新說을 정립하고 湖湘學者들과 논쟁을 벌일 때 주자는 미발을 감정과 사려가 싹트지 않는 고요한 때라고 정의하고 그 때 온전한 마음의 본체를 존양해야 한다고 강조하였다.[71] 그러나 주자는 실제 수양으로서 미발 함양을 이야기할 때는 未發時라는 말을 '평상시'라는 의미로 사용한다. 이때 미발 함양이란 평상시에 늘 戒愼恐懼하는 것이다.[72] 개념상의 미발과 실천상의 미발이 그 함의를 달리하고 있는 것이다. 그런데 이러한 차이에는 중요한 의미가 있다. 적어도 주자는 미발 함양의 실천을 위해 미발 때를 찾아가서 공부를 시작하는 것에 대해서는 옳지 않다고 여겼다는 점이다.[73] 미발은

69) 『朱子語類』 卷113, 以前看得心只是虛蕩蕩地, 而今看得來, 湛然虛明, 萬理便在裏面. 向前看得便似一張白紙, 今看得, 便見紙上都是字.

70) 『朱文公文集』 卷67, 「已發未發說」, 未發之中, 本體自然, 不須窮索, 但當此之時, 敬以持之, 使此氣象常存而不失, 則自此而發者, 其必中節矣. 此日用之際本領工夫.

71) 주자는 호상학의 이발찰식 공부가 枝葉에만 급급할 뿐이라고 비판하면서 먼저 本原을 함양하면 지엽은 저절로 무성해질 것이고 주장하였다. 다음의 언급은 바로 호상학에 대한 주자의 비판이다.(『朱文公文集』 卷73, 「胡子知言疑義」, 孟子指齊王愛牛之心, 乃是因其所明而導之, 非以爲必如此然後可以求仁也. 夫必欲因苗裔而識本根, 孰若培其本根而聽其枝葉之自茂耶?)

72) 주자 未發의 다양한 의미와 그 철학적 의미에 대해서는 전병욱, 「주자의 미발설과 거경격물의 수양론」, 『철학연구』 제38집, 고려대 철학연구소, 2009. 을 참조할 것.

마음에 사욕이 없는 순선한 상태이지만, 그것을 함양하는 공부는 평상시의 居敬 공부로 이루어져야 한다고 주자는 생각하였다.

왕양명은 미발 수양에 대해 후자(실천상의 未發 涵養)를 강조하면서 전자(개념상의 未發之中)를 변화시킨다. 우선 왕양명은 미발의 시점이 욕망을 다스리는 것과 아무 관련이 없다고 생각했다. 왕양명 역시 욕망의 속성이 動的이라는 점에는 동의하지만, 그렇다고 해서 미발의 시점에 마음은 욕망이 없고 천리로 충만한 中이 된다고 보기는 어렵다는 것이다. 주자는 未發과 (未發之)中을 같은 개념으로 쓰면서 미발 때의 마음이 바로 中의 상태라고 생각하였던 반면,[74] 왕양명은 미발과 미발지중이 서로 다르다고 간주하였다.

> 고요한 상태에서 마음을 보존하고 있을 때는 『중용』에서 말하는 '미발지중'이라고 할 수 있습니까?
> 요즘 사람들이 하는 存心 공부는 오로지 氣를 안정시키는 것일 뿐이다. 마음이 고요한 상태라 하더라도 그것은 단지 氣가 평정한 상태일 뿐이지 未發之中이라고 할 수는 없다....... 미발지중은 마음이 고요한가 고요하지 않은가와는 상관이 없다.[75]

왕양명은 未發과 中을 분리하고 있다. 그는 마음이 고요하게 안정되어 있다는 것과 도덕성으로 충만하다는 것 사이에는 아무런 관련성이 없다고 주장한다. 즉 마음의 동/정으로 체/용을 나누어서

73) 『朱文公文集』 卷64 「與湖南諸公論中和第一書」, 未發之前, 不可尋覓. 已覺之後, 不容安排. 但平日莊敬涵養之功至, 而無人欲之私以亂之, 則其未發也. 鏡明水止, 而其發也. 無不中節矣. 此是日用本領工夫.

74) 『朱子語類』 卷62, "喜怒哀樂未發之中, 未是論聖人, 只是泛論衆人亦有此, 與聖人都一般." 或曰: "恐衆人未發, 與聖人異否?" 曰: "未發只做得未發. 不然, 是無大本, 道理絕了."

75) 『傳習錄』 28조, 問: 寧靜存心時, 可爲未發之中否? 先生曰: 今人存心, 只定得氣. 當其寧靜時, 亦只是氣寧靜. 不可以爲未發之中. 曰: 未便是中, 莫亦是求中功夫? 曰: 只要去人欲, 存天理, 方是功夫. 靜時念念去人欲, 存天理. 動時念念去人欲, 存天理. 不管寧靜不寧靜.

는 안 된다는 것이다.[76] 왕양명의 의도는 마음의 동정과 체용을 서로 연결하여 본연의 순선한 마음 상태를 미발이라는 특정한 시간대로 제한하는 것에 반대하려는 것이었다.

앞서 良知에 대해 논의할 때, 왕양명은 양지가 현상 세계에 막힘없이 드러날 수 있고 현실 세계를 주관할 수 있다고 강조한 바 있다. 즉 양지의 본래성이 현실에 그대로 현현한다는 것이다. 이른바 '양지의 卽體卽用'이다. 미발과 미발지중에 대한 왕양명의 관점 또한 이와 동일하다. 마음의 본연 상태(中, 體)는 마음의 현재적 활동(和, 用)과 격절될 수 없다. 주자가 中을 未發이라는 시점에 한정시켰던 것은 이발의 현실과 구분되는 본래성을 확보하기 위한 것이었는데, 왕양명에게 그 본래성은 현실과 一如態로 융화되고 있다.[77]

이러한 점에 입각하여 왕양명은 주자와 다른 새로운 욕망 극복 방법을 제시한다. 양지는 감정과 사려, 욕망이 없는 때에 국한되지 않고 현실에 쉼 없이 자신을 현현하고 있기 때문에, 현실 속에서 양지의 판단에 따라 부단히 사의를 극복하는 것(省察克治)이 올바른 致中 공부라고 말한다. 省察克治하는 가운데 中, 즉 양지의 본체는 저절로 보존된다는 것이다. 中이란 和의 體로서 항상 和에서만 존재하는 것이기 때문에, 성찰극치하는 과정이 중을 존양하는 과정이기도 한 것이다. 왕양명에게서 존양과 성찰의 공부는 왕양명에게서 구분이 되지 않는다.[78]

76) 『傳習錄』 108조, 侃問: 先儒以心之靜爲體, 心之動爲用, 如何? 先生曰: 心不可以動靜爲體用. 動靜時也. 卽體而言用在體. 卽用而言體在用. 是謂體用一源. 若說靜可以見其體, 動可以見其用, 卻不妨.

77) 『傳習錄』 157조, 未發之中, 卽良知也, 無前後內外, 而渾然一體者也. 有事無事可以言動靜, 而良知無分於有事無事也. 寂然感通可以言動靜, 而良知無分於寂然感通也. 動靜者, 所遇之時. 心之本體, 固無分於動靜也. …… 未㹊在已發之中, 而已發之中未嘗別有未發者在, 已發在未發之中, 而未發之中未嘗別有已發者存, 是未嘗無動靜, 而不可以動靜分者也.

이러한 점에서 그는 避靜의 수양이 厭世的 경향을 야기할 수 있다는 점에 심각한 우려를 표명하면서, 마음의 안정이란 바로 천리를 따르는(循理) 현실 안에서 이룩되어야 한다고 주장하였다. 왕양명에 따르면 循理는 마음의 평정을 담보하지만 그 역은 불가능하다.[79)]

> 理를 따르게 된다면 어떤 일을 하더라도 모두 마음이 고요하다. 周濂溪가 '고요함도 없고 움직임도 없다.'고 한 것이 이 경지이다. 이것은 '集義'이다. 욕망을 따르게 되면 비록 心齋를 하고 坐忘을 하더라도 또한 움직이는 것이다.[80)]

왕양명은 動/靜의 개념을 바꾸고 있다. 靜은 감정과 사려가 없는 때가 아니라 천리(中)이고, 動은 已發之和가 아니라 욕망이 된다. 동/정은 사태의 두 국면을 지시하는 게 아니라 주체의 도덕적 정서 상태를 가리키는 게 된 것이다. 주자가 中을 미발이라는 시간대 안에 귀속시켰던 것과 반대로 왕양명은 미발(靜)을 중이라는 도덕성의 상태로 귀속시킨다. 즉 욕망을 극복하고 천리에 순응하면 언제나 미발과 같은 고요한 마음 상태를 얻을 수 있다는 것이다. 왕양명에게 있어 심리적 안정은 오직 도덕성에 의해 좌우될 뿐이다.

78) 『傳習錄』 36조, 省察是有事時存養, 存養是無事時省察.

79) 『傳習錄』 28조, 以循理爲生, 何嘗不寧靜？以寧靜爲主, 未必能循理.

80) 『王陽明全書』권5 「答倫彦式」, 循理焉, 雖酬酌萬變皆靜也, 濂溪所謂無靜無動之謂也, 是集義者也. 縱欲焉, 雖心齋坐忘亦動也.

6. 결 론

왕양명의 철학을 이해하는 데 있어 그가 처한 시대 상황과 그의 시대적 문제의식을 파악하는 것은 필수적이다. 일반적으로 양명학이 태동하게 된 시대 상황에 대해 '棄儒就賈', '士商農工' 등의 사회 경제적 변화를 거론하고, 이로부터 私有와 私欲이 긍정되는 자유 사상의 풍조가 일어나게 되었다는 점에 주목한다. 이러한 역사적 배경에서 비추어볼 때, 왕양명은 개체의 욕망을 긍정하고 욕망에 도덕적 정당성을 부여하기 시작하였다고 볼 수 있다.

그러나 지성사의 다른 면으로 비추어볼 때 왕양명 사상의 의의는 다르게 평가될 수 있다. 元明代에 들어 朱子의 사상은, 그 자신의 비극적 말년과 달리, 官學으로 지정되고 그의 말은 『大全』으로 편찬되어 떠받들어졌다. 그러나 이것은 역설적으로 주자에게는 또 다른 비극이었다. 주자의 철학에 사회적 관심이 집중되었지만, 이것은 주자 철학을 '俗世功利의 학문'으로 변질시키는 일이었기 때문이다. 공리지학을 배격하던 주자가 공리를 추구하는 이들에게 선망이 되었다는 것은, 주자 본연의 모습을 흠모하는 이들에게는 커다란 좌절의 상황이 아닐 수 없었다. 그러나 다행스럽게도 주자의 철학은 향리에 묻혀 사는 지방 士人들의 일상적 실천을 지향하는 삶의 방식에도 의미와 지침을 부여할 수 있는 것이었다. 덕분에 爲己之學과 自得을 추구하는 이들은 주자학에서 그 길을 모색해갔고, 그러한 과정 중에 왕양명의 혁신안이 제시되었던 것이다.[81]

이러한 점에서 볼 때 왕양명의 사상은 주자학에 대한 실천적 변용으로 이루어졌다고 할 수 있다. 왕양명은 특히 주자의 욕망론과 수양론을 보다 실용적인 측면에서 변혁하여 그 실천력을 배가하려 했다고 할 수 있다. 그 실천적 변용의 사항 중 가장 주목해야 할 것은, 주자에게 있어 실체로서의 기질과 욕망을 의식 활동의 한 현상으로 간략화하였다는 점이다. 그래서 왕양명은 욕망을 私意로 규정하고 사의의 극복을 수양의 제1과제로 삼았다. 이것은 욕망의 극복이라는 실천 과제를 위한 핵심적 요소만을 選取하여 재구성한 것이라 할 수 있다.

왕양명은 욕망의 극복과 도덕의 실현을 주체의 도덕적 동기의 문제로 환원시킨다. 주체의 마음에 깃든 私意가 良知에 의해 검열되고 극복되어 주체의 동기가 순선해진다면 주체의 세계 역시 도덕화 될 것이라고 보았다. 세계란 결국 주체의 의식지향에 따라 결정된다고 생각하였기 때문이다. 이것이 왕양명이 생각했던 致良知의 수양이었다.

---

81) 미조구찌 유조는 관념의 전개사가 아닌 실제적 사회지성사의 맥락으로 주자학과 양명학을 재검토하면서, 양명학의 실질은 주자학적 세계관의 '민중화 노선'에 불과하다고 지적하였다.(미조구찌 유조, 동국대 동양사연구실 역, 『중국의 예치시스템』, 청계, 2001. 제1부 참조.

참고문헌

한정길 정인재 역, 『전습록』1, 2, 청계, 2001.

『王陽明全書』, 王守仁, 上海古籍出版社, 1990.
陳榮捷 編, 『傳習錄詳注集評』, 臺北: 學生書局, 1987.
『朱文公文集』(『朱子全書』, 上海古籍出版社;安徽教育出版社, 2002.)
『朱子語類』(上同)
『四書章句集註』(上同)
『四書或問』(上同)
『二程集』(北京: 中華書局, 1984)

김길락 외, 『왕양명 철학 연구』, 청계, 2001.
김세정, 『왕양명의 생명철학』, 청계, 2006.

陳來, 『朱子哲學研究』, 華東師範大學出版社, 2000.
陳來, 『有無之境』(전병욱 옮김, 『양명철학』, 서울: 예문서원, 2003.)
島田虔次, 『朱子學と陽明學』(김석근, 이근우 역, 『주자학과 양명학』, 서울: 까치, 1992.)
荒目見悟, 『佛教と儒教』(심경호 역, 『불교와 유교: 성리학, 불교의 옷을 입은 불교』, 서울: 예문서원, 2000.)
미조구찌 유조, 동국대 동양사연구실 역, 『중국의 예치시스템』, 청계, 2001.

이승환, 「주자 수양론에서 미발(未發)의 의미: 심리철학적 과정과 도덕심리학적 의미」, 『퇴계학보』 제119집, 퇴계학연구원, 2006.
이 찬, 「지행문제의 도덕심리학적 이해」 『철학』 제99집, 한국철학회, 2009.
전병욱, 「주자의 미발설과 거경격물의 수양론」, 『2009 하계 중국철학포럼 발표논문집』

정인재, 「현상학적 윤리학 정립을 위한 양명 철학적 시론」, 『철학과 현상학 연구』, 한국현상학회, 2004.
한정길, 「왕양명의 미발관과 양지체용론」, 『동양철학의 수양론: 선함적 자아와 순수의식을 찾아서』, 2009년 동양철학 연합학술대회 자료집, 2009.
홍성민, 「주자 수양론에서 기질변화설의 의미」, 『동양철학』 제30집, 2008.
홍성민, 「궁극적 이치와 실천적 앎」, 『동양철학연구』 제58집, 2009.

김형찬

고려대학교 국어국문학과·철학과 졸업. 고려대학교 대학원 철학박사. 전 동아일보 학술전문기자. 현재 고려대학교 철학과 교수이다. 주요 논문으로는 「통일의 가치와 통일철학의 성찰」, 「조선유학의 理 개념에 나타난 종교적 성격 연구」, 「마음의 理氣와 자연의 理氣」, 「內聖外王을 향한 두 가지 길」, 「위정척사론의 저항적 민족주의와 국민국가 체제 이후의 문화중심주의」 등이 있다.

김철운

강원대학교 철학과 졸업. 고려대학교 대학원 철학박사. 현재 고려대학교 철학연구소 연구교수이다. 논문으로는 「공자-죽음에서 삶의 희망을 봄」, 「공자와 맹자의 경제사상」, 「순자의 욕망론」, 「『십익』 子曰 문장의 철학적 검토」, 「이제현의 실학적 학문관」, 「놀이하는 몸(homo ludens): 자연과 인공의 경계에서-고려시대와 조선시대의 산수유기(山水遊記)를 중심으로-」 등이 있고, 역서로는 『중국경학사의 기초』(공역), 『일곱 주제로 만나는 동서비교철학』가 있고, 저서로는 『유가가 보는 평천하의 세계』, 『공자와 유가』, 『순자와 인문세계』 등이 있다.

소병일

고려대학교 철학과 졸업. 고려대학교 대학원 철학박사. 현재 고려대학교 철학연구소 연구교수이다.

주요논문으로는 「헤겔의 욕망론」(박사 학위논문), 「예나 시기 헤겔의 욕망과 인정 개념」, 「정념의 형이상학과 그 윤리학적 함의」, 「인륜성의 실현으로서 욕망의 변증법」 등이 있다.

서양철학에서 욕망과 감정을 주제로 연구 중이다.

이진남

고려대학교 철학과와 동대학원을 졸업했다. 미국 성토마스대학교 토마스 아퀴나스 철학연구소에서 토마스 아퀴나스 윤리학에 대한 논문으로 박사 학위를 받았다. 미국 철학상담사이며 현재 숙명여자대학교 교양교육원 교수로 재직하고 있다. 저서로 『종교철학: 종교는 무엇이고 신은 어떤 존재일까?』, 『서양이 동양으로 걸어오다』, 『논쟁과 철학』 등이 있고 논문으로 「지성과의 화해: 아리스토텔레스와 아퀴나스의 욕구 개념」, 「철학상담의 한국적 적용을 위한 기초이론연구」, 「윤리이론으로서의 신명론」, 「토마스주의 자연법윤리에서 신자연법주의와 환원주의 자연법주의」 등이 있다.

조준호

고려대학교 철학연구소 연구교수. 동국대학교 및 인도 델리대학교 불교학과 석사·박사. BK(Brain Korea) 21 불교사상연구단과 동국대 불교학술원 전임연구원 역임. 저서로 『우파니샤드 철학』과 『불교–종교문화적 그리고 사상적 기원에 대한 비판적 검토』, 『실천불교의 이념과 역사』(공저), 그리고 역서로는 Kahawatte Siri Sumedha Thera의 『인도불교부흥운동의 선구자 - 제2의 아소카 아나가리카 다르마팔라』 등이 있다. 주요 논문으로는 「대승의 소승폄하에 대한 반론」, 「초기불교에 있어 止 觀의 문제」, 「위빠사나 수행의 인식론적 근거」, 「초기불교중심교리와 선정수행의 제문제–화두선 전통과의 교두보 확보를 위하여」, 「무명(無明)과 공(空): 욕망의 비실재성에 대한 불교적 통찰」, 「평상심(平常心)과 도(道): 욕망의 질적 전환을 통한 삶의 대긍정」 등이 있다.

최준호

고려대학교 철학과를 졸업하고, 동대학원에서 「칸트의 반성적 판단과 목적론적 세계」라는 논문으로 박사학위를 취득했다. 고려대학교 철학연구소 연구교수, 대전대학교 교양교육원 교수를 역임했으며, 현재는 순천향대학교 교수로 재직하고 있다. 주요 논문으로는 「데리다 이후의 칸트 미학」, 「Mimesis and Its Effect in Plato's Philosophy of Art」, 「Naturschönheit und Kultur」등이 있다.

허경

고려대학교 불문학과 졸업. 동 대학원 철학 석사 및 스트라스부르그대학교에서 「미셸 푸코와 근대성」이라는 제목으로 박사학위 취득. 고려대학교 철학연구소 연구교수 및 삼성생명과학연구소 실험동물연구센터 위원. 주요논문으로 「푸코의 밸라스케스–『시녀들』, 혹은 표상의 표상성」, 「미셸푸코의 『말과 사물』에 나타난 '생명'개념」, 「체계에의 정열–푸코의 레비스트로스 수용」 등이 있다.

홍성민

한국외국어대학교 철학과 및 중국어과 졸업. 고려대학교 대학원 철학과 석사 및 박사학위 취득. 고려대학교 민족문화연구원 한국사상연구소 연구원, 중국사회과학원 역사연구소 방문학자, 고려대학교 철학연구소 연구교수를 거쳐 현재 숙명여자대학교 교양교육원 의사소통센터 조교수로 일하고 있다. 주요논문으로 「從工夫論看朱子知識論的意義: 以身體與實踐知的關係爲中心」, 「戴震之中和論」, 「수욕달정(遂欲達情), 공감의 윤리와 욕망의 소통」, 「주자 수양론에서 기질변화설의 의미」, 「주자 미발론의 특징: 일상의 수양을 위한 마음 이론」 등이 있고 『從民本走向民主: 黃宗羲思想研究』(공저)와 『성학십도(聖學十圖): 역주와 해설』(공역)이 있다.

극복대상으로서

욕망

초판인쇄 | 2011년 8월 19일
초판발행 | 2011년 8월 19일

지 은 이 | 고려대 철학연구소
펴 낸 이 | 채종준
펴 낸 곳 | 한국학술정보㈜
주 소 | 경기도 파주시 문발동 파주출판문화정보산업단지 513-5
전 화 | 031) 908-3181(대표)
팩 스 | 031) 908-3189
홈페이지 | http://ebook.kstudy.com
E-mail | 출판사업부 publish@kstudy.com
등 록 | 제일산-115호(2000. 6. 19)

ISBN 978-89-268-2508-2 93100 (Paper Book)
978-89-268-2509-9 98100 (e-Book)